Student Activities Manual

Points de départ

Second Edition

VIRGINIE CASSIDY
Georgetown College

MARY ELLEN SCULLEN
University of Maryland, College Park

CATHY PONS
University of North Carolina, Asheville

ALBERT VALDMAN
Indiana University, Bloomington

PEARSON

Boston Columbus Indianapolis New York San Francisco Upper Saddle River
Amsterdam Cape Town Dubai London Madrid Milan Munich Paris Montreal Toronto
Delhi Mexico City Sao Paulo Sydney Hong Kong Seoul Singapore Taipei Tokyo

Executive Acquisitions Editor: Rachel McCoy
Editorial Assistant: Lindsay Miglionica
Publishing Coordinator: Regina Rivera
Executive Marketing Manager: Kris Ellis-Levy
Marketing Assistant: Michele Marchese
Senior Managing Editor for Product Development: Mary Rottino
Associate Managing Editor: Janice Stangel
Production Project Manager: Manuel Echevarria
Executive Editor, MyLanguageLabs: Bob Hemmer
Senior Media Editor: Samantha Alducin
MyLanguageLabs Development Editor: Bill Bliss
Procurement Manager: Mary Fischer
Senior Art Director: Maria Lange
Senior Operations Specialist: Alan Fischer
Cover Designer: Liz Harasymczuk Design
Interior Designer: Delgado & Company
Project Manager: Francesca Monaco
Composition: Preparé, Inc.
Printer/Binder: RR Donnelley
Cover Printer: RR Donnelley
Cover Image: Travelpix Ltd/Getty Images
Publisher: Phil Miller

This book was set in 10/14 Palatino.

Copyright © 2013, 2009 by Pearson Education, Inc., publishing as Prentice Hall, 1 Lake St., Upper Saddle River, NJ 07458. All rights reserved. Manufactured in the United States of America. This publication is protected by copyright, and permission should be obtained from the publisher prior to any prohibited reproduction, storage in a retrieval system, or transmission in any form or by any means, electronic, mechanical, photocopying, recording, or likewise. To obtain permission(s) to use material from this work, please submit a written request to Pearson Education, Inc., Permissions Department, 1 Lake St., Upper Saddle River, NJ 07458. Printed in the United States of America.

5 16

ISBN 10: 0-205-79627-3
ISBN 13: 978-0-205-79627-4

Brief Contents

Nom : ______________________ Date : ______________

Préliminaire **Présentons-nous !**

Première Partie Moi, je parle français

POINTS DE DÉPART

p. 3–4

0P-01 Premier jour. People are getting acquainted on the first day of classes. Listen to each conversation and select **formel** if the speakers interact in a formal way, or **informel** if the speakers interact in a more casual way.

1. formel informel
2. formel informel
3. formel informel
4. formel informel
5. formel informel
6. formel informel

0P-02 Bonjour. Match an appropriate response to each question or greeting.

____ 1. Vous êtes de Paris ?
____ 2. Comment tu t'appelles ?
____ 3. Ça va ?
____ 4. Comment vous appelez-vous ?
____ 5. Monsieur, je vous présente Mme Guenier.
____ 6. Comment allez-vous ?
____ 7. Au revoir, madame.
____ 8. Mathieu, je te présente mon amie Rachida.

a. Au revoir. À demain.
b. Enchanté, madame.
c. Je m'appelle Lise. Et toi ?
d. Je m'appelle Mme Dumas. Et vous ?
e. Non, je suis de Bruxelles.
f. Pas mal, et toi ?
g. Salut. Ça va ?
h. Très bien, merci. Et vous ?

0P-03 Salutations. Choose the best response to each of the following exchanges taking place during small talk.

1. Comment allez-vous ?
   - **a.** Je m'appelle Sophie.
   - **b.** Très bien, merci et vous ?
   - **c.** Salut.
   - **d.** À bientôt.
2. Comment vous appelez-vous ?
   - **a.** Ça va, et toi ?
   - **b.** Très bien, et vous ?
   - **c.** Je m'appelle Hugo Martin.
   - **d.** Comme ci, comme ça.
3. Vous êtes de Paris ?
   - **a.** Non, je suis fatigué.
   - **b.** Oui, je suis de Québec.
   - **c.** Non, je suis de Nice.
   - **d.** Non, je suis français.
4. Au revoir.
   - **a.** Bonjour.
   - **b.** Ça va.
   - **c.** Merci.
   - **d.** À bientôt.

0P-04 Conversation sans fin. Select the most appropriate response to each of the questions or statements you hear.

1. **a.** Très bien, et toi ? **b.** Enchanté. **c.** À bientôt.
2. **a.** Bonjour, madame. **b.** Ça ne va pas. **c.** Je suis de Paris.
3. **a.** Bien aussi. **b.** Enchanté, Marie. **c.** Pas mal.
4. **a.** Voici mon ami Jacques. **b.** Je suis de Toulouse. **c.** Je m'appelle Jean Colin.
5. **a.** Au revoir ! À demain ! **b.** Bonjour, madame. **c.** Très bien, merci !

FORMES ET FONCTIONS

p. 7–8

Les pronoms sujets et le verbe *être*

0P-05 Combien ? Listen to each statement, then select **1** if the subject of the sentence is one person, **1+** if it is more than one person, and **?** if it is impossible to tell from what you hear.

1. 1 1+ ?
2. 1 1+ ?
3. 1 1+ ?
4. 1 1+ ?
5. 1 1+ ?
6. 1 1+ ?

Nom : ______________________________ Date : ____________________

0P-06 Photo de classe. Imagine that you are looking at a photo of your French class. Point out the various people to your roommate by filling in the blanks with the correct form of **C'est** or **Ce sont**.

MODÈLE *C'est* moi.

1. ____________ le prof de français.
2. ____________ mes amis Nicolas et Juliette.
3. ____________ mon amie Morgane.
4. ____________ Julien et Pauline.
5. ____________ une camarade de classe.

0P-07 Ça va bien ? Complete the sentences with the correct form of the verb **être** to tell or ask how people are feeling.

MODÈLE Claire et Malik *sont* fatigués.

1. Tu ____________ malade ?
2. Antoine et Alex ____________ en forme.
3. Vous ____________ fatigué ?
4. Moi, je ____________ en forme.
5. Nous ____________ très occupés.
6. Le prof de français ____________ stressé.

0P-08 Mini-dialogues. Listen to the following exchanges in which people are meeting or greeting each other. Select the appropriate subject and verb forms that you hear.

1. Ah non, [nous sommes ; vous êtes] très fatigués.
2. Pas bien. [Il est ; Je suis] malade.
3. [Ils sont ; Nous sommes] de Bordeaux.
4. Oui, [je suis ; vous êtes] en forme.
5. [Elle est ; Elles sont] de Cahors.
6. Non, [je suis ; tu es] de Montréal.

0P-09 Ville d'origine. In complete sentences, write what cities the following people are from.

MODÈLE your best friend:
Elle est de Detroit.

1. your parents: ______________________________
2. your roommate: ______________________________
3. you: ______________________________
4. you and your siblings: ______________________________
5. a classmate: ______________________________
6. your French teacher: ______________________________

Écoutons

0P-10 Tu es d'où ? : avant d'écouter. What happens on the first day of class? Do you see your old friends? Do you begin to make new friends? Select the expressions you could use to greet and introduce yourself to a new student in your French class.

au revoir	bonjour	comment ça va ?	comment tu t'appelles ?	non

OP-11 Tu es d'où ? : en écoutant. On the first day of school, Corinne is meeting old friends and making new ones. The first time you listen to her conversations and those of her friends, complete the first row of the chart below by indicating where each student is from. Then listen again and complete the second row of the chart by indicating how everyone is feeling.

	Stéphanie	Corinne	Antoine
Comment ça va ?	*très bien*	1.	2.
Tu es d'où ?	*de Marseille*	3.	4.

Écrivons

OP-12 De l'aide.

A. De l'aide : avant d'écrire. Your parents are traveling to France and have asked you to help them with some basic French. Prepare note cards for them to practice with. Complete the following activities before beginning to write.

1. Fill in the following information:

   Father's name and hometown: ______________________________

   Mother's name and hometown: ______________________________

2. Now think of two different greetings and two different ways to say good-bye in French. Write them down here. Finally, reread them; did you remember to use the **vous** form in any questions you have included, since your parents will be addressing people they do not know? If not, go back and revise your statements.

   Greetings: ______________________________

   Good-byes: ______________________________

B. De l'aide : en écrivant. Use the information above to prepare a few sentences for each of your parents to use on their trip.

MODÈLE *Bonjour. Je m'appelle Valerie Johnson.*

Je suis de Pittsburgh.

Comment allez-vous ?

Moi, ça va.

Au revoir.

____

____

____

____

____

Nom : ______________________ Date : ______________

Seconde Partie La salle de classe

POINTS DE DÉPART

p. 11–12

0P-13 Jeu d'associations. Match each word listed to another word with which it is often associated.

____ **1.** un DVD	**a.** un cahier
____ **2.** une gomme	**b.** un feutre
____ **3.** une craie	**c.** un crayon
____ **4.** un stylo	**d.** un lecteur DVD
____ **5.** un tableau blanc	**e.** un tableau
____ **6.** un étudiant	**f.** le professeur

0P-14 Qu'est-ce que c'est ? Yves is helping Andrea, an exchange student, learn helpful vocabulary for her stay in Belgium. Listen to each conversation and associate it with the corresponding image.

Image a

Image b

Image c

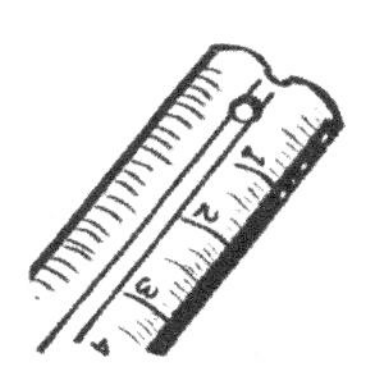

Image d

Image e

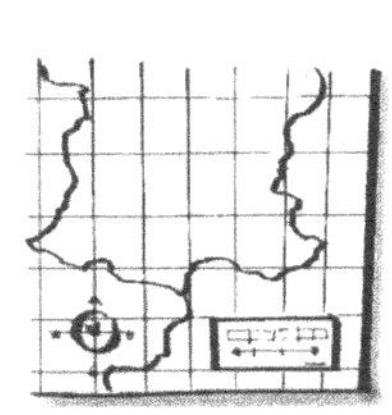

Image f

Image g

Image h

1. ______________ **5.** ______________

2. ______________ **6.** ______________

3. ______________ **7.** ______________

4. ______________ **8.** ______________

0P-15 **Qu'est-ce qu'il y a ici ?** Medhi is testing his little brother's memory after his first day at school. Select the appropriate phrase to complete each sentence.

1. Sur (*on*) le bureau du professeur,
   - a. il y a un tableau.
   - b. il y a une porte.
   - c. il y a une fenêtre.
   - d. il y a des devoirs.
2. Sur mon crayon,
   - a. il y a un écran.
   - b. il y a un bureau.
   - c. il y a une gomme.
   - d. il y a une affiche.
3. Au tableau,
   - a. il y a un crayon.
   - b. il y a un stylo.
   - c. il y a une calculatrice.
   - d. il y a une craie.
4. Sur le bureau des étudiants,
   - a. il n'y a pas de brosse.
   - b. il n'y a pas de stylo.
   - c. il n'y a pas de règle.
   - d. il n'y a pas de livre.
5. Sur la porte,
   - a. il y a une gomme.
   - b. il y a une carte.
   - c. il y a un lecteur DVD.
   - d. il y a une calculatrice.

0P-16 **Professeur ou étudiant/e ?** Listen to the following classroom questions, statements, and commands. Select **professeur** if the speaker is more likely to be a professor, and **étudiant/e** if the speaker is more likely to be a student.

1. professeur étudiant/e
2. professeur étudiant/e
3. professeur étudiant/e
4. professeur étudiant/e
5. professeur étudiant/e
6. professeur étudiant/e

0P-17 **Entendu en classe.** Everyone seems to be mixed up today. Correct the following statements by selecting the appropriate word or expression.

1. Ouvrez [le cahier ; le tableau], s'il vous plaît.
2. Fermez [la porte ; la règle] !
3. Montrez Paris sur [la carte ; la fenêtre] !
4. [Écrivez ; Ouvrez] votre nom !
5. [Effacez ; Répondez] en français !
6. Rendez-moi [les devoirs ; l'écran] !

Nom : ______________________ Date : ______________

SONS ET LETTRES

L'alphabet et les accents

p. 13–14

0P-18 Ça s'écrit comment ? Bertrand's professor has asked him to make a list of all the new students in the class. Complete his list by writing down the names you hear as they are spelled out.

MODÈLE You hear: Je m'appelle Hervé Lelong, L-E-L-O-N-G.

You write: Je m'appelle Hervé *Lelong*.

1. Je m'appelle Christian ______________________.
2. Je m'appelle Étienne ______________________.
3. Je m'appelle Odile ______________________.
4. Je m'appelle Viviane ______________________.
5. Je m'appelle Kamel ______________________.
6. Je m'appelle Frédéric ______________________.

0P-19 *é, è* ou *e* ? Listen carefully to the words below, then fill in the blanks with an **e accent aigu (*é*)**, an **e accent grave (*è*)**, or simply the letter *e*, as necessary. Remember that the **accent aigu** sounds like /e/ as in **la télévision**, and the **accent grave** sounds like /ɛ/ as in **la règle**. An **e** without an accent is usually silent or has the sound /ø/ as in **le**.

1. d________main
2. tr________s
3. n________
4. r________ponse
5. fatigu________
6. pr________sente
7. r________p________te
8. stress________

FORMES ET FONCTIONS

Le genre, le nombre et les articles

p. 15–16

0P-20 Masculin ou féminin ? Listen to the following statements about items in the classroom. Select **masculin** if the noun in the sentence you hear is masculine; select **féminin** if it is feminine.

1. masculin féminin
2. masculin féminin
3. masculin féminin
4. masculin féminin
5. masculin féminin
6. masculin féminin

OP-21 La composition. Your friend Adam is finding his French class difficult and has asked you to look over a composition he has written. Provide the indefinite and definite articles he has left out.

Je suis étudiant. J'adore (1) _______________ français, (2) _______________ marketing et (3) _______________ espagnol. Mon ami Jérôme est dans ma classe d'espagnol. Heureusement, nous avons (4) _______________ excellent professeur. (5) _______________ prof est toujours énergique. Dans notre salle de classe, il y a (6) _______________ carte du Chili, (7) _______________ ordinateur, (8) _______________ télévision et (9) _______________ lecteur DVD. C'est (10) _______________ salle très moderne !

OP-22 Le petit frère. Mohamed's little brother always wants to take Mohamed's belongings, and their mother constantly reminds him that they are not his. Select the appropriate form of the article and the item to complete her sentences.

MODÈLES You hear: Oh ! Des livres !

You select: Attention ! [C'est le livre ; **Ce sont les livres**] de Mohamed.

You hear: Oh ! Une calculatrice !

You select: Attention ! [**C'est la calculatrice** ; Ce sont les calculatrices] de Mohamed.

1. Attention ! [C'est le crayon ; Ce sont les crayons] de Mohamed.
2. Attention ! [C'est le cahier ; Ce sont les cahiers] de Mohamed.
3. Attention ! [C'est l'affiche ; Ce sont les affiches] de Mohamed.
4. Attention ! [C'est la règle ; Ce sont les règles] de Mohamed.
5. Attention ! [C'est le stylo ; Ce sont les stylos] de Mohamed.
6. Attention ! [C'est le feutre ; Ce sont les feutres] de Mohamed.

OP-23 Voilà ! Margaux is shopping for office supplies. Complete each of the following sentences, pointing out to her that there are lots of the items she is looking for.

MODÈLE Je cherche une calculatrice...

Voilà *des calculatrices*.

1. Il y a une affiche ?

   — Voilà ____.

2. Et un stylo ?

   — Voilà ____.

3. Je cherche un bureau...

   — Voilà ____.

4. Il n'y a pas d'ordinateur ?

   — Voilà ____.

5. Je cherche un cahier...

   — Voilà ____.

Nom : ______________________ Date : ______________

0P-24 Chez moi. Colin is describing supplies and appliances he and his roommate Thibault share in their apartment. Complete his statements with the appropriate choice.

1. Ce sont... de Thibault.
   - a. les livres
   - b. des livres
   - c. de livres
2. Il y a... dans notre appartement.
   - a. des affiches
   - b. les affiches
   - c. d'affiches
3. Mais il n'y a pas... dans notre appartement.
   - a. des fenêtres
   - b. les fenêtres
   - c. de fenêtres
4. Il y a aussi...
   - a. les télévisions.
   - b. des télévisions.
   - c. de télévisions.
5. Mais il n'y a pas...
   - a. des lecteurs DVD.
   - b. les lecteurs DVD.
   - c. de lecteurs DVD.
6. Sur le bureau, il y a... de Thibault.
   - a. les cahiers
   - b. des cahiers
   - c. de cahiers

Écoutons

0P-25 Fournitures scolaires : avant d'écouter. What would you need on your first day of class? Select all the items you would need to bring on your first day of class.

un sac à dos (*a backpack*)	une chaise	des cahiers	un tableau	des stylos

0P-26 Fournitures scolaires : en écoutant. Madame Merlot is shopping for school supplies for her daughter, Camille, and her son, Mathieu. She and the children do not seem to agree on their needs.

1. Listen and select the items Madame Merlot indicates she is going to buy for Camille from the list below.

   des cahiers
   une carte de France
   une calculatrice
   des crayons
   une gomme
   un livre
   un lecteur CD
   des stylos

2. Listen again and select the items Mme Merlot indicates she is going to buy for Mathieu from the list below.

   des cahiers
   une carte de France
   une calculatrice
   des crayons
   une gomme
   un livre
   un lecteur CD
   des stylos

3. Look at the list below and select the item Mathieu would like his mother to buy for him.

une affiche	un livre
une carte de France	un ordinateur

4. Look at the list below and select the items Camille would like her mother to buy for her.

un lecteur CD	des cahiers
des stylos	une règle

Écrivons

OP-27 Les fournitures scolaires.

A. Les fournitures scolaires : avant d'écrire. Do you purchase most school supplies at the college or university bookstore? Select the items that can be found at your school bookstore from the list below.

des devoirs	une fenêtre
des livres	des gommes
des cahiers	des stylos

B. Les fournitures scolaires : en écrivant. Make a list in French of some school supplies that you need at the beginning of the semester. Then sum up your list in a sentence or two.

MODÈLE *une règle*

3 stylos

4 crayons

...

Sur ma liste, il y a une règle, 3 stylos, 4 crayons et...

____

____

____

____

Lisons

OP-28 C'est bientôt la rentrée : avant de lire. The following advertisement features items for **la rentrée scolaire**. Before looking at the text, think about what kind of items usually go on sale right before the school year starts. Make a list, in French, of four or five items.

____

____

____

____

Nom : ______________________ Date : ______________

0P-29 C'est bientôt la rentrée : en lisant. As you read, look for and supply the following information.

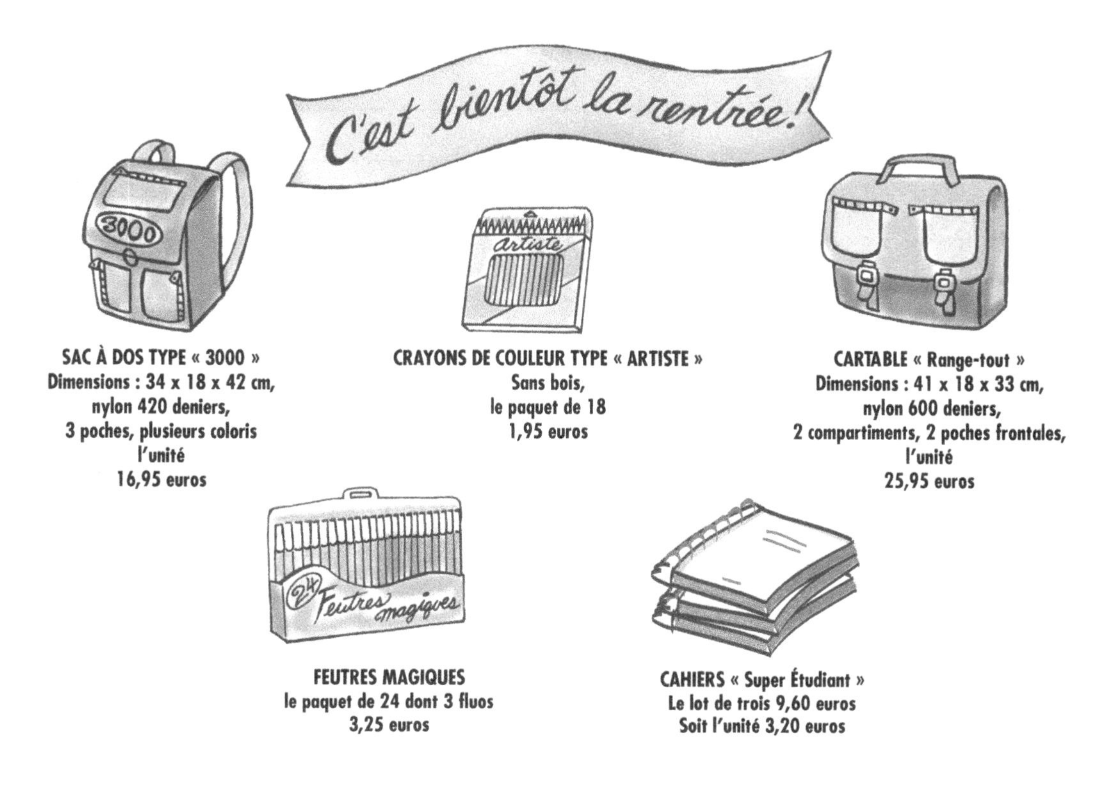

Provide the English equivalent for each of the following **mots apparentés** (English cognates):

1. artiste ______________
2. coloris, couleur ______________
3. compartiments ______________
4. frontales ______________
5. magiques ______________
6. paquet ______________

Can you find one more **mot apparenté** in the ad?

7. ____

Given the context and looking at the picture, what kind of marker do you think the word **fluos** refers to?

8. ____

The description of several of the items includes the word **l'unité** right before the price. Which items are these?

9. ____

Notice that one of these items could either be purchased as a **lot de 3** for 9,60 euros or as a **unité** for 3,20 euros. Given this information, what do you think the word **unité** means?

10. ____

The description of both of the backpacks contains the word **poches** and each bag has a number of them. Given the context and what you know about backpacks, what do you think **poches** means?

11. ____

0P-30 C'est bientôt la rentrée : après avoir lu. Provide answers to each of the following questions.

1. Would you be interested in purchasing any of these items? Which ones? Why?

____

____

2. How do the prices compare with prices for similar items where you live (check the current exchange rate)?

____

____

0P-31 Le monde francophone. This fast-paced montage provides an overview of the Francophone world and introduces you to many of the people you will encounter on the video. To answer the following questions, you may want to watch the montage several times and take notes.

1. Can you identify some famous monuments?

____

____

2. What countries do you think are represented by the places and people you see?

____

____

3. What activities do you observe?

____

____

4. Do the scenes look familiar or unusual to you? In what ways?

____

____

5. Which people would you be most interested in getting to know, and why?

____

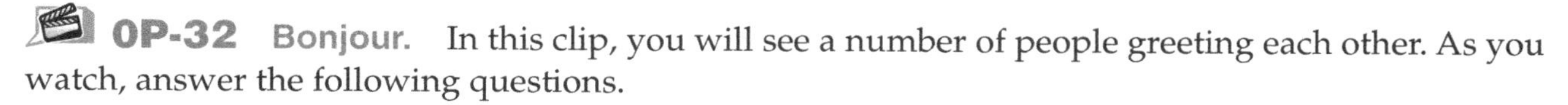

OP-32 Bonjour. In this clip, you will see a number of people greeting each other. As you watch, answer the following questions.

1. What are the probable relationships between the people you see? Select all possible answers below.
   - good friends
   - family members
   - a boss and his/her employee
2. Select the expressions they use to greet each other from the list below.
   - Bonjour, Sylviane, comment ça va ?
   - Salut, Papa, tu vas bien ?
   - Ça va bien ?
   - Pas mal et toi ?
   - Comment vous appelez-vous ? Moi, c'est Pauline.
   - C'est Pauline !
   - Bonsoir ! Il y a quelqu'un ?
3. Select the gesture you observe from the list below.
   - waving good-bye
   - shaking hands
   - kissing each other on each cheek
4. What is the French expression for this gesture?
   - se serrer la main
   - faire la bise
   - faire signe de la main

p. 10

Observons

OP-33 Je me présente : avant de regarder. You may already have completed the **Observons** activity in the **Première partie** of this chapter. If not, you will find it helpful to go back and complete that activity before moving on to the next activity. Make a list of the expressions you have learned that speakers use to introduce themselves in French.

____

____

OP-34 Je me présente : en regardant. Watch and listen as the people shown introduce themselves. As you listen, match their photos with the places they come from to answer the following questions. You may want to look on the map on the inside cover of your textbook to locate where they come from. You can expect to listen more than once. Use only first names in your answers.

Fabienne GILETTA

Jean-Claude TATOUÉ

Françoise VANDENPLAS

Who is from...

1. la Belgique ? ______________
2. la France ? ______________
3. Madagascar ? ______________

Who mentions the following languages or dialects?

4. Dutch/le néerlandais ______________
5. Flemish/le flamand ______________
6. German/l'allemand ______________
7. Italian/l'italien ______________
8. Malagasy/le malgache ______________

Who makes each of the following statements? Write the appropriate name or names.

9. Je suis niçoise. ______________
10. Je suis de nationalité française. ______________
11. Je suis né à Madagascar. ______________
12. Je suis belge. ______________

OP-35 Je me présente : après avoir regardé. Do a little research to find the answers to the following questions in English.

1. Why are so many languages spoken in Belgium?

____

____

2. What is the language situation in Madagascar?

____

____

Nom : ________________________________ Date : ____________________

1 Ma famille et moi

Leçon 1 Voici ma famille

POINTS DE DÉPART

p. 23–24

01-01 Mots mélangés. Rearrange the letters in each word to find which members of the family were present at Corentin's family reunion.

1. ÈARPUBEE _______-_______
2. NUSOIC _______________
3. DANRRÈGME _______-_______
4. NATET _______________
5. ÈRFER _______________
6. ICÈNE _______________

01-02 C'est qui ? Match the correct family term with each definition.

____ 1. le père de mon père
____ 2. les filles de ma tante
____ 3. le frère de ma mère
____ 4. la femme de mon père (*ce n'est pas ma mère*)
____ 5. la fille de mon père
____ 6. le fils de ma mère
____ 7. le mari de ma mère (*ce n'est pas mon père*)
____ 8. le fils de mon frère

a. mon beau-père
b. ma belle-mère
c. mes cousines
d. mon frère
e. mon grand-père
f. mon neveu
g. mon oncle
h. ma sœur

01-03 Photos de famille.

Nathan is identifying various family members in a photo album. Confirm what he says by restating the relationships, using an appropriate term from the word bank.

cousin	demi-frère	~~grand-père~~	petite-fille
neveu	nièce	oncle	tante

MODÈLE You hear: C'est le père de mon père.

You write: Alors c'est ton *grand-père.*

1. Alors, c'est ton ______________ .
2. Alors, c'est ta ______________ .
3. Alors, c'est ton ______________ .
4. Alors, c'est ta ______________ .
5. Alors, c'est ton ______________ .
6. Alors, c'est ton ______________ .

01-04 L'arbre généalogique.

Listen as Loïc talks about his family. Write the first name of each member of the family Loïc is mentioning.

1. ______________
2. ______________
3. ______________
4. ______________
5. ______________
6. ______________

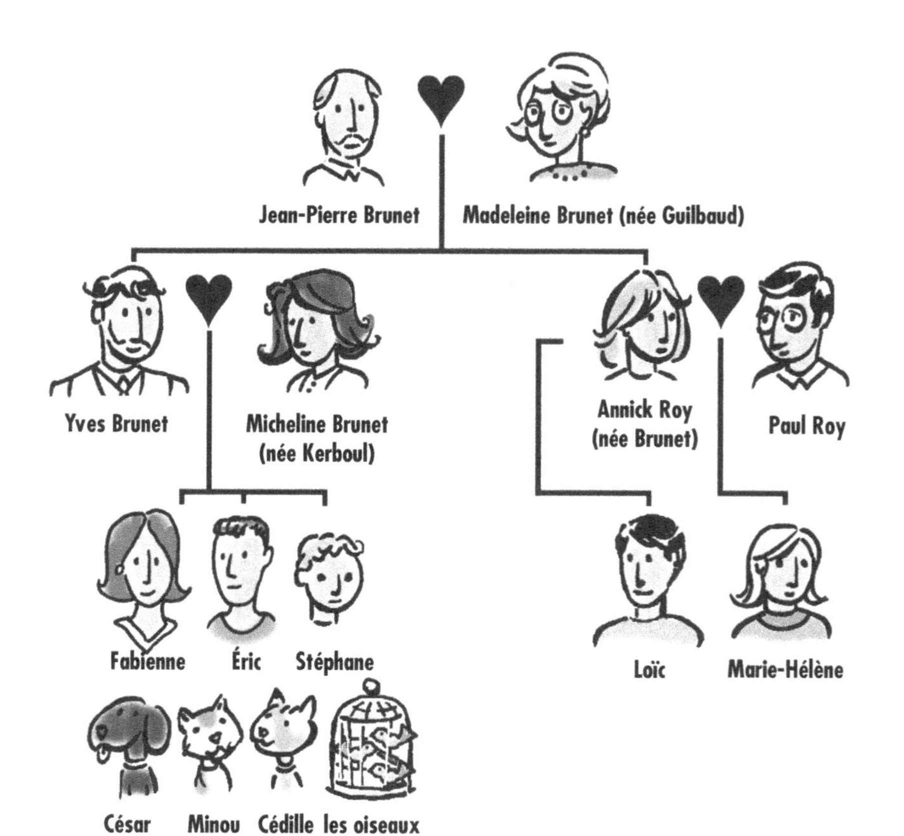

Nom : ______________________________ Date : ____________________

FORMES ET FONCTIONS

1. Les adjectifs possessifs à un possesseur

p. 26–27

01-05 Au mariage. Referring to the illustration, indicate the relationships between the family members specified by selecting the appropriate word in each case.

____ **1.** M. Lefranc : Mme Lefranc est	**a.** sa belle-mère
____ **2.** Christine : Mme Lefranc est	**b.** ses enfants
____ **3.** Christine : Édouard est	**c.** sa femme
____ **4.** Sylvie : Christine est	**d.** son mari
____ **5.** Mme Fleur : Sylvie, Clément et Christine sont	**e.** ses parents
____ **6.** Édouard : M. et Mme Lefranc sont	**f.** sa sœur

01-06 Ce sont mes affaires ? Richard and his friends are sorting out their possessions at the end of the year. Listen to each sentence and identify the item you hear, based on the possessive adjective.

1. lecteur CD	lecteurs CD	**4.** feutre	feutres
2. cahier	cahiers	**5.** calculatrice	calculatrices
3. gomme	gommes	**6.** crayon	crayons

01-07 Les sœurs. Isabelle and her sister Anne are sorting through their belongings and those of their sister Sophie as they get ready to go back to school in the fall. Complete their conversation by filling in the blanks with the correct form of the possessive adjective.

ISABELLE : Anne, voici _tes_ livres, (1) _______ cahiers, (2) _______ règle et (3) _______ stylos. Mais où sont mes livres, (4) _______ lecteur DVD, (5) _______ feutres, (6) _______ affiches et (7) _______ carte d'Europe ?

ANNE : Les voici. Et il y a encore les affaires de Sophie. Par exemple, voici _sa_ calculatrice, (8) _______ crayons, (9) _______ ordinateur et (10) _______ affiche de Romain Duris.

01-08 C'est ton oncle ? At a family reunion, you are helping a new in-law identify family members. Listen to each question and select the appropriate response, paying attention to the possessive adjective.

1. a. Oui, ce sont ses cousines.
   b. Oui, c'est ma cousine.
   c. Oui, c'est sa cousine.
2. a. Oui, ce sont mes enfants.
   b. Oui, ce sont tes enfants.
   c. Oui, ce sont ses enfants.
3. a. Oui, c'est mon neveu.
   b. Oui, c'est son neveu.
   c. Oui, ce sont ses neveux.
4. a. Oui, c'est ma fille.
   b. Oui, ce sont ses filles.
   c. Oui, c'est sa fille.
5. a. Oui, ce sont ses sœurs.
   b. Oui, c'est sa sœur.
   c. Oui, ce sont mes sœurs.
6. a. Oui, c'est son petit-fils.
   b. Oui, c'est ton petit-fils.
   c. Oui, c'est mon petit-fils.

2. Les adjectifs invariables

p. 28–30

01-09 Comment sont-ils ? As you listen to Sandrine describing her relatives, select the personality trait(s) that applies to each person from the lists below. More than one may be correct.

1. conformiste	dynamique	idéaliste	pessimiste
2. conformiste	optimiste	pessimiste	réaliste
3. désagréable	stressé	sociable	têtu
4. individualiste	idéaliste	désagréable	sociable
5. calme	raisonnable	réaliste	sympathique
6. désagréable	disciplinée	individualiste	timide

01-10 À la française. The French often express a negative thought by using its opposite in a negative sentence. As Séverine describes members of her family, select the sentence that best reflects each of her comments.

1. Ses enfants ne sont pas très disciplinés.
   a. Ils sont assez sympathiques.
   b. Ils sont indisciplinés.
   c. Ils ne sont pas sympathiques.
   d. Ils ne sont pas trop indisciplinés.
2. Son cousin Paul n'est pas très raisonnable.
   a. Il est raisonnable.
   b. Il n'est pas têtu.
   c. Il est têtu.
   d. Il est vraiment raisonnable.
3. Sa sœur n'est pas sympathique.
   a. Elle est désagréable.
   b. Elle est trop sympathique.
   c. Elle n'est pas désagréable.
   d. Elle n'est pas réservée.
4. Ma tante n'est pas vraiment sociable.
   a. Elle est assez réservée.
   b. Elle est trop sociable.
   c. Elle n'est pas réservée.
   d. Elle est très sociable.
5. Son mari est stressé.
   a. Il est trop calme.
   b. Il n'est pas vraiment stressé.
   c. Il n'est pas très calme.
   d. Il est conformiste.
6. Leur fils n'est pas très conformiste.
   a. Il est vraiment pessimiste.
   b. Il est trop dynamique.
   c. Il est conformiste.
   d. Il est assez individualiste.

Nom : ______________________________ Date : ____________________

01-11 Qui se ressemble s'assemble ! Explain how the various friends and relatives mentioned below share similar personality traits.

MODÈLE Je suis très optimiste et un peu indisciplinée.

Mon frère, lui aussi, est _optimiste_ et un peu _indiscipliné._

1. Marie-Claude est sympathique et dynamique.

   Ses amies, elles aussi, sont ____________________ et ____________________.

2. Mon beau-père est réservé et conformiste.

   Ma mère, elle aussi, est ____________________ et ____________________.

3. Sophie est stressée et assez pessimiste.

   Son ami, lui aussi, est ____________________ et assez ____________________.

4. Marie est sociable et individualiste.

   Ses enfants, eux aussi, sont ____________________ et ____________________.

01-12 Drôle de personnalité. Marc seems to have no extreme character traits. For each observation you hear, select the phrase that most logically completes the description of this "middle-of-the-road" person.

1. a. mais il n'est pas réaliste non plus.
   b. mais il n'est pas sociable non plus.
2. a. mais il n'est pas désagréable non plus.
   b. mais il n'est pas conformiste non plus.
3. a. mais il est indiscipliné aussi.
   b. mais il est raisonnable aussi.
4. a. mais il est raisonnable aussi.
   b. mais il est pessimiste aussi.
5. a. mais il n'est pas vraiment conformiste.
   b. mais il n'est pas vraiment désagréable.
6. a. mais il est stressé aussi.
   b. mais il est réservé aussi.
7. a. mais il n'est pas timide non plus.
   b. mais il n'est pas optimiste non plus.
8. a. mais il n'est pas dynamique non plus.
   b. mais il n'est pas idéaliste non plus.

Écoutons

01-13 Une photo de mariage : avant d'écouter. Rearrange the letters in each word to find the adjectives that would most likely describe a typical bride and groom on their wedding day.

1. SÉSEREST ____________
2. ACSELBOIS ____________
3. TOPIMESIT ____________
4. HYQAUSTIMPE ____________

01-14 Une photo de mariage : en écoutant. As you listen to Sylvie's description of the wedding photo, look at the illustration and write the number of each person she describes in the second column of the chart. Listen again and complete the third column of the chart by writing one personality trait for each person described. Some information has been provided for you.

FAMILY MEMBER	NUMBER	TRAIT
1. her sister	5	
2. her brother-in-law		
3. her brother-in-law's parents		
4. her parents		
5. her brother		
6. Sylvie		
7. her cousin		adorable

Nom : ______________________ Date : ______________

Écrivons

01-15 Ma famille.

A. Ma famille : avant d'écrire. You will write a brief description of your family. First, answer the following questions to help organize your thoughts. Don't forget to include family pets, if you wish.

1. Which members of your family do you wish to write about? ______________________

____

____

____

2. What adjectives would you use to describe each of them? ______________________

____

____

____

3. Is there any other information you could add about them (marital status or hometown)?

____

____

____

B. Ma famille : en écrivant. Now write a paragraph incorporating the information you just provided. You may wish to begin with a general statement about your family, such as **Dans ma famille, nous sommes trois** or **Il y a quatre personnes et deux chats dans ma famille.** Continue with specific information about each individual.

MODÈLE *Dans ma famille, nous sommes cinq. Ma mère s'appelle Nadège. Elle est optimiste et très sociable, mais assez occupée. Elle est de New York. Mon père s'appelle...*

____

____

____

____

____

Leçon 2 Les dates importantes

POINTS DE DÉPART

p. 33

01-16 C'est quel mois en Amérique du Nord ? What month do you associate with each of the following symbols and events in North America?

	a.	b.	c.
1. fireworks	a. février	b. juillet	c. novembre
2. turkey	a. octobre	b. novembre	c. mars
3. groundhog day	a. février	b. avril	c. octobre
4. dreidels and jingle bells	a. décembre	b. février	c. septembre
5. pumpkins	a. mars	b. août	c. octobre
6. hearts	a. janvier	b. février	c. mars
7. leprechauns	a. mars	b. avril	c. mai
8. back to school	a. novembre	b. février	c. août

01-17 Le calendrier des fêtes. Stéphane is noting his favorite holidays on his calendar for the year. Complete each of his sentences, writing the dates that you hear.

MODÈLE You hear: Le 14 février, c'est la Saint-Valentin.

You write: *Le 14 février*, c'est la Saint-Valentin.

1. ______________________________, c'est la Fête des Acadiens.
2. ______________________________, c'est Mardi gras.
3. ______________________________, c'est mon anniversaire.
4. ______________________________, c'est Pâques.
5. ______________________________, c'est l'Épiphanie.
6. ______________________________, c'est la Fête nationale du Québec.

01-18 Associations. Match the number you associate with each of the following.

_____ 1. un triangle
_____ 2. l'alphabet
_____ 3. l'indépendance aux États-Unis
_____ 4. une paire
_____ 5. le jour de Noël
_____ 6. un pentagone
_____ 7. septembre
_____ 8. décembre

a. cinq
b. deux
c. douze
d. neuf
e. quatre
f. trois
g. vingt-cinq
h. vingt-six

Nom : ______________________ Date : ______________________

01-19 Le cours de maths. On Aïcha's first day of class, the math teacher is testing her on mental arithmetic. Complete Aïcha's statements with the numbers that you hear.

MODÈLE You hear: neuf et onze font vingt

You write: _*9 + 11*_ = 20

1. ____ + ____ = 18
2. ____ – ____ = 27
3. ____ – ____ = 14
4. ____ + ____ = 25
5. ____ + ____ = 21
6. ____ – ____ = 8

SONS ET LETTRES

La prononciation des chiffres

p. 36

01-20 Muette ou pas ? Listen to the following phrases and select the items that include a number with a final pronounced consonant.

1. cinq enfants
2. dix chaises
3. six oncles
4. six photos
5. trois affiches
6. cinq cousins
7. un bureau
8. deux parents
9. un an
10. deux ordinateurs
11. trois cahiers
12. sept images

01-21 Une comptine. Listen twice to the French Canadian version of a traditional French counting rhyme. The first time, just listen. As it is read a second time, repeat each line after the speaker. Finally, give your version of this traditional counting rhyme, paying attention to the pronunciation of the numbers.

Un, deux, trois,
Nous avons un gros chat,
Quatre, cinq, six,
Il a de longues griffes,
Sept, huit, neuf,
Il a mangé un œuf,
Dix, onze, douze,
Il est blanc et rouge.

FORMES ET FONCTIONS

1. Le verbe *avoir* et l'âge

p. 37–38

01-22 Trois générations. Listen as Camille talks about her family. Write down the age of each person she mentions.

MODÈLE You hear: Mon oncle Jean a 64 ans.
You write: _64_

1. ma tante ______________
2. ma sœur ______________
3. mon père ______________
4. ma mère ______________
5. mon frère ______________
6. mon grand-père ______________
7. ma grand-mère ______________
8. mon cousin ______________

01-23 Ce n'est pas possible ! Select the appropriate number to make each statement logical.

1. Il y a [quarante ; cinquante] états aux États-Unis.
2. Huit fois neuf (8×9) font [seize ; soixante-douze].
3. Il y a [soixante ; quatre-vingts] minutes en une heure.
4. Un angle droit (*right angle*) mesure [quatre-vingt-dix ; quarante] degrés.
5. Il y a [vingt ; trente-et-un] jours en décembre.

01-24 Des familles diverses. Michel is comparing his family with his friends' families. Write the subject and verb forms you hear to complete each of his statements.

MODÈLE You hear: Elle a quatre frères ?
You write: _Elle a_ quatre frères ?

1. ______________________ trois sœurs.
2. ______________________ une sœur.
3. ______________________ dix cousins ?
4. ______________________ deux grands-mères.
5. ______________________ un grand-père.
6. ______________________ quatre oncles.
7. ______________________ cinq tantes.
8. ______________________ six neveux ?

Nom : ________________________________ Date : ____________________

01-25 La famille. Éliane is describing her family. Complete each of her sentences with the appropriate ending.

____ 1. Ma sœur et moi, nous	a. a trois frères.
____ 2. Mon père	b. ai un mari et deux enfants.
____ 3. Mes grands-parents	c. as des enfants aussi ?
____ 4. Moi, j'	d. avons six cousins.
____ 5. Et toi, tu	e. ont huit petits-enfants.

2. Les adjectifs possessifs à plusieurs possesseurs

p. 39–40

01-26 Combien ? Amélie and her friends are sorting out what they bought while shopping for school supplies together. Listen to each of their statements and select the correct form of the item(s) mentioned, based on the possessive adjective that you hear.

1.	stylo	stylos	4. affiche	affiches
2.	ordinateur	ordinateurs	5. livre	livres
3.	calculatrice	calculatrices	6. gomme	gommes

01-27 C'est bien ça ? Invited to dinner by Isabelle and her sister Amandine, Caroline wants to learn more about their family. Complete Isabelle's answers to each of Caroline's questions by writing in the correct possessive adjective and the family member to whom she refers.

MODÈLE You hear: — Comment est votre grand-mère ?

— Notre grand-mère est optimiste.

You write: *Notre grand-mère* est optimiste.

1. ______________________ est très sympathique.
2. ______________________ ne sont pas calmes.
3. ______________________ sont dynamiques.
4. ______________________ est réservée.
5. ______________________ est très têtu.
6. ______________________ sont timides.

01-28 Au parc. Paul has run into his French teacher while taking his nephews for a walk in the park. She has just dropped a book, which Paul picks up for her. Complete their conversation with the correct form of the possessive adjective.

PAUL : Excusez-moi. C'est *votre* livre, madame ?

LE PROF : Oui. Merci, Paul. Ce sont (1) ____________ enfants ? Ils sont adorables.

PAUL : Non, non, non. Ce sont (2) ____________ neveux. (3) ____________ mère, c'est ma sœur.

LE PROF : Mon mari et moi, nous avons trois enfants. (4) ____________ filles s'appellent Clara et Lola ; (5) ____________ fils s'appelle Lorenzo.

PAUL : Ah bon ? Quel âge ont (6) ____________ enfants ?

LE PROF : Clara et Lola ont vingt-et-un ans. Elles sont étudiantes à la fac (*university*). (7) ____________ frère a dix-sept ans. Et (8) ____________ neveux, ils ont quel âge ?

PAUL : Ils ont bientôt trois ans.

01-29 C'est qui ? You are trying to figure out the relationships between various members of the Brunet family. Answer the following questions and use the family tree as a guide.

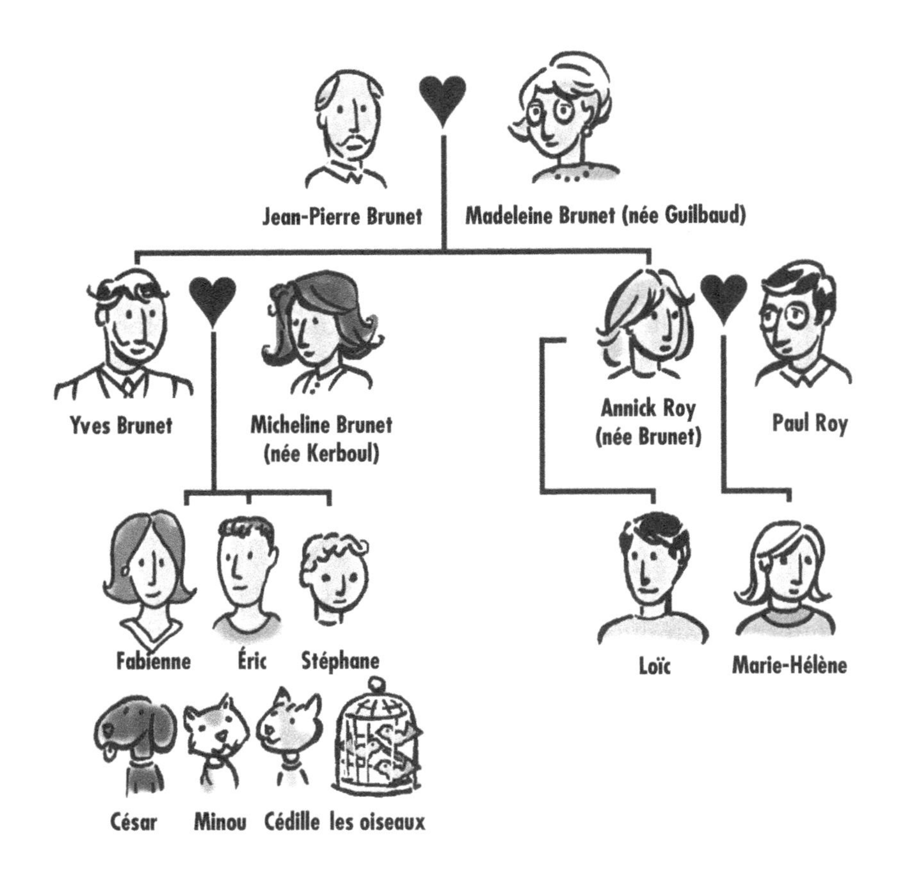

MODÈLE Voici Annick Roy et Yves Brunet, mais qui est Madeleine Brunet ?

C'est *leur mère*.

1. Voici Fabienne, Éric et Stéphane, mais qui sont Loïc et Marie-Hélène ?
   Ce sont ______________________________
2. Voici Loïc et Marie-Hélène, mais qui est Jean-Pierre Brunet ?
   C'est ______________________________
3. Voici Éric et Stéphane, mais qui est Fabienne ?
   C'est ______________________________
4. Voici Annick et Paul Roy, mais qui sont Éric et Stéphane ?
   Ce sont ______________________________
5. Voici Loïc et Marie-Hélène, mais qui est Yves Brunet ?
   C'est ______________________________

Nom : ______________________ Date : ______________________

Écoutons

01-30 Le sondage : avant d'écouter. Imagine what kind of questions you might be asked during a census survey conducted by telephone. Select the questions you might hear.

Êtes-vous marié/e ?

Avez-vous une calculatrice ?

Avez-vous des enfants ?

Comment s'appelle votre chat ?

Êtes-vous idéaliste ?

Quel âge avez-vous ?

01-31 Le sondage : en écoutant. Listen as Madame Leroy responds to this survey and fill out the form with her answers. You may listen to the recording as many times as you wish. Note: indicate the ages as digits.

PRÉNOM	ÂGE	ANNIVERSAIRE
1. Isabelle	38	le 12 avril
2. Marc		
3. Sarah		
4. Lucie		
5. Alexis		
6. Claire		

Écrivons

01-32 La généalogie.

A. La généalogie : avant d'écrire. Do you know all the members of your family? You may want to ask a few questions of your parents or your grandparents to have a better idea of who is in your family tree. Make a list, in French, of all the family members you know and gather information about each of them such as their age and their birthday.

____

____

____

B. La généalogie : en écrivant. Now select three individuals in your family tree that you find particularly interesting. Write a paragraph to tell about each of them, mentioning as many details as you can.

MODÈLE *Ma mère est remariée. Alors j'ai trois familles : la famille de ma mère, la famille de mon père et la famille de mon beau-père. Dans la famille de ma mère, il y a mon grand-père, Joey. Il a 84 ans, et son anniversaire est...*

____

____

____

____

____

____

____

Leçon 3 Nos activités

POINTS DE DÉPART

p. 43

01-33 La vie familiale. Refer to the presentation of the Dupont family at the beginning of **Leçon 3** and match family members with their typical activities during the week.

____ **1.** Mme Dupont

____ **2.** M. Dupont

____ **3.** La famille

____ **4.** Émilie

____ **5.** Simon et ses amis

____ **6.** Les grands-parents

a. arriver chez leur fille

b. déjeuner ensemble

c. inviter ses parents à déjeuner

d. jouer au foot

e. jouer du piano

f. travailler au bureau

01-34 La semaine. Refer to the presentation of the Dupont family on page 43 of your text and write the day of the week on which members of the family usually do each of the following activities.

MODÈLE Simon et ses copains jouent au foot. *le mercredi*

1. Les enfants restent à la maison. ______________
2. Monsieur Dupont joue au golf. ______________
3. Émilie prépare sa leçon de chant. ______________
4. Madame Dupont travaille dans le jardin. ______________
5. La famille déjeune ensemble. ______________
6. Simon regarde la télé. ______________

Nom : ______________________________ Date : ____________________

01-35 Une semaine chargée. Listen as Pauline and Safi try to arrange a time to get together. Write down the day of the week when one or the other will be involved in each of the activities listed. Then indicate on which day(s) they would both be free to get together.

1. jouer au tennis ____________________
2. avoir une leçon de guitare ____________________
3. travailler dans le jardin ____________________
4. jouer au golf ____________________
5. préparer le dîner ____________________
6. réviser ____________________
7. What day(s) would they be free to get together? ____________________

01-36 Une journée en famille. Listen as Henri talks about his own and other people's leisure time activities. Classify each activity that he mentions in one of the following categories: **la musique, le sport, d'autres activités.**

1. Henri	a. la musique	b. le sport	c. d'autres activités
2. Le père d'Henri	a. la musique	b. le sport	c. d'autres activités
3. La sœur d'Henri	a. la musique	b. le sport	c. d'autres activités
4. La mère d'Henri	a. la musique	b. le sport	c. d'autres activités
5. Frédéric	a. la musique	b. le sport	c. d'autres activités
6. Les cousins d'Henri	a. la musique	b. le sport	c. d'autres activités
7. Le frère d'Henri	a. la musique	b. le sport	c. d'autres activités
8. Le grand-père d'Henri	a. la musique	b. le sport	c. d'autres activités

SONS ET LETTRES

Les modes articulatoires du français : la tension et le rythme

p. 46

01-37 Prononciation. Listen to the following sentences and repeat after each sentence, paying attention to the pronunciation of the sound /u/ as in **Doudou**.

1. Mon chat s'appelle Filou.
2. Je suis de Tombouctou.
3. Écoutez Maryse, s'il vous plaît !
4. Nous avons beaucoup de cousines.
5. Où est Mouskeba ?
6. Je suis de Toulouse. Vous aussi ?

01-38 Les syllabes. Listen as Caroline introduces her family and write the number of syllables that you hear in each sentence.

MODÈLE You hear: Voici ma sœur Pauline.

You write: _6_

1. ______________
2. ______________
3. ______________
4. ______________
5. ______________
6. ______________

FORMES ET FONCTIONS

1. Le présent des verbes en *-er* et la négation

p. 47–48

01-39 Un ou plusieurs ? For each statement, select **1** if the subject of the sentence is one person, **1+** if it is more than one person, and **?** if it is impossible to tell from what you hear.

1. 1 1+ ?
2. 1 1+ ?
3. 1 1+ ?
4. 1 1+ ?
5. 1 1+ ?
6. 1 1+ ?
7. 1 1+ ?
8. 1 1+ ?

Nom : ______________________ Date : ______________________

01-40 Une semaine en famille. Complete the sentences by filling in what the various members of the Dupont family are doing this week based on the following drawings.

MODÈLE Émilie *préparé sa leçon de chant.*

1. Monsieur Dupont ______________________.

2. Madame Dupont ______________________.

3. Simon et ses copains ______________________.

4. La famille ______________________.

5. Simon ______________________.

01-41 Emploi du temps. Sarah has called her niece Emma to invite her and her husband, Frank, to dinner this week. Listen to their conversation and select the subject and verb form that you hear for each sentence.

1. a. joue
   b. jouent
   c. jouons
2. a. dîne
   b. dînent
   c. dînes
3. a. ne travaillons pas
   b. ne travaille pas
   c. ne travaillez pas
4. a. préparent
   b. préparons
   c. préparez
5. a. jouez
   b. jouent
   c. jouons
6. a. aime
   b. aimez
   c. aimons

01-42 La semaine de Rachel. Rachel is going over her weekly activities on her iPad. Choose a verb from the list below to complete each of the following statements. Each verb can only be used once.

~~inviter~~	jouer	ne pas aimer	ne pas travailler
préparer	regarder	rester	

MODÈLE J' *invite* mes cousins au restaurant jeudi.

1. Ils ____________________ préparer le dîner.
2. Je ____________________ au tennis avec Sophie lundi soir.
3. Ma mère ____________________ à la maison avec moi vendredi.
4. Nous ____________________ un film vendredi soir.
5. Je ____________________ ma leçon de chant samedi matin.
6. Le week-end, on ____________________ beaucoup !

2. Les questions

p. 49–50

01-43 Le grand-père. Lili is curious about her grandfather's life. Repeat the following questions after the speaker.

1. Est-ce que tu aimes écouter de la musique classique ?
2. Tu n'aimes pas regarder la télé ?
3. Tu travailles toujours dans le jardin ?
4. Est-ce que tu restes souvent à la maison ?
5. On déjeune ensemble aujourd'hui ?

Nom : ______________________________ **Date :** ____________________

01-44 Les photos. Justine shows pictures stored on her cell phone to her friends. Select the appropriate question her friends may ask about each of her pictures.

1. [Est-ce que c'est une photo de France ? / Tu n'es pas mariée ?]

2. [Est-ce que tu téléphones à tes parents ? / Vous dînez souvent en famille, n'est-ce pas ?]

3. [Est-ce qu'il prépare le dîner ? / Il écoute de la musique ?]

4. [Est-ce que ta mère aime travailler dans le jardin ? / Tu aimes travailler au bureau ?]

5. [Est-ce que tu écoutes la radio ? / Tu aimes jouer du piano ?]

6. [Est-ce que c'est ton anniversaire ? / C'est le mois de décembre, n'est-ce pas ?]

01-45 Réponses. Listen to each question and choose the best response from the options below.

1. a. Oui, j'ai un chat. b. Non, je déteste le tennis.
2. a. Oui, Marie Dubonnet. b. Non, je m'appelle Marie.
3. a. Si, j'adore le français. b. Oui, je parle français.
4. a. Oui, c'est la sœur de ma mère. b. Si, c'est ma cousine.
5. a. Si, j'aime beaucoup le rap. b. Non, je préfère le rap.
6. a. Non, c'est mon livre de français. b. Oui, c'est mon livre de français.

01-46 Ce n'est pas vrai. Karim's annoying cousin doesn't think that Karim does anything. Help Karim set the record straight by matching the appropriate answer to each of the cousin's questions.

____ 1. Tu n'es pas étudiant ?	a. Non, j'aime le jazz.
____ 2. Tu ne prépares pas tes leçons ?	b. Non, mais je joue au foot.
____ 3. Tu n'aimes pas le hip-hop ?	c. Si, j'ai beaucoup d'amis.
____ 4. Tu ne travailles pas le week-end ?	d. Si, j'étudie le français.
____ 5. Tu n'as pas d'amis ?	e. Si, je travaille dans un restaurant.
____ 6. Tu ne joues pas au golf ?	f. Si, tous les soirs.

Écoutons

01-47 Trois familles : avant d'écouter. Suppose you were going to France on an exchange program. What kind of host parents would you like to live with? State your preferences below.

1. Âge? Entre 25 et 35 ans ou entre 40 et 50 ans ? ____________________
2. Avec enfants ou sans enfants ? ____________________
3. Avec animaux ou sans animaux ? ____________________
4. Caractère ? Réservé ou sociable ? ____________________
5. Activités préférées ? Sportives ou culturelles ? ____________________

01-48 Trois familles : en écoutant. Now that you've thought about your preferences, listen to the description of the three families who would be willing to have you stay with them. For each family, indicate the information that you hear.

1. La Famille Lequieux

30 ans	35 ans	40 ans	50 ans
trois enfants	une fille	un fils	pas d'enfants
un chien	trois chats	deux oiseaux	pas d'animaux
dynamique	calme	stressée	réservée

2. La Famille Moy

30 ans	35 ans	40 ans	50 ans
trois enfants	deux filles	un fils	pas d'enfants
un chien	trois chats	deux oiseaux	pas d'animaux
sociable	calme	joue au golf	joue au foot

3. La Famille Joret

30 ans	35 ans	40 ans	50 ans
deux enfants	trois filles	un fils	pas d'enfants
un chien	trois chats	deux oiseaux	pas d'animaux
sociable	énergique	joue du piano	écoute de la musique

Nom : ______________________ Date : ______________

Écrivons

01-49 Mon agenda.

A. Mon agenda : avant d'écrire. Do you keep a record of your weekly activities or appointments? Do you use a phone, a date book, or a desk calendar? Look at wherever you record your activities for the coming week, and write down your appointments and activities, in French.

____

____

____

____

B. Mon agenda : en écrivant. Now, write a paragraph that you will include in an email to a friend or family member in which you describe your week.

MODÈLE *Cette semaine, j'ai beaucoup d'activités. Lundi matin, j'ai rendez-vous avec mon prof de français. Le soir, je joue au golf avec mon copain Thomas. Mardi, je...*

____

____

____

____

____

Lisons

01-50 Le carnet : avant de lire. The text you are about to read is from a French newspaper. Skim the article for the following information.

1. Which section of the paper do you think this text would appear in?

   ____

2. Is there a similar section in the newspaper you are most familiar with?

   ____

3. If so, what kind of information do you find there?

   ____

   ____

01-51 Le carnet : en lisant. Now, as you read, decide which are the appropriate responses. Select all that apply.

1. Who has just been born?

   Bruno   Claire   Lucie   Pierrette   Simone   Yves

2. Who is getting married?

   Bruno   Claire   Françoise   Jean-Pierre   Jean-Philippe   Olivier

3. Who has made their union official through a **PACS**?

   Isabelle   Jean-Pierre   Jean-Philippe   Olivier   Simon   Simone

4. Who has died?

   Cécile   Mme Isabelle Charnière   Mme Pierre de la Garonnière Pierre

5. Which parents have a set of twins?

   Bruno   Claire   Isabelle   François   Simon   Simone

6. Which couple is thinking of their family and friends unable to attend the ceremony?

   Jean-Pierre   Jean-Philippe   Françoise   Olivier   Cécile

01-52 Le carnet : après avoir lu. Re-read the announcements, then answer these questions in English.

1. What do the style and tone of each announcement tell you about the person(s) who wrote it? With which writer(s) would you most like to become acquainted? Why?

   ____

   ____

   ____

2. Would you place an announcement of this type in a newspaper for a special event? Why or why not?

   ____

   ____

3. Using these announcements as a model, write a simple announcement, in French, for someone you know or for a made-up character. You can choose whether to announce a birth, a wedding, or a death.

   ____

   ____

   ____

   ____

Le carnet

NAISSANCES

Hello
Lucie
est là
18 juin 2010
Claire et Bruno Toubon

■

Coucou
Yves & Pierrette
Ont choisi de venir parmi vous le 21 juin 2010, 1er jour de l'été et jour de la fête de la musique pour faire plaisir à leurs parents Simon et Simone PASCALE.

■

MARIAGES

Jean-Pierre
épouse
Françoise
GIRARDOT épouse DUMONT
Une pensée à nos parents et ami(e)s absents pour cet évènement.

PACS

Cela s'en tamponne*, mais Olivier Ménard
et
Jean-Philippe Dupont se sont pacsés le 16 juin 2010.

DÉCÈS

Mme Isabelle CHARNIERE
et sa fille, Cécile,
ont le chagrin de vous faire part du décès de
Mme Pierre
de la GARONNIÈRE
née Claire ROTET
professeur d'Université
à la faculté
de Grenoble,
survenu le 22 juin 2010.
Ses obsèques ont eu lieu le samedi 26 juin 2010 au cimetière de Besneaux.

■

Informations et tarifs pour passer une annonce
Tél. : 01 42 47 93 06

**to receive an official stamp*

Nom : ______________________________ Date : ____________________

01-53 Les animaux familiers. The French are very fond of their pets. In this clip you will see pet owners enjoying the company of their animal friends.

1. Which of the animals listed below do you see in the video clip?

   __________ un chat

   __________ un chien

   __________ un hamster

   __________ un oiseau

   __________ un serpent *(snake)*

2. In what places do you see people with their pets?

   __________ on the beach

   __________ at home

   __________ in the metro

   __________ at a restaurant

   __________ at work in a studio

   __________ in a pet store

01-54 La famille dans le monde francophone. The Francophone families you will see in this montage are very diverse. Watch as they go about some of their normal daily activities. Answer the following questions in English.

1. Do they look like the families you see where you live? Explain your answer.

   ____

   ____

2. What are some of the activities in which they are engaged?

   ____

   ____

   ____

Observons

p. 31–32

01-55 C'est ma famille : avant de regarder. You may already have completed the **Observons** activity in Lesson 1 of this chapter. If not, you will find it helpful to go back and complete that activity before moving on to the questions below. You will see three short interviews in which the people listed below describe their family. Watch the video clip without sound. Try to determine which members of the family each person is describing, and write down the relationships in French.

1. Christian : ______________________________
2. Caroline et Catherine : ______________________________
3. Corinne : ______________________________

01-56 C'est ma famille : en regardant. Now replay the clip with sound, and listen carefully to answer the following questions.

1. Is your list of relationships correct and complete? If not, on the basis of the information you have heard, provide any needed adjustments below.
   a. Christian : ______________________________
   b. Caroline et Catherine : ______________________________
   c. Corinne : ______________________________
2. Each person tells where various family members live. Who lives in...
   a. Besançon? ______________________________
   b. Washington? ______________________________
   c. Paris? ______________________________

01-57 C'est ma famille : après avoir regardé. Now respond to the following questions.

1. How are these Francophone families similar to, or different from, North American families? Answer in English.

   ____

   ____

   ____

2. What additional questions might you ask each person to get a more complete picture of his or her family? Make a short list of these questions in French.

   Christian ______________________________

   ____

   Caroline et Catherine ______________________________

   ____

   Corinne ______________________________

   ____

Nom : ______________________ Date : ______________

2 Voici mes amis

Leçon 1 Mes amis et moi

POINTS DE DÉPART

p. 55–56

02-01 Descriptions. Listen to the descriptions of Amel and her friends, and select **traits physiques** if physical traits are being described or **traits de caractère** if personality traits are being described.

1.	traits physiques	traits de caractère	**5.**	traits physiques	traits de caractère
2.	traits physiques	traits de caractère	**6.**	traits physiques	traits de caractère
3.	traits physiques	traits de caractère	**7.**	traits physiques	traits de caractère
4.	traits physiques	traits de caractère	**8.**	traits physiques	traits de caractère

02-02 Le mot juste. Help your roommate review for a French test by selecting the word in each group that best fits in with the adjectives you hear.

1.	sportive	moche	généreuse
2.	châtain	gentille	élégante
3.	âgée	forte	ambitieuse
4.	intelligente	petite	amusante
5.	pantouflarde	jolie	maigre
6.	sérieuse	égoïste	d'un certain âge

02-03 Les retrouvailles. One of your sisters could not attend your annual family reunion picnic this summer but wants to know what everyone looked like. Describe your family members for her, using the opposite adjectives.

MODÈLE Tante Lucie, toujours blonde ? Non, elle est *brune* maintenant.

1. Grand-maman, toujours mince ? Pas du tout, elle est ______________ maintenant.
2. Tante Adèle, toujours moche ? Ah non, elle est ______________ maintenant.
3. Notre cousine Gaby, toujours petite ? Non, elle est ______________ maintenant.
4. Cousine Annie, toujours brune ? Pas du tout, elle est ______________ maintenant.
5. Mamie, toujours forte ? Ah non, elle est ______________ maintenant.

02-04 À chacune sa personnalité. Select the adjective that best describes each of these women, based on their activities.

1. Bénédicte adore jouer au tennis et au basket. Alors elle est...
   a. sportive. b. sympathique. c. intelligente.
2. Nathalie n'aime pas faire du sport. Alors elle est...
   a. ambitieuse. b. énergique. c. pantouflarde.
3. Isabelle prépare le dîner pour ses grands-parents le week-end. Alors elle est...
   a. généreuse. b. drôle. c. élégante.
4. Fatou adore raconter des histoires drôles. Alors elle est...
   a. gentille. b. amusante. c. méchante.
5. Amélie travaille beaucoup. Alors elle est...
   a. paresseuse. b. moche. c. ambitieuse.

SONS ET LETTRES

La détente des consonnes finales

p. 58

02-05 Qui est-ce ? Select the name you hear, listening for the presence or absence of a pronounced final consonant.

1. Clément Clémence
2. François Françoise
3. Jean Jeanne
4. Yvon Yvonne
5. Laurent Laurence
6. Gilbert Gilberte
7. Louis Louise
8. Simon Simone

Nom : ______________________ Date : ______________

02-06 Répétez. Repeat the following words and phrases after the speaker. Be sure to articulate the final consonants clearly.

1. chic
2. sportif
3. méchante
4. mal
5. ambitieuse
6. Bonjour, Viviane.
7. Voilà Françoise.
8. C'est ma copine.
9. Elle est intelligente.
10. Nous sommes sportives.

FORMES ET FONCTIONS

1. Les adjectifs variables

p. 59

02-07 Discrimination. Listen to these descriptions of various men and women, and select in each case the form of the adjective you hear.

1. sportif	sportive	4. sérieux	sérieuse
2. ambitieux	ambitieuse	5. pantouflard	pantouflarde
3. blond	blonde	6. généreux	généreuse

02-08 Délibérations. It's the end of the semester. The teachers are discussing the students and referring to them by their last names. Listen in as these teachers assess their students and jot down the adjectives you hear. Make sure that the adjective agrees with the noun it modifies.

MODÈLE You hear: Andrès est intelligente. Elle a 15 sur 20.
You write: ANDRÈS *intelligente*

1. BERNARD ______________
2. BOIVIN et BRUN très ______________
3. COURTADON et DESCAMPS pas assez ______________
4. FAUST, C. et FAUST, P. très ______________
5. LUTHIN ______________
6. MEYER trop ______________
7. MUFFAT vraiment ______________
8. PATAUD ______________
9. REY trop ______________
10. TOMAS vraiment très ______________
11. TUGÈNE très ______________
12. VAUTHIER et WEIL très ______________

02-09 Un couple idéal ? François and his girlfriend Françoise are very similar. Based on a description of one of them, provide a description of the other.

MODÈLE Françoise est grande et mince.

François est *grand et mince*.

1. François est beau et roux.

   Françoise est ________________ et ________________.

2. Françoise est généreuse, sympathique et gentille.

   François est ____________, ________________ et ____________.

3. François est sportif, dynamique et énergique.

   Françoise est ____________, ________________ et ____________.

4. Françoise est sérieuse, mais drôle.

   François est ________________, mais ________________.

5. François est ambitieux et discipliné.

   Françoise est ________________ et ________________.

6. Françoise n'est pas paresseuse, mais elle est assez stressée.

   François n'est pas ________________, mais il est assez ________________.

02-10 Les intimes. Using the descriptive adjectives you've learned, choose one important male person and one important female person in your life from the list below and write two or three sentences describing each one. Make sure to use a minimum of four adjectives for each person you describe.

votre père	votre grand-père	un frère	un oncle	votre meilleur ami	un professeur
votre mère	votre grand-mère	une sœur	une tante	votre meilleure amie	

MODÈLE *Ma grand-mère est petite et mince. Elle est assez âgée mais très énergique. Elle est sympathique et très généreuse. Elle est super ! Mon oncle Jim est assez grand et mince. Il est très amusant et très drôle. Il est aussi un peu réservé et très gentil.*

____

____

____

____

Nom : ______________________ Date : ______________________

2. Les adverbes interrogatifs

p. 61

02-11 Logique ou pas ? Listen to these exchanges and select **logique** if the response given to the question is logical and **illogique** if it is not.

1. logique illogique
2. logique illogique
3. logique illogique
4. logique illogique
5. logique illogique
6. logique illogique
7. logique illogique
8. logique illogique

02-12 Comment ? Lucas tells his friend Maxime all about a terrific new woman he has met. Complete Maxime's questions by filling in each blank with an appropriate expression from the word bank.

Combien de	Comment	Où	Pourquoi	Quand

LUCAS : J'ai une nouvelle copine.

MAXIME : (1) ____________ est-ce qu'elle s'appelle ?

LUCAS : Elle s'appelle Isabelle. Elle est professeur de musique.

MAXIME : (2) ____________ est-ce qu'elle travaille ?

LUCAS : Au lycée Faidherbe et au collège Carnot.

MAXIME : Pas possible ! Ma sœur est au lycée Faidherbe ! (3) ____________ est-ce qu'Isabelle travaille là-bas (*there*) ?

LUCAS : Le matin. L'après-midi, elle est au collège. Elle travaille beaucoup.

MAXIME : Ah... Et (4) ____________ cours est-ce qu'elle a aujourd'hui ?

LUCAS : Trois le matin, deux l'après-midi.

MAXIME : Elle n'est pas paresseuse alors ! Mais (5) ____________ est-ce que tu téléphones ?

LUCAS : Pour inviter Isabelle à dîner au restaurant ce soir parce qu'elle travaille trop !

02-13 La Suisse. You are interviewing a Swiss student who is visiting your campus this semester. Select the best question you might ask to acquire information about the topic given.

1. nom et prénom : [Comment ça va ; Comment est-ce que tu t'appelles] ?
2. famille : [Combien de personnes est-ce qu'il y a dans ta famille ; Quel âge est-ce que tu as] ?
3. travail : [Quand est-ce que tu arrives ; Où est-ce que tu travailles] ?
4. raison de la visite : [Pourquoi est-ce que tu visites les USA ; Combien de jours est-ce que tu restes aux USA] ?
5. retourner en Suisse : [Combien d'amis est-ce que tu as en Suisse ; Quand est-ce que tu retournes en Suisse] ?

02-14 On fait connaissance. Mattéo's new roommate asks him a lot of questions. Using the choices below, indicate what is the most likely response to each question that you hear.

À Trois-Rivières.	Ce soir.	Elle est grande et rousse.	Le golf.
Mattéo.	Oui, bien sûr.	Trois.	20 ans.

1. ____________
2. ____________
3. ____________
4. ____________
5. ____________
6. ____________
7. ____________
8. ____________

Écoutons

02-15 La baby-sitter : avant d'écouter. Your friend Léa is looking for a babysitter for her three-year-old daughter and asks your advice. Select the essential qualities you would look for in a babysitter from the list below.

amusante	blonde	calme	égoïste	gentille	maigre	méchante

02-16 La baby-sitter : en écoutant. Now listen to Léa's descriptions of the two most promising candidates, and select the characteristics you hear or you can infer from both descriptions.

1. Carole Gaspard est [de taille moyenne ; grande].
2. Elle est [blonde ; brune].
3. Elle est [amusante ; sérieuse].
4. Elle est [énergique ; paresseuse].
5. Elle aime [la musique ; les films].
6. Martine Leger est [petite ; grande].
7. Elle n'est pas [bête ; drôle].
8. Elle n'est pas [méchante ; paresseuse].
9. Elle est [ambitieuse ; généreuse].
10. Elle aime [regarder la télé ; jouer au tennis].

Nom : ______________________ Date : ______________________

Écrivons

02-17 Les liaisons dangereuses.

A. Les liaisons dangereuses : avant d'écrire. You work at a dating service. Your job is to interview candidates and find them an ideal match. You have just interviewed two candidates who you think will make the perfect couple. You need to prepare written descriptions of them. Create your descriptions, following the steps outlined below, in French.

1. Name the two people involved.

   (for example: *Jean-Marc, Marie-Claire*)

   ____

2. Write down three adjectives describing each person's appearance.

   (for example: *J-M : blond, pas très grand, beau ; M-C : rousse, de taille moyenne, jolie*)

   ____

   ____

3. Write down three adjectives describing each person's personality.

   (for example: *J-M : très sportif, assez sociable et intelligent ; M-C : très énergique, gentille, sympa*)

   ____

   ____

4. Tell what kinds of activities they each enjoy.

   (for example: *J-M : jouer au volley, au tennis, écouter de la musique classique ; M-C : jouer du piano, jouer au tennis, regarder la télé le soir*)

   ____

   ____

B. Les liaisons dangereuses : en écrivant. Using the information you provided above, write up a description of each person.

MODÈLE *Jean-Marc est un homme blond et pas très grand. Il est très sportif, et il joue souvent au tennis et au volley. C'est un homme sociable et très intelligent.*

Marie-Claire est une jeune femme de taille moyenne. Elle est rousse et jolie. Elle est sympa aussi. Le soir, elle regarde la télé. Elle est probablement sportive parce qu'elle joue au tennis.

____

____

____

____

____

____

____

Leçon 2 Nos loisirs

POINTS DE DÉPART

p. 65–66

02-18 Les photos. Listen as Mathis shows his pictures from this weekend. Match each of the descriptions you hear with the appropriate picture.

Image a

Image b

Image c

Image d

Image e

Image f

1. ________________
2. ________________
3. ________________
4. ________________
5. ________________
6. ________________

Nom : ______________________________ Date : ____________________

02-19 Un choix d'activités. Select *all* the items that could logically complete each sentence.

1. Nathan est très sportif. Alors...
   - a. il joue au hockey.
   - b. il joue au basket.
   - c. il fait la cuisine.
   - d. il fait du jogging.
2. Sabine fait de la musique classique et du jazz tous les jours. Alors...
   - a. elle fait de la natation.
   - b. elle joue du piano.
   - c. elle joue du saxophone.
   - d. elle fait du bricolage.
3. Emma est assez pantouflarde. Alors...
   - a. elle joue aux échecs.
   - b. elle fait du vélo.
   - c. elle joue au rugby.
   - d. elle reste à la maison.
4. Astrid est réservée et aime la nature. Alors...
   - a. elle fait du jardinage.
   - b. elle fait des promenades.
   - c. elle joue dans un groupe.
   - d. elle fait de la marche.
5. Lucas est énergique mais pas sportif. Alors...
   - a. il joue au volley-ball.
   - b. il fait du bricolage.
   - c. il joue au football américain.
   - d. il joue de la batterie.
6. Océane aime inviter ses amies et rester à la maison le week-end. Alors...
   - a. elles jouent aux cartes.
   - b. elles font la cuisine.
   - c. elles font des courses.
   - d. elles jouent aux jeux de société.

02-20 Qu'est-ce que tu fais ? Complete the sentences to tell what these people do on the weekend.

1. Je [fais ; joue] du saxophone dans un groupe de jazz.
2. Ma sœur [fait ; joue] de la danse.
3. Mes parents [jouent ; font] une promenade en ville.
4. Mes amis et moi, nous [jouons ; faisons] du sport.
5. Nous [jouons ; faisons] au volley le samedi.
6. Mon frère [joue ; fait] aux échecs avec ses amis.

02-21 Qui fait quoi ? Listen to Nicolas describe what his friends do in their spare time and match the activities with each person.

____ 1. Marie	a. fait bien la cuisine.
____ 2. Sabrina	b. fait du bricolage pour ses parents et ses amis.
____ 3. Louis-Maxime	c. fait du vélo tous les jours.
____ 4. Moussa	d. joue aux jeux de société avec ses amies.
____ 5. Lilou	e. joue souvent au football.
____ 6. Azédine	f. ne fait pas grand-chose.

FORMES ET FONCTIONS

1. Les prépositions *à* et *de*

p. 68–69

02-22 À ou de ? Listen to each sentence. Select **à** if the person is going to or is at the place mentioned and **de** if he or she is traveling from or comes from the place mentioned.

1. à de
2. à de
3. à de
4. à de
5. à de
6. à de
7. à de
8. à de

02-23 C'est à qui ? After spending the weekend at a ski resort with friends, Rémi discovers he has many items that do not belong to him. Using the cues provided, indicate who the rightful owners are. Be careful to use the correct form of **de** and any articles.

MODÈLE You hear: C'est ton livre ?

You write: Non, c'est *le livre de* Pierre.

1. Non, c'est ________________________ copine de Pierre.
2. Non, c'est ________________________ Annette.
3. Non, ce sont ________________________ frères Durand.
4. Non, c'est ________________________ sœur d'Annette.
5. Non, ce sont ________________________ oncle Jean.
6. Non, c'est ________________________ frère de Pierre.

Nom : ______________________ Date : ______________

02-24 Ils parlent de quoi ? Based on what you read, what do you think these people are talking about? Choose from the list and fill in the blanks with the correct answer. Remember to use contractions of **de** and the definite article when necessary.

les amis	les jeux	~~le quatre juillet~~	les animaux familiers
le cinéma	la politique	la famille	le prof de français

MODÈLE KATHERINE : « C'est la fête de l'Indépendance américaine en juillet. »

On parle *du quatre juillet*.

1. PATRICIA : « Je n'aime pas jouer au Monopoly. Je préfère jouer au Scrabble. »
   On parle ______________________
2. GUY : « Anne est très drôle. Tu ne trouves pas ? »
   PATRICK : « Si, et Clément est sympa aussi. On a des bons amis. »
   On parle ______________________
3. DENISE : « Ma mère est gentille et ma sœur est assez sympa, mais mon frère... »
   On parle ______________________
4. THOMAS : « Notre prof de français est super, non ? »
   LISE : « Oui, il est dynamique et très intéressant. »
   On parle ______________________
5. PAUL : « J'aime bien les chats. »
   LUCIE : « Moi, je préfère les chiens. »
   On parle ______________________
6. ERIC : « C'est bientôt les élections ; qui est ton candidat préféré ? »
   On parle ______________________
7. MARIE : « C'est un film très drôle. »
   CLAUDINE : « Oui, et Marion Cotillard est une bonne actrice. J'aime beaucoup ses films ! »
   On parle ______________________

02-25 Les loisirs. Tell what the different people shown are doing during their leisure time.

MODÈLE Madeleine _joue au golf_.

1. Christine ________________ **2.** Juliette et Isa ________________ **3.** Jessica 

4. Bertrand et Thomas ______________ **5.** Benoît ____________ **6.** Florian et Pauline _______________

2. Le verbe *faire*

p. 70–71

02-26 Le week-end. Listen as Stéphanie and Arnaud describe their weekend activities. Match each activity with the time of the day when the friends participate in it.

____ **1.** le samedi matin
____ **2.** le samedi midi
____ **3.** le samedi après-midi
____ **4.** le samedi soir
____ **5.** le dimanche matin
____ **6.** le dimanche après-midi / Arnaud
____ **7.** le dimanche après-midi / Stéphanie
____ **8.** le dimanche soir

a. faire du bricolage et du jardinage
b. faire la cuisine
c. faire de la danse
d. faire de la marche
e. faire de la natation
f. faire une promenade
g. faire du vélo
h. ne pas faire grand-chose

Nom : ______________________________ Date : ____________________

02-27 Les activités du soir. Using the verb **faire**, complete these sentences so they tell what everyone does in the evening.

MODÈLE Ma sœur *fait* du sport chaque soir.

1. Mes parents ______________ une promenade tous les soirs.
2. Mon petit frère ______________ grand-chose.
3. Mes amis et moi, nous ______________ de la natation.
4. Vous ______________ du bricolage le soir.
5. Je ______________ mes devoirs.

02-28 Qu'est-ce qu'ils font ? Select one of the following activities for each person and complete the sentence using the expression you have chosen: **faire du bricolage, faire la cuisine, faire du jardinage, faire de la musique, faire du sport, faire du vélo, ne pas faire grand-chose.** Each activity can only be used once.

MODÈLE Je suis très sportive.

Je *fais du sport*.

1. Tu invites des amis à dîner.

   Tu ____.
2. Nous réparons la fenêtre.

   Nous ____.
3. Vous aimez les plantes.

   Vous ____.
4. Elles sont très paresseuses.

   Elles ____.
5. Tu as un beau vélo.

   Tu ____.
6. Elle joue de la guitare.

   Elle ____.

02-29 Où sont-ils ? Listen to the activities in which various people are engaged, then select the most likely location for each of the activities mentioned.

1. Je suis [à la maison ; en ville].
2. Vous êtes [chez vous ; au parc].
3. Nous sommes [à la résidence ; au parc].
4. Tu es [dans le jardin ; à la maison].
5. Ils sont [au parc ; à la résidence].
6. Elle est [dans le jardin ; en ville].

02-30 Les réactions. Write a short paragraph in which you indicate six activities you, your friends, or your family members do on the weekends. Possible subjects include: **vous, votre frère ou soeur, vos parents, votre prof, vos camarades de classes, vos amis.** You may repeat subjects but not activities.

MODÈLE *Le week-end, je reste à la maison et je fais mes devoirs. Ma mère fait la cuisine. Mes amis font une promenade en ville. Quand je n'ai pas de devoirs le soir, je ...*

____

____

____

____

____

Écoutons

02-31 Projets de week-end : avant d'écouter. Write in French several activities that you usually do on the weekend.

Le week-end, je ... ____

____

____

02-32 Projets de week-end : en écoutant. Listen as Jennifer, Guillaume, and Constance talk about what they are going to do this weekend. Be sure to identify *all* activities that are mentioned for each friend.

1. Jennifer...

joue dans un groupe	a un match de volley	prépare le dîner
reste à la résidence	fait de la danse	fait du vélo

2. Guillaume...

regarde la télé	révise sa leçon de chant	reste à la maison
fait de la natation	ne fait pas grand-chose	joue aux échecs

3. Constance...

organise une fête	fait du sport	faire des courses
joue de la guitare	fait la cuisine	dîne avec ses amies

Nom : ______________________________ Date : ____________________

Écrivons

02-33 Bienvenue chez nous.

A. Bienvenue chez nous : avant d'écrire. You've been drafted to write a welcoming letter to the exchange student from Belgium that your family will be hosting for a month. Follow the steps outlined below, in French.

1. Make a list of the members of your family.

   (for example: *moi, ma mère, mon père, ma sœur Lynn*)

   ____

   ____

2. Include two or three descriptive adjectives for each one.

   (for example: *ma mère : dynamique, sociable ; ma sœur Lynn : très sociable, petite, sportive ; mon père : intelligent, ambitieux, drôle ; moi : sympa, sociable, énergique*)

   ____

   ____

   ____

3. List about four activities that you and your family enjoy and one or two that you do not like.

   (for example: *oui : faire du bricolage, jouer au foot, jouer aux cartes, regarder la télé ; non : jouer du piano*)

   ____

   ____

   ____

4. Make a list of questions you would like to ask the exchange student.

   (for example: *Est-ce que tu aimes le sport ? Est-ce que tu fais de la natation ?*)

   ____

   ____

   ____

B. Bienvenue chez nous : en écrivant. Compose a letter that (1) provides information about you and your family, your activities, and (2) asks your questions. Note that a letter to a friend typically begins with **Cher** or **Chère** followed by the first name and would end with a short closing such as **Amitiés**, which roughly translates as "Your friend." When you are done, reread your letter. How did you organize it? Did you write about one person per paragraph or did you write about all the members of your family in one paragraph? Is your organization easy for the reader to follow? If not, you might consider changing the order of some of the elements. Did you include all the information requested? Check that the adjectives you used agree in number and gender with the person being described. Finally, double-check that you used the expression **jouer à** with sports and leisure activities and **jouer de** with musical instruments.

MODÈLE *Chère Bénédicte,*

Je m'appelle Marie-Louise. Dans ma famille, nous sommes quatre : ma mère s'appelle Norma et mon père s'appelle Robert. J'ai une sœur. Ma sœur, Lynn, est petite et très sociable. Elle est sportive aussi...

Le week-end, ma famille et moi, nous faisons du bricolage et nous jouons souvent au foot... Ma sœur... mais moi, je... Je n'aime pas jouer du piano.

Et toi ? Est-ce que tu aimes le sport ? Est-ce que tu fais de la natation ?

Amitiés,

Marie-Louise

____

____

____

____

____

____

____

____

Nom : ______________________ Date : ______________

Leçon 3 Où est-ce qu'on va ce week-end ?

POINTS DE DÉPART

p. 73

02-34 Une visite guidée. Imagine that you are visiting a small town in France on a guided tour. You are in the back of the group and do not hear everything the guide says. Complete her comments by supplying the missing words from the word bank.

le cinéma	le gymnase	un marché	le musée
la piscine	la place	le stade	le théâtre

Voici (1) ______________ de la Victoire où il y a (2) ______________ aux fruits le mercredi et le samedi matin. Et nous voilà devant (3) ______________ où on joue une pièce de Shakespeare cette semaine. Voici maintenant (4) ______________. Il y a un bon film qui passe en ce moment. Si vous aimez l'art, (5) ______________ d'art moderne présente une exposition intéressante ce mois-ci. Il y a aussi beaucoup de possibilités dans notre ville pour les sportifs. Voici (6) ______________ où les jeunes jouent au football. Et voilà, (7) ______________ municipale pour faire de la natation. On joue aussi au basket et on fait de la danse dans (8) ______________.

02-35 C'est en ville. Unscramble each of the following groups of letters to create words related to places in town.

1. SEGÉIL ______________
2. NUTOMMEN ______________
3. IBIRIERAL ______________
4. IRAMIE ______________
5. YMANGES ______________
6. CNIPESI ______________

02-36 Quels endroits ? Select all the places where each person might be now or might be going to, based on what you hear. More than one answer may be correct for each.

1. à l'église — au gymnase — au stade — au parc
2. au théâtre — à la gare — au musée — à l'hôtel
3. au restaurant — à la piscine — au café — au gymnase
4. à la mairie — à la piscine municipale — à la librairie — au parc
5. au marché — à la bibliothèque — au cinéma — au café
6. à l'église — au cinéma — au parc — au marché

02-37 En ville. Listen to statements overheard one afternoon around town and select the probable location of the speaker for each one.

____ 1.	a. à la bibliothèque
____ 2.	b. à la gare
____ 3.	c. à la librairie
____ 4.	d. à la piscine
____ 5.	e. au café
____ 6.	f. au cinéma
____ 7.	g. au musée
____ 8.	h. au stade

FORMES ET FONCTIONS

1. Le verbe *aller* et le futur proche

p. 76–77

02-38 En général ou bientôt ? Select **en général** if the people mentioned do the stated activity on a regular basis, and **bientôt** if they are going to do it soon.

1. en général	bientôt	5. en général	bientôt
2. en général	bientôt	6. en général	bientôt
3. en général	bientôt	7. en général	bientôt
4. en général	bientôt	8. en général	bientôt

02-39 Après les cours. Anne is discussing her after-class activities with friends. Write the subject and verb forms that you hear to complete their conversation. The first blank has been completed for you as an example. Remember to include the negative elements **ne... pas** when needed.

ANNE : Qu'est-ce que *nous allons* faire cet après-midi ? (1) ______________ peut-être aller nager un peu. Et toi, Nora? (2) ______________ travailler ?

NORA : Non, (3) ______________ à la piscine avec toi ! Mais pas longtemps parce que (4) ______________ me téléphoner cet après-midi. Et Mathieu, est-ce qu' (5) ______________ venir avec nous ?

ANNE : Demandons-lui... Mathieu, (6) ______________ à la piscine cet après-midi, tu nous accompagnes ?

MATHIEU : Oh, non ! (7) ______________ être contentes avec moi, mais j'aime mieux préparer l'examen de français pour demain !

Nom : ______________________ Date : ______________

02-40 On va où ? Complete the following sentences with the correct form of the verb **aller** and a logical destination from the **en ville** list of vocabulary in lesson 3 of this chapter.

MODÈLE Pour jouer au tennis, Yannick *va au parc*.

1. Pour admirer des sculptures, vous ______________________.
2. Pour voir une pièce, je ______________________.
3. Pour dîner, nous ______________________.
4. Pour chercher des livres, elles ______________________.
5. Pour voir un match de football, tu ______________________.
6. Pour assister à un mariage samedi après-midi, Arthur ______________________.

02-41 Demain, c'est le week-end. Today is Friday. The weekend starts tomorrow! Answer the following questions about what each person will be doing tomorrow.

MODÈLE Est-ce que tu vas rester à la résidence demain ?
Oui, je *vais rester* à la résidence demain.
OU Non, je *ne vais pas rester* à la résidence demain.

1. Tu vas regarder le match de foot à la télé demain ?
   Oui, je ______________________ le match de foot à la télé demain.
2. Toi et ta sœur, vous allez jouer aux échecs demain ?
   Non, nous ______________________ aux échecs demain.
3. Est-ce que Christophe va travailler chez lui demain ?
   Non, il ______________________ chez lui demain.
4. Est-ce que tes amis vont écouter de la musique à la résidence demain ?
   Oui, ils ______________________ de la musique à la résidence demain.
5. Tu vas aller au restaurant demain ?
   Oui, je ______________________ au restaurant demain.

02-42 Les projets. Tell what the following people will be doing at the time indicated.

MODÈLE En juillet/moi
En juillet, je vais aller voir ma famille en Floride. Je ne vais pas travailler !

1. Ce week-end/ma mère ______________________
2. Demain/mon/ma colocataire ______________________
3. Ce soir/mon/ma meilleur/e ami/e ______________________
4. La semaine prochaine/mes amis ______________________
5. Le semestre prochain/moi ______________________
6. Bientôt/mon frère ou ma sœur ______________________

2. L'impératif

p. 78

02-43 Dire, demander ou commander ? Listen to each sentence and select the period if it is a declarative statement, the question mark if it is a question, and the exclamation point if it is a suggestion or command in the imperative.

1. . ? !
2. . ? !
3. . ? !
4. . ? !
5. . ? !
6. . ? !

02-44 Une amie envahissante. Listen as Coralie, who is quite bossy and tactless with everyone around her, gives orders to her best friend, Léa. Select the appropriate follow-up statement for each of Coralie's orders you hear.

1. ____	a. Nous sommes trop fatiguées pour voir un film.
2. ____	b. Tu es indisciplinée à l'école !
3. ____	c. Tu es trop pantouflarde !
4. ____	d. Tu n'es pas énergique !
5. ____	e. Tu vas être malade !
6. ____	f. Vous n'êtes pas sérieuses !

02-45 Attention les enfants ! You are babysitting for a mischievous set of twins, Maxime and Mélanie, and they are misbehaving. When one or both of them does something wrong, tell them what to do or not to do.

MODÈLES Maxime mange beaucoup de chocolat. *Ne mange pas de chocolat* !

Maxime et Mélanie ne mangent pas leurs carottes. *Mangez vos carottes* !

1. Maxime ne ferme pas la porte. ______________ la porte !
2. Maxime et Mélanie regardent la télé tout l'après-midi. ______________ la télé !
3. Mélanie n'écoute pas. ______________- moi !
4. Maxime joue avec le chat. ______________ le chat !
5. Mélanie va dans le jardin. ______________ dans le jardin !
6. Maxime et Mélanie ne font pas leurs devoirs. ______________ vos devoirs !

Nom : ______________________ Date : ______________

02-46 Les projets. Do you agree or disagree with the activities suggested by your friend? Fill in the blanks with the correct expression of your opinion.

MODÈLE aller au parc

— *Allons* au parc.

OU — *N'allons pas* au parc.

1. travailler à la bibliothèque

   ______________________________ à la bibliothèque.

2. faire une promenade

   ______________________________ une promenade.

3. rester à la résidence

   ______________________________ à la résidence.

4. jouer au foot

   ______________________________ au foot.

5. inviter des amis au restaurant

   ______________________________ des amis au restaurant.

6. écouter de la musique classique

   ______________________________ de la musique classique.

Écoutons

02-47 Les sorties du week-end : avant d'écouter. Make a list in French of the popular places students go during the weekend in your area.

____

____

____

02-48 Les sorties du week-end : en écoutant. Thomas works at the campus radio station on the weekend. Listen in as he advertises the main events taking place in his town this weekend. Select all the activities, locations, and suggestions that you hear.

1. Select all the activities Thomas mentions.

un ballet	un concert	une exposition	une fête
un match de basket	un match de foot	une pièce	un tournoi de golf

2. Select all the locations where the events are taking place.

à la bibliothèque	au gymnase	au marché	à la mairie
au parc	au restaurant	au stade	au théâtre

3. Select the verbs of suggestion that you hear.

arrêtez	assistez à	écoutez	faites
mangez	nagez	organisez	préparez

Écrivons

02-49 L'échange.

A. L'échange : avant d'écrire. Imagine that a group of French university students will soon be visiting your town for a two-week exchange. You have been paired with a student and have been corresponding by e-mail. As the date for the visit approaches, you have received this e-mail to which you must respond:

Salut,

Nous arrivons bientôt aux USA. Comment est ta ville ? Est-ce que c'est une grande ville ou une petite ville ? J'habite une petite ville dans le centre de la France. Où est-ce que tu vas en ville pendant (during) la semaine ? Qu'est-ce que nous allons visiter pendant notre visite ?

À bientôt, Florian

Before replying to this e-mail, complete the following activities.

1. Write two to three adjectives to describe your city or town.

   (for example: *jolie, assez petite...)*

   ____

2. Make a list of places in your town or city.

   (for example: *le cinéma, le parc, la bibliothèque municipale...*)

   ____

3. Make a list, of things your city or town doesn't have.

   (for example: *il n'y a pas de musée...*)

   ____

4. Think about where you usually go during a normal week, and write down the names of those places.

   (for example: *le café Mulberry, le gymnase...)*

   ____

5. Where do you plan to go with your exchange visitor? Make a short list of the places you might visit.

   (for example: *le stade*, ...)

   ____

B. L'échange : en écrivant. Reply to the e-mail. Start with **Salut** or **Bonjour**. Notice that your correspondant used the familiar form, so you can, too. Continue with a general description of your town or city that includes the various facilities you have and do not have. Then talk about where you usually go and where you are going to go with your visitor. Your e-mail should not be a long list of items. Rather you should focus on the highlights of your town or city and/or on the things that you think would interest a French student coming to visit your campus. Be sure to include an appropriate closing to your message. Before turning in your work, make sure that the subjects and verbs agree and that any adjectives you have used agree in gender and number with the noun.

MODÈLE *Bonjour Florian,*

Merci de ta lettre. Notre ville est très jolie mais assez petite. Il y a deux cinémas, un grand parc et une bibliothèque municipale... mais il n'y a pas de musée.

En semaine, je vais souvent à la bibliothèque pour travailler et le lundi et le vendredi, je vais au parc pour faire du jogging. Tu fais du jogging ? Samedi après-midi, nous allons aller au stade parce qu'il y a un match de football américain. Est-ce que tu aimes le football américain ?...

____

____

____

____

____

____

____

____

Lisons

02-50 La quête de l'homme idéal : avant de lire. This text is from a newspaper article about the casting for a French reality TV show similar to *The Bachelor*. It summarizes the preferences expressed by women who were interviewed for the show. Before you read the passage, consider the following questions.

1. Look at the title. Knowing that the circumflex accent often represents a letter **s** that existed at a prior stage of the French language, can you determine the meaning of the word **la quête**? What does the title of the passage tell you about the subject of these interviews?

   ____

   ____

2. What qualities might you expect these women to ascribe to their "ideal man"?

   ____

   ____

02-51 La quête de l'homme idéal : en lisant. As you read, look for the following information and select the appropriate answers.

1. According to the article, what characteristics in a man are the most important to the women interviewed?

ambitieux	cultivé	discipliné	drôle	dynamique	énergique
généreux	intelligent	sensible	sérieux	sociable	sympathique

2. Which two adjectives are used to describe the physical characteristics of the ideal man?

blond	brun	châtain	jeune	de taille moyenne	grand

3. Océane says that she is fed up with men who are **peu intelligents**. Which of the following words is a synonym for this expression?

bêtes	conformistes	égoïstes	sportifs

4. According to the article, which qualities in a man are the most important to the women interviewed?

financial state	intellectual qualities	physical qualities

La quête de l'homme idéal

Ces jeunes filles sont célibataires et à la recherche (*search*) de l'âme sœur (*soul mate*) … À quoi ressemble (*resembles*) le célibataire idéal qu'elles choisiraient (*would chose*) ? Pendant (*During*) des interviews, les qualités qui reviennent (*came up again*) sans cesse sont les suivantes (*the following*): « il doit être (*must be*) cultivé, sensible, généreux et sympathique ». Physiquement, le profil du grand brun aux yeux verts (*green eyes*) revient assez fréquemment : « Pour moi, l'homme idéal c'est Robbie Williams (*a British pop star very popular in France*) » confie Magali, Parisienne de 18 ans. Pour Océane, 18 ans, de Caen : « Il doit être cultivé ; j'en ai marre de (*I'm fed up with*) tomber sur (*stumbling upon*) des garçons peu intelligents ». Donc, le physique compte et il doit avoir un certain charme mais pour ces filles, c'est davantage (*more*) le niveau intellectuel qui compte.

Nom : ______________________ Date : ______________

02-52 La quête de l'homme idéal : après avoir lu. Now that you've read the article, answer the following questions.

1. Indicate in French what adjectives North American women might use to describe the ideal man. How do they compare to the adjectives used by French women?

____

____

2. Now think about the ideal woman. What adjectives do you think North American men would use most often to describe the ideal woman? Do you think French men would use the same adjectives? Why or why not?

____

____

02-53 Les amis. This clip shows friends of various ages in a wide variety of contexts.

1. What body language cues indicate the close nature of the relationship in each case?

____

____

2. Play the clip again and listen carefully to the voice-over. What activities does it suggest are important among friends? Notice that these activities are illustrated in the video!

____

____

02-54 Vive le sport ! The video montage illustrates a range of sports activities observed in the Francophone world. Look at the list below, and check off the sports you see in the clip. Are there any terms with which you are unfamiliar? See whether you can match them to the images you see by using cognates and a process of elimination.

_______ le base-ball

_______ le basket-ball

_______ le cyclisme

_______ le football

_______ le jogging

_______ le patin en ligne, le patin à roues alignées (*Can.*)

_______ la pétanque

_______ la promenade en autoneige, en motoneige

_______ la promenade en traîneau à chiens

_______ le ski

_______ le tennis

Observons

p. 72

02-55 On fait du sport : avant de regarder. You may already have completed the **Observons** activity in Lesson 2 of this chapter. If not, you will find it helpful to go back and complete that activity before moving on to the questions below. In this clip, husband and wife Jean-Claude and Christine describe their family's sports and cultural activities, including those of their daughter, Agathe, and their son, Tristan. Look at the list below of activities that they mention and match each activity with its English translation.

_____ **1.** le football
_____ **2.** la danse classique
_____ **3.** le rugby
_____ **4.** la natation
_____ **5.** l'aquagym
_____ **6.** le judo
_____ **7.** le fitness
_____ **8.** le dessin

a. ballet
b. drawing
c. exercice class
d. judo
e. rugby
f. soccer
g. swimming
h. water aerobics

02-56 On fait du sport : en regardant. Who participates in which activities? Fill in the chart with the activities mentioned for each person, giving only the name of the activity with definite article.

Personne	Activité/s	
Jean-Claude	a.	b.
Christine	a.	b.
Agathe	a.	b.
Tristan	a.	b.

02-57 On fait du sport : après avoir regardé. What is your impression of the types and number of activities in which this family is involved? How do their habits compare with your own habits and those of your family and your friends' families?

____

____

____

Nom : ______________________ Date : ______________

3 Métro, boulot, dodo

Leçon 1 La routine de la journée

POINTS DE DÉPART

p. 85–86

03-01 À vous de choisir. Complete this description of Françoise's morning routine by choosing the appropriate verb in each case.

Demain, Françoise va (1) [se lever ; se déshabiller] à 6 heures du matin pour aller à son bureau. Elle va d'abord (2) [se laver ; se maquiller] et ensuite (3) [se coucher ; s'essuyer]. Après sa douche, elle va (4) [s'habiller ; se déshabiller]. Puis, elle va (5) [s'endormir ; se coiffer]. Ensuite, elle va manger un peu. Finalement, elle va (6) [se brosser ; s'essuyer] les dents avant d'aller au travail.

03-02 Les articles de toilette. Match the objects listed with the appropriate verb.

____ 1. pour se maquiller	a. du dentifrice
____ 2. pour se raser	b. du maquillage
____ 3. pour se laver	c. un peigne
____ 4. pour se laver les cheveux	d. un rasoir
____ 5. pour s'essuyer	e. un savon
____ 6. pour se brosser les dents	f. une serviette de toilette
____ 7. pour se coiffer	g. du shampooing

03-03 Des routines variées. Listen as Étienne describes his daily routines and select all the actions mentioned for each of the statements that you hear. More than one choice may be correct.

	a.	b.	c.
1.	a. aller au travail	b. se réveiller	c. se dépêcher
2.	a. se coucher	b. se doucher	c. s'habiller
3.	a. rentrer	b. se dépêcher	c. s'essuyer
4.	a. se maquiller	b. se raser	c. regarder la télé
5.	a. se brosser les dents	b. se coucher	c. se doucher
6.	a. se coucher	b. se déshabiller	c. s'endormir

03-04 Avec quoi ? Lise's younger brother is very curious about the morning routine at their house. Answer his questions by selecting the most logical item.

1. du shampooing — du dentifrice
2. un gant de toilette — une serviette
3. une brosse à dents — un peigne
4. du maquillage — un savon
5. un gant de toilette — du dentifrice
6. un savon — un peigne

FORMES ET FONCTIONS

1. Les verbes pronominaux et les pronoms réfléchis

p. 88

03-05 Logique ou illogique ? Sarah is babysitting her niece and has invented a game to entertain her. Her niece must decide if the sentences she hears are logical or not. Play the game yourself, selecting **logique** if the statement you hear is logical or **illogique** if it is illogical.

1. logique — illogique
2. logique — illogique
3. logique — illogique
4. logique — illogique
5. logique — illogique
6. logique — illogique

03-06 Un matin chez les Jourdain. Imagine a typical morning at the Jourdains' house with their three-year-old daughter, Émilie, and her baby brother, Denis. Complete each sentence with the correct form of the appropriate verb.

MODÈLE à 4 h 00 : Denis *se réveille* pour manger ! (se réveiller, s'endormir)

1. à 4 h 05 : M. et Mme Jourdain ________________ (se réveiller, s'habiller).
2. à 4 h 15 : M. Jourdain ________________ (se laver, s'endormir) de nouveau.
3. à 7 h 30 : Émilie ________________ (se maquiller, se lever).
4. à 8 h 30 : M. Jourdain ________________ (se doucher, se coucher).
5. à 10 h : Mme Jourdain ________________ (s'endormir, s'habiller).
6. à 12 h 30 : Émilie et Denis ________________ (se laver, s'endormir) après le déjeuner.

Nom : ______________________________ **Date :** ____________________

03-07 En visite chez Tante Régine. Alexandre and Corinne will be spending the weekend with their Aunt Régine. Listen as their aunt speaks with Alexandre on the phone about their routine and complete their sentences with the subject and verb forms that you hear. The first sentence has been completed for you as an example.

ALEXANDRE : Est-ce que *tu te lèves* tôt le matin, Tante Régine ?

RÉGINE : En semaine oui, mais pas le week-end. (1) ____________ vers 9 h 00. Et vous, (2) ____________ de bonne heure ?

ALEXANDRE : Moi, (3) ____________ vers 9 h 00 comme toi, mais Corinne, (4)____________ avant 11 h 00. Ensuite, (5) ____________ et après, elle prend le petit-déjeuner. Moi, je préfère manger tout de suite avant de prendre une douche.

RÉGINE : Et le soir (6) ____________ à quelle heure ?

ALEXANDRE : Le week-end, (7) ____________ vers 11 heures ou minuit, et (8) ____________ tout de suite parce qu'on est fatigués.

RÉGINE : D'accord. C'est noté. Bon alors, à ce week-end !

ALEXANDRE : Oui, à bientôt.

03-08 La routine matinale. Describe your morning routine and that of someone you live with; for example, a roommate, a spouse, a sibling, or a parent.

MODÈLE *Mon colocataire se lève tôt le matin. D'abord il se rase et se brosse les dents. Puis il… Moi, je me réveille tard et je…*

____

____

____

____

03-09 Le baby-sitting. Imagine you are babysitting three energetic little girls. Tell them what to do in each situation.

MODÈLES Émilie et Paméla ont les mains très sales *(dirty)*.

Lavez-vous les mains !

Stéphanie se déshabille.

Ne te déshabille pas !

1. Paméla et Émilie ont les cheveux en désordre.

   ____ les cheveux !

2. Stéphanie joue avec le maquillage de sa mère.

   ____ avec le maquillage !

3. Émilie et Paméla mangent des bonbons.

   ____ de bonbons !

4. Paméla a la figure sale.

______________________________ la figure !

5. Vous donnez une serviette aux trois filles quand elles sortent de la douche.

______________________________ !

6. Les trois filles vont se coucher.

______________________________ les dents avant de vous coucher !

2. Les adverbes : intensité, fréquence, quantité

p. 90–91

03-10 C'est presque pareil. Listen to Renaud's statements describing his sister Céline's daily routine and select the sentence that has the most similar meaning to each.

1. a. Elle ne mange pas beaucoup le matin.
   b. Elle mange trop le matin.
2. a. Elle ne se maquille jamais.
   b. Elle se maquille cinq fois par jour.
3. a. Elle se brosse rarement les dents.
   b. Elle se brosse les dents trois ou quatre fois par jour, tous les jours.
4. a. Elle prend souvent un bain.
   b. Elle prend quelquefois un bain.
5. a. Elle ne travaille jamais à la bibliothèque.
   b. Elle travaille souvent à la bibliothèque.
6. a. Elle se couche souvent tard.
   b. Elle se couche tard une fois par semaine.

03-11 Combien ? Describe what the following people in your life have by completing the sentences with **trop, beaucoup, assez,** or **peu**.

MODÈLE Les étudiants organisent *beaucoup de* fêtes.

1. J'ai ______________ devoirs.
2. Mes parents ont ______________ travail.
3. J'ai ______________ amis.
4. Mes amis ont ______________ CD.
5. Nous avons ______________ problèmes.
6. Mon meilleur ami a ______________ livres.

03-12 L'étudiant occupé. Listen as Clément describes his life as a student. Complete his sentences with the correct adverb of intensity, frequency, or quantity that you hear. The first one has been completed for you as an example.

Comme je suis étudiant à l'université, je suis *toujours* occupé. J'ai (1) ____________ devoirs, donc j'ai (2) ____________ temps pour mes loisirs. Je vais (3) ____________ au cinéma, par exemple. Pour être en forme, je fais (4) ____________ du jogging le matin et (5) ____________ le soir. (6) ____________ vendredis, je travaille à la piscine. J'ai quand même (7) ____________ temps pour voir ma petite amie, Laura, le week-end ! Désolé, je me dépêche (8) ____________ ; j'ai rendez-vous avec elle dans dix minutes...

Nom : ______________________________ Date : ____________________

03-13 Les habitudes. Choose three persons from the first row of the list below. Write two sentences for each describing their habits. Use verbs from the second row of same list, as well as some of the adverbs you've learned.

votre colocataire	votre mère/père	votre frère/sœur	vous	votre professeur de français	
se brosser les dents	se maquiller	se coucher tard	se lever tôt	se dépêcher	se raser
quelquefois	rarement	souvent	toujours	tous les ...	

MODÈLE vous

Je me brosse souvent les dents.

Je me couche tard tous les soirs.

____

____

____

____

____

____

____

Écoutons

03-14 Les commérages (*rumors*) de Lucette : avant d'écouter. Do you live in an apartment or in a dorm? What kind of things are you likely to know about your neighbors in these settings? Answer in English.

____

____

03-15 Les commérages de Lucette : en écoutant. Lucette lives in a Parisian apartment building and is very nosy. Listen as she describes her neighbors' habits to her friend Jacqueline, and match each habit with the corresponding person.

____ **1.** M. Barrot	**a.** ne travaille pas assez.
____ **2.** Mme Clémence	**b.** ne se rase jamais.
____ **3.** Stéphane Millet	**c.** regarde trop souvent la télévision.
____ **4.** Karine Millet	**d.** se brosse les dents au moins trois fois par jour.
____ **5.** M. Martin	**e.** se dépêche toujours.
____ **6.** M. Roussin	**f.** se lève très tôt.
____ **7.** Sylvain Roussin	**g.** se maquille trop.

Écrivons

03-16 L'amitié.

A. L'amitié : avant d'écrire. You will write a description of one of your friends. To begin, complete the following lists in French.

1. Make a list of three or four adjectives that describe your friend's appearance.
   (for example: *jolie, grande*)

   ____

   ____

2. Make a list of three or four adjectives that describe your friend's character.
   (for example: *énergique, sportive, sympa*)

   ____

   ____

3. Make a list of four or five activities that your friend enjoys.
   (for example: *jouer au tennis, nager, danser, se coucher tard*)

   ____

   ____

4. Indicate how often or how well your friend carries out each of the activities mentioned in item 3 above by supplying an adverb for each verb.
   (for example: *jouer souvent au tennis, nager bien, danser beaucoup*)

   ____

   ____

B. L'amitié : en écrivant. Write two brief paragraphs describing your friend. In the first, introduce your friend and describe his or her appearance and character. In the second, talk about your friend's activities. Make sure you use a variety of adverbs to make your paragraphs more interesting.

MODÈLE *Ma meilleure amie s'appelle Julie. Elle est blonde, assez mince et très grande. Elle est jolie. Julie est énergique, sportive et très sympa.*

Nous jouons souvent au tennis ensemble. Julie nage bien aussi. Elle adore danser et elle danse beaucoup. Elle va souvent au gymnase ...

____

____

____

____

____

____

____

____

Nom : ______________________________ Date : ____________________

Leçon 2 À quelle heure ?

POINTS DE DÉPART

p. 94–95

03-17 Quelle heure est-il ? Listen to the following times and select **officielle** if they are based on the 24-hour system or **non officielle** if they are based on the conventional system.

1. officielle non officielle
2. officielle non officielle
3. officielle non officielle
4. officielle non officielle
5. officielle non officielle
6. officielle non officielle

03-18 Les rendez-vous. Sylvie works as a secretary and schedules appointments for her boss. Listen as she summarizes the day's appointments, and identify which time goes with which appointment.

____ 1. 8 h 15	a. Le déjeuner est au Savoyard.
____ 2. 9 h 00	b. Le directeur va téléphoner.
____ 3. 10 h 25	c. Le train part.
____ 4. 12 h 30	d. M. Klein a un entretien avec M. Rolland.
____ 5. 16 h 00	e. M. Klein arrive.
____ 6. 19 h 30	f. M. Klein fait sa présentation.
____ 7. 23 h 47	g. Mme Thiaville invite M. Rolland à dîner.

03-19 À quelle heure ? Look at the entry for channel M6 in the TV guide to find out when the shows listed below begin. Write the time start time for each one using the 24-hour clock system (numerals only) and the conventional time system (spelled out in words) as shown in the model.

M6 **MERCREDI 25 JUILLET**

09 h 10	M6 Boutique
10 h 00	Star 6 music
12	
12 h 20	Série. Malcom.
15 h 30	Téléfilm. Drame. Horizons lointains
17 h 10	Série. Les Simpson. *Homer va à la fac.*
17 h 35	Série. Les Simpson. *Marge en cavale.*
20	
20 h 05	Série. Friends.
21 h 00	Série. Desperate Housewives.
23 h 45	Téléfilm italien. Comédie. L'amour 3 étoiles.
02 h 00	M6 music. Les nuits de M6

MODÈLE Les Simpson : 17 h 35 : *six heures moins vingt-cinq de l'après-midi*

1. *Malcolm* :
   ______________________ : ______________________
2. *L'amour 3 étoiles* :
   ______________________ : ______________________
3. *M6 Boutique* :
   ______________________ : ______________________
4. *Friends* :
   ______________________ : ______________________
5. *Desperate Housewives* :
   ______________________ : ______________________
6. *Horizons lointains* :
   ______________________ : ______________________

03-20 La routine. At what time do you usually do the following things?

MODÈLE se réveiller : *Je me réveille vers huit heures moins le quart*.

1. se réveiller : ______________________
2. se lever : ______________________
3. manger le matin : ______________________
4. aller à la fac : ______________________
5. avoir mon cours de français : ______________________
6. rentrer chez moi : ______________________
7. faire mes devoirs : ______________________
8. se coucher : ______________________

Nom : ______________________ Date : ______________________

SONS ET LETTRES

L'enchaînement et la liaison

p. 97

03-21 Les liaisons. Listen as the following phrases are pronounced and indicate whether or not you hear a pronounced liaison consonant by selecting **oui** when you hear a liaison consonant and **non** when you do not.

MODÈLE chez eux *oui* non

1. un animal	oui	non
2. nos amis	oui	non
3. en retard	oui	non
4. en avance	oui	non
5. un réveil	oui	non
6. un appartement	oui	non
7. un peigne	oui	non
8. six heures	oui	non
9. ton horloge	oui	non
10. ils arrivent	oui	non

03-22 Avec ou sans enchaînement ? For each statement you hear, select **avec** if you hear an *enchaînement* or **sans** if you do not hear any *enchaînement*.

1. avec	sans	**3.** avec	sans	**5.** avec	sans
2. avec	sans	**4.** avec	sans	**6.** avec	sans

FORMES ET FONCTIONS

1. Les verbes en *-ir* comme *dormir, sortir, partir*

p. 98–99

03-23 Un ou plusieurs ? Rachid is waiting for his friend in a café and overhears parts of other people's conversations. For each sentence that he hears, select **1** if the subject of the sentence is one person and **1+** if it is more than one person. Remember that in the plural forms of these verbs, you will hear a final consonant.

1. 1	1+	**5.** 1	1+
2. 1	1+	**6.** 1	1+
3. 1	1+	**7.** 1	1+
4. 1	1+	**8.** 1	1+

03-24 Projets de groupe. Adeline is describing a typical weekend for herself and her family. For each of her statements, select the form of the verb that you hear.

1. sers	sert	sors	sort
2. part	partent	sert	servent
3. dort	dorment	sort	sortent
4. sert	servent	sort	sortent
5. partent	partons	sortent	sortons
6. servons	servent	sortent	sortons

03-25 Les vacances. Use the correct form of the verbs **courir**, **dormir**, **partir**, **servir**, and **sortir** to complete these sentences describing things that happen during a vacation.

MODÈLE Nous *partons* demain à 8 h 15.

1. En juillet, nous __________________ pour les Antilles.
2. Le train pour l'aéroport __________________ à 7 h 30.
3. Mes parents __________________ dans un hôtel de luxe pendant les vacances.
4. Nous les enfants, on __________________ sous une tente dans un camping.
5. Nous sommes très gentils ; nous ne __________________ jamais à nos parents.
6. Je __________________ de la piscine en pleine forme et je m'essuie.
7. En vacances, tu __________________ avec tes amis tous les soirs ?
8. Dans ce restaurant, on __________________ du rosbif avec une bonne sauce.
9. Tous les matins, nous __________________ cinq kilomètres pour être en forme.
10. Et toi, tu __________________ quand tu es en retard le matin ?

03-26 Les vacances de rêve. Imagine that you are spending your dream vacation on a tropical island with friends. Describe your activities using the verbs **courir**, **dormir**, **partir**, **servir**, and **sortir**.

Ce sont les vacances et je pars pour la Martinique avec... ______________________________

____

____

____

____

____

Nom : ______________________________ Date : ____________________

2. Le verbe *mettre*

p. 100

03-27 Le questionnaire. Fatima answers a questionnaire about her family's habits. For each sentence that you hear, select **1** if the subject of the sentence is one person and **1+** if it is more than one person. Remember that in the plural forms of these verbs, you will hear a final consonant.

1. 1	1+	**3.** 1	1+	**5.** 1	1+
2. 1	1+	**4.** 1	1+	**6.** 1	1+

03-28 Habillons-nous ! Tell what people normally wear for the following activities by adding the appropriate form of the verb **mettre**.

MODÈLE Pour faire du bricolage, je *mets* un jean.

1. Pour jouer, les enfants ________________ un jean et un tee-shirt.
2. Pour jouer au basket, nous ________________ un short.
3. Pour courir, vous ________________ des baskets ?
4. Pour chercher du travail, Marc, tu ne ________________ pas de jean !
5. Pour faire du jardinage, ma mère ________________ un chapeau.

03-29 La routine familiale. To tell about your family's routine, complete the following sentences with the appropriate form of the verb **mettre** plus an expression of time.

MODÈLE Le matin, ma sœur *met vingt minutes* pour se réveiller.

1. Tous les jours, ma mère ________________ pour se maquiller.
2. Mon frère ________________ pour aller en classe.
3. Le matin, mes parents ________________ pour se brosser les dents.
4. Le soir, je ________________ pour m'endormir.
5. Le week-end, je ________________ pour prendre un bain.
6. Tous les soirs, nous ________________ pour faire nos devoirs de français.

03-30 Les habitudes. Jacqueline and her husband, Robert, comment on their family's habits that are annoying. Listen to their statements and associate each habit with the family member they mention.

____ **1.** Tom	**a.** met trop longtemps pour se brosser les cheveux.
____ **2.** Adeline	**b.** met toujours trente minutes pour se maquiller.
____ **3.** Les enfants	**c.** mettent beaucoup de temps pour téléphoner.
____ **4.** Adeline et Sophie	**d.** mettent du dentifrice sur le lavabo.
____ **5.** Robert	**e.** ne met jamais le réveil à l'heure.
____ **6.** Jacqueline	**f.** ne met pas ses jeux dans sa chambre.

Écoutons

03-31 Le cinéma : avant d'écouter. Aline wants to know what movies are playing in her small town movie theater. She decides to call the theater to hear the showtimes. Before you listen, select what kind of information the recording is likely to include.

_______ film duration	_______ movie titles	_______ name of theater
_______ phone number	_______ price of tickets	_______ times of showings

03-32 Le cinéma : en écoutant. Listen to the theater's recording. For each film, listen once to identify the length of each movie. Then listen a second time to identify each movie's show times for Wednesday. Finally, listen a third time to identify each movie's show times for Saturday.

1. *Le Marquis*

a. durée	_______ 1 h 18	_______ 1 h 28	_______ 1 h 38	
b. mercredi	_______ 15 h 00	_______ 17 h 30	_______ 18 h 00	_______ 20 h 30
c. samedi	_______ 15 h 00	_______ 17 h 00	_______ 18 h 30	_______ 21 h 00

2. *Sans identité*

a. durée	_______ 1 h 32	_______ 1 h 42	_______ 1 h 52	
b. mercredi	_______ 10 h 30	_______ 11 h 30	_______ 14 h 00	_______ 17 h 00
c. samedi	_______ 14 h 30	_______ 17 h 45	_______ 19 h 45	_______ 22 h 30

3. *La ligne droite*

a. durée	_______ 1 h 27	_______ 1 h 37	_______ 1 h 47	
b. mercredi	_______ 14 h 15	_______ 16 h 45	_______ 19 h 30	_______ 22 h 15
c. samedi	_______ 18 h 30	_______ 20 h 15	_______ 21 h 15	_______ 22 h 30

4. *Les femmes du 6e étage*

a. durée	_______ 1 h 26	_______ 1 h 36	_______ 1 h 46	
b. mercredi	_______ 14 h 10	_______ 16 h 40	_______ 17 h 00	_______ 19 h 45
c. samedi	_______ 16 h 00	_______ 18 h 05	_______ 19 h 30	_______ 20 h 15

Nom : ______________________ Date : ______________________

Écrivons

03-33 À la résidence universitaire.

A. À la résidence universitaire : avant d'écrire. Whether you are living in a dorm or in an off-campus apartment, your routine is probably different from when you lived at home. Write an e-mail to a member of your family explaining your new routine. Before you begin, prepare the following information.

1. Make a list of the activities that are part of your daily routine.
(for example: *se lever, prendre une douche, manger avec Christine, partir pour la fac, aller au cours de français…*)

____

____

____

2. Indicate the time when you do each activity.
(for example: *se lever à 9 h, prendre une douche à 9 h 15, manger vers 9 h 45, partir pour la fac à 10 h, aller au cours de français à 10 h 10…*)

____

____

____

3. Look over your list of activities and add some detail by using adverbs.
(for example: *je me lève **toujours** à 9 h ; **tous les mardis et les jeudis**, je pars vers 10 h pour aller à la fac, parce que mes cours commencent à 10 h 10…*)

____

____

____

4. Indicate how long it takes you to do some of your daily activities.
(for example: *je mets 20 minutes pour prendre une douche et m'habiller…*)

____

____

____

B. À la résidence universitaire : en écrivant. Now draft your e-mail. Use words like **d'abord** (*first*), **après** (*after*), **ensuite** (*next*), **puis** (*then*), and **enfin** (*finally*) to indicate the sequence of activities that make up your daily routine.

MODÈLE *Chère Maman,*

Ma routine ici est très différente. Maintenant, je me lève toujours à neuf heures parce que j'ai mon cours de français à dix heures dix ce semestre. D'abord je prends une douche ; je mets souvent vingt minutes pour me laver et m'habiller, et ensuite je mange un peu vers dix heures moins le quart. Souvent, je mange avec Christine. Ensuite… Quand je me couche vers minuit, je suis vraiment fatiguée.

Je t'embrasse,

Nicole

Nom : ______________________ Date : ______________

Leçon 3 Qu'est-ce qu'on met ?

POINTS DE DÉPART

p. 102–103

03-34 Les cadeaux. Madame Capus is writing a list of the things she sees in the shop window that she might want to buy as holiday gifts for her family. Look at the picture and select the letter corresponding to each item she considers buying for each of the following people.

1. Sa sœur Émilie ______________
2. Son mari Roger ______________
3. Sa fille Sabine ______________
4. Sa fille Hélène ______________
5. Son frère Antoine ______________
6. Sa nièce Chloé ______________
7. Sa mère ______________
8. Madame Capus ______________

03-35 Qu'est-ce que c'est ? Identify the clothing worn by these people. Be sure to include the appropriate indefinite article.

MODÈLE *des chaussures à talon*

03-36 Conseils inattendus. Hervé and Anne's grandmother likes to give advice about what they should wear, but she is not always right. For each of her suggestions, select **logique** if her advice is logical and **illogique** if it is illogical.

1. logique illogique
2. logique illogique
3. logique illogique
4. logique illogique
5. logique illogique
6. logique illogique
7. logique illogique
8. logique illogique

Nom : ______________________________ Date : ____________________

03-37 Les couleurs. Complete the following crossword puzzle. The topic is "colors."

Horizontalement

2. Dans une salle de classe, un tableau peut être noir, vert ou ... ?
4. C'est une des couleurs des pièces du jeu d'échecs.
6. Cette couleur est aussi le nom d'un fruit de Floride.
8. Cette couleur est associée aux petites filles.

Verticalement

1. C'est la couleur du chocolat.
3. C'est une couleur du drapeau *(flag)* français.
5. C'est la couleur du costume du Père Noël.
7. Mettez un vêtement de cette couleur le 17 mars !

FORMES ET FONCTIONS

1. Les adjectifs prénominaux au singulier

p. 105–106

03-38 Le défilé. Samira has written a blog describing a fashion show. Add detail to the description by choosing the appropriate adjective in each case.

Bienvenue ! C'est le (1) [premier ; première] défilé de mode de la saison. Marie a un (2) [beau ; bel] ensemble en soie : un (3) [grand ; grande] chemisier vert sur une (4) [petit ; petite] jupe beige, avec un (5) [beau ; belle] sac en cuir. Pour aller avec ce (6) [nouveau ; nouvel] ensemble, ne mettez pas un (7) [gros ; grosse] anorak mais plutôt une (8) [joli ; jolie] veste.

03-39 La colocataire. Your new roommate is curious about your belongings. Correct each of her assumptions by providing an appropriate adjective.

1. Ton shampooing est mauvais ?

   Non, c'est un ______________________________ shampooing.

2. Ta serviette de toilette est nouvelle ?

   Non, c'est une ______________________________ serviette.

3. C'est le premier CD de Calogero ?

   Non, c'est le ______________________________ CD de Calogero.

4. Ta casquette est trop petite pour toi ?

   Non, c'est une ______________________________ casquette.

5. Ton écharpe est moche !

   Non, c'est une ______________________________ écharpe.

6. Ton imper est vieux ?

   Non, c'est un ______________________________ imper.

03-40 La visite du campus. Lydie's cousin Marc is visiting her campus. As you listen to each of his observations, select the most logical response.

1. a. Oui, c'est une petite cafétéria.
   b. Oui, c'est une grande cafétéria.
2. a. Oui, c'est une nouvelle piscine.
   b. Oui, c'est une petite piscine.
3. a. Non, ce n'est pas un vieux campus.
   b. Oui, c'est un joli campus.
4. a. Oui, c'est une bonne bibliothèque !
   b. Oui, c'est une mauvaise bibliothèque !
5. a. Oui, c'est un vieux professeur.
   b. Oui, c'est un jeune professeur.

Nom : ______________________________ Date : ____________________

03-41 Une nouvelle vie. Béatrice is on the phone with her family, describing her new lifestyle as a university student. Complete her conversation with the adjectives you hear, paying attention to the form of each adjective. The first sentence has been completed for you as an example.

J'habite un _petit_ appartement près de l'université. C'est un (1) ____________ appartement mais avec une très (2) ____________ chambre. Les cours ? Ça va bien... J'ai un très (3) ____________ prof de biologie : je l'adore. Il est assez amusant ; il met une (4) ____________ cravate tous les jours. Je suis un peu stressée aujourd'hui parce que j'ai mon (5) ____________ examen de biologie cet après-midi. Côté vie sociale, j'ai pas mal d'amis. Il y a un (6) ____________ étudiant dans ma classe. Il s'appelle Damien. Il est de Bordeaux. Sa sœur Catherine est une très (7) ____________ fille. Tous les garçons de sa classe l'admirent. Bon, je vais travailler pour mon examen. Je vous fais un (8) ____________ bisou (*kiss*). Au revoir.

2. Les adjectifs prénominaux au pluriel

p. 107–108

03-42 Le placard. Hélène and Morgane are tidying up their closet. Listen to each of their statements and select **un** if they comment on one article of clothing; select **plusieurs** if they talk about several things.

1. un	plusieurs	**3.** un	plusieurs	**5.** un	plusieurs
2. un	plusieurs	**4.** un	plusieurs	**6.** un	plusieurs

03-43 Au grand magasin. Add details to your friend's on-line posting about her work at a department store by choosing the appropriate adjective in each case.

J'adore travailler au grand magasin. J'ai des (1) [nouvel ; nouveaux] amis et un (2) [jeune ; jeunes] patron *(boss)*. Demain, c'est le (3) [premier ; premiers] jour des soldes ; alors nous avons quelques (4) [gros ; grosses] manteaux et aussi des (5) [jolis ; jolies] écharpes à un très (6) [bon ; bons] prix. Moi, je vais faire des économies pour acheter des (7) [bel ; beaux] ensembles en cuir et (8) les [derniers ; dernières] lunettes de soleil Kookaï.

03-44 Mélissa exagère. Mélissa has a tendency to exaggerate everything. Complete each of her statements with the correct form of the adjective.

MODÈLE You hear: J'ai beaucoup de jolis foulards.
You write: J'ai beaucoup de _jolis_ foulards.

1. Il y a les ________________ affiches des films de Johnny Depp dans ma chambre.
2. J'ai des ________________ notes dans tous mes cours.
3. Je mets toujours des ________________ jupes.
4. J'ai des ________________ sacs en cuir.
5. J'ai trois ________________ ordinateurs chez moi.
6. Je n'ai pas de ________________ chaussures.

03-45 Chez moi. Describe your belongings using the correct form of the following adjectives: **belle, bonne, dernière, grande, grosse, jeune, jolie, mauvaise, nouvelle, petite, première, vieille.**

MODÈLE des télévisions

Chez moi, il y a des grandes télévisions...

1. des serviettes de toilette ______________________________
2. des ordinateurs ______________________________
3. des photos ______________________________
4. des parapluies ______________________________
5. des DVD ______________________________
6. des costumes / des tailleurs ______________________________
7. des casquettes ______________________________
8. des chaussures ______________________________

Écoutons

03-46 La Redoute, j'écoute : avant d'écouter. If you were shopping from a clothing company's catalog, what kind of information would you probably need to provide when you called to place an order? Answer in English.

____

____

____

Nom : ______________________ Date : ______________________

03-47 La Redoute, j'écoute : en écoutant. Samira has decided to order items from **La Redoute**'s catalog. As you listen to the sales representative taking her order over the phone, select the items that she orders and the correct information for each.

1.	a. Vêtement :	_____ un anorak	_____ un chapeau	_____ une chemise	_____ une écharpe
	b. Couleur :	_____ bleu	_____ rouge	_____ vert	
	c. Prix :	_____ 5, 85 euros	_____ 15, 45 euros	_____ 15, 85 euros	
	d. Taille :	_____ 36/38	_____ 38/40	_____ 40/42	
2.	a. Vêtement :	_____ un blouson	_____ un pantalon	_____ une robe	_____ une veste
	b. Couleur :	_____ beige	_____ gris	_____ jaune	
	c. Prix :	_____ 10, 70 euros	_____ 10, 90 euros	_____ 20, 90 euros	
	d. Taille :	_____ 36/38	_____ 38/40	_____ 40/42	
3.	a. Vêtement :	_____ un foulard	_____ une jupe	_____ un sac	_____ un tailleur
	b. Couleur :	_____ marron	_____ noir	_____ rouge	
	c. Prix :	_____ 38, 25 euros	_____ 48, 25 euros	_____ 58, 25 euros	
	d. Taille :	_____ 36/38	_____ 38/40	_____ 40/42	

Écrivons

03-48 Madame Mode.

A. Madame Mode : avant d'écrire. Imagine that you are an intern for the great fashion columnist, Madame Mode. She has asked you to respond to some of her mail. Answer in French.

1. Look at the letter from « Jeune femme désespérée au Québec » and Madame Mode's response. What is the problem? What does Madame Mode suggest? Do you have any suggestions yourself for solving this young woman's problem?

____

____

2. Now, look at the other three letters. Choose the most interesting letter and come up with at least three possible solutions.

____

____

____

3. Choose the best solution.

____

____

Chère Madame Mode,

Aidez-moi. Ma sœur va se marier l'été prochain. Je suis demoiselle d'honneur et je dois porter une robe vraiment horrible. Elle est orange et noire. Je suis rousse et l'orange ne me va pas du tout.
Avez-vous des suggestions pour moi ?
— Jeune femme désespérée au Québec

Chère Désespérée,
Pas de panique ! Les robes de demoiselles d'honneur sont rarement très jolies. Pour la cérémonie à l'église vous n'avez pas le choix. Mais pour la soirée, je vous suggère d'acheter une jolie veste noire très élégante. Vous pouvez porter la veste avec des perles. Vous serez plus belle que la mariée.
Bon courage !
P.S. Quand vous vous mariez, choisissez une robe verte et violette pour votre sœur !

Chère Madame Mode,

Je pars en vacances avec un groupe d'amis. Nous allons passer dix jours au Maroc. Je veux m'habiller en shorts et en tee-shirts mais un de mes amis dit que ce n'est pas une bonne idée pour le Maroc et que je dois m'habiller plus correctement. C'est très important pour moi d'avoir des vêtements confortables et pratiques. Qu'est-ce que je pourrais faire ?
—Voyageur troublé

Chère Madame Mode,

Je vais terminer mes études en communication dans six mois et je commence à chercher un bon poste pour l'avenir. À la fac, je m'habille toujours en jean. En fait, j'adore les vêtements décontractés (*casual*). Je n'ai pas beaucoup d'argent, mais ma mère me dit d'acheter des vêtements plus élégants pour passer les entretiens (*interviews*). Qu'est-ce que vous en pensez ?
—Inquiète de son avenir

Chère Madame Mode,

Mon père va se remarier le mois prochain à la Martinique. Nous sommes tous invités au mariage et nous allons passer quatre jours ensemble dans un hôtel de luxe. Je voudrais être élégante mais pas trop chic et je n'ai pas beaucoup d'argent pour acheter de nouveaux vêtements. Avez-vous des suggestions pour moi ?
—Suzanne S. de Lille

B. Madame Mode : en écrivant. Now, draft a response for Madame Mode. Use her response to **Jeune femme désespérée au Québec** as a model. Make sure all the verbs agree with their subjects and the adjectives agree in number and gender with the nouns they modify.

____

____

____

____

____

____

____

____

Nom : ______________________ Date : ______________

Lisons

03-49 Poème d'un Africain pour son frère blanc : avant de lire. The next activity contains an anonymous poem written in Africa and entitled **Poème d'un Africain pour son frère blanc**. In the poem, you will see several different tenses of the verb **être**: **étais** is in the imperfect and means *was* and **serai/seras** in the future tense means *will be*. Before reading the poem, answer the following questions. Answer in English.

1. Based on the title, what do you think the poem will be about?

   ____

2. What colors, if any, do you associate with the following?
   - a. a newborn baby? ______________
   - b. getting too much sun? ______________
   - c. being cold? ______________
   - d. being afraid? ______________
   - e. being sick? ______________
   - f. dying? ______________

Poème d'un Africain pour son frère blanc

Cher frère blanc
Quand je suis né (*was born*) j'étais noir.
Quand j'ai grandi (*grew up*) j'étais noir.
Quand je vais au soleil (*sun*) je suis noir.
Quand j'ai froid je suis noir.
Quand j'ai peur (*am afraid*) je suis noir.
Quand je suis malade je suis noir.
Quand je mourrai (*will die*) je serai noir.
Tandis que toi homme blanc,
Quand tu es né tu étais rose.
Quand tu as grandi tu étais blanc.
Quand tu vas au soleil tu es rouge.
Quand tu as froid tu es bleu.
Quand tu as peur tu es vert.
Quand tu es malade tu es jaune.
Quand tu mourras tu seras gris.
Et après cela tu as le toupet (*audacity*)
de m'appeler « homme de couleur ».

03-50 Poème d'un Africain pour son frère blanc : en lisant. The poem sets up a contrast between the colors associated with **un Africain** and his **frère blanc** at different stages of their lives and different states of being. As you read, fill in the chart below with these colors.

	UN AFRICAIN	SON FRÈRE BLANC
1. at birth		
2. growing up		
3. in the sun		
4. cold		
5. afraid		
6. sick		
7. at death		

03-51 Poème d'un Africain pour son frère blanc : après avoir lu. Complete the following activities in English.

1. What point does the poet make in the last line?

   Et après cela tu as le toupet (*audacity*)

   de m'appeler « homme de couleur ».

   What do you think of the poet's assessment of who should be called **un homme de couleur**? Do you find any humor in the poem? What other emotions did you experience while reading this poem?

   ____

   ____

   ____

   ____

2. As you can see from the poem, we use colors metaphorically to describe many different states of being and events. Can you think of any other associations we make with colors? List two or three colors and write down the emotions and/or events you associate with them in your culture.

   ____

   ____

   ____

   ____

03-52 La routine du matin. In this amusing clip, two sisters talk about their morning routine. Re-order the activities below to reflect their statements about their habits. Be careful! You may not need to include every activity that is listed. For any activity that is not listed, put an "X" in the space.

1. Elles se brossent les dents. ________
2. Elles se coiffent. ________
3. Elles se disputent. ________
4. Elles s'habillent. ________
5. Elles se lèvent. ________
6. Elles se maquillent. ________
7. Elles prennent le petit-déjeuner. ________
8. Elles se réveillent. ________
9. Elles vont au collège. ________

Nom : ______________________________ Date : ____________________

03-53 **La mode.** In this montage, you see the boutiques of a number of high-fashion designers in Paris. How many do you recognize? Do you see any styles of clothing that you like? Which ones?

____

____

____

____

Observons

p. 109

03-54 **Mon style personnel : avant de regarder.** You may already have completed the **Observons** activity in the third lesson of this chapter in your textbook. If not, you will find it helpful to go back and complete that activity before answering this question. What effect do climate and social context typically play in the choice of clothing? Think about this question as you watch two people talk about what they like to wear and demonstrate the ways in which they vary their wardrobe.

____

____

03-55 **Mon style personnel : en regardant.** As you watch, look for answers to the following questions.

1. Pauline puts on the two different scarves in the first part of the segment. What names does she use to refer to this article of clothing?

__________ un châle	__________ une écharpe	__________ une étole
__________ un fichu	__________ un foulard	__________ un voile

2. Select the different ways that Pauline wears her scarves.
   - **a.** around her neck when she is cold
   - **b.** to look smart when she goes out
   - **c.** on her head to prevent getting wet when it rains
   - **d.** as a skirt when the weather is warm
   - **e.** on her shoulders to go to a party
   - **f.** around her chest to carry her baby

3. In the second part of the segment, how does Fadoua explain her mix of clothing styles?
   - **a.** it represents her sense of individuality
   - **b.** it represents her double ethnic origin as a Franco-Moroccan
   - **c.** it represents the latest trend in Parisian fashion
   - **d.** it represents her flair for fashion, as she designs her own clothing

4. Fadoua says that her tunic is inspired by a garment called a **djellaba**. As she describes it, select the main characteristics of this garment that she mentions from the list below.
   - **a.** it has long, wide sleeves
   - **b.** it is very colorful
   - **c.** it is a full-length garment
   - **d.** it has a hood
   - **e.** it is a traditional North African garment

03-56 Mon style personnel : après avoir regardé. Now consider the following questions and answer in English.

1. Ethnically inspired garments are often fashionable. Provide some examples.

____

____

2. **Le voile**, the headscarf worn by many Muslim women, has been quite controversial in France for some time. Do some research on the Internet to find out why.

____

____

____

____

Nom : ______________________ Date : ______________

Activités par tous les temps

Leçon 1 Il fait quel temps ?

POINTS DE DÉPART

p. 113

04-01 La météo. For each picture, select all the descriptions that apply.

1. C'est l'été.
   Il y a du soleil.
   Le ciel est gris.
   Il fait chaud et il fait lourd.

2. Il y a des éclairs.
   Le ciel est bleu.
   Il y a un orage.
   Il fait froid.

3. Il fait beau.
   C'est l'hiver.
   Il fait mauvais.
   Il y a du soleil.

4. Il fait chaud.
   Il neige.
   C'est l'hiver.
   Il gèle.

5. Il pleut.
   Il y a du brouillard.
   C'est l'été.
   Il y a du verglas.

6. Le ciel est couvert.
   Il fait frais.
   Il y a du tonnerre.
   Il y a des nuages.

04-02 On est bien habillé pour le temps qu'il fait. Indicate the weather condition that corresponds to the clothing that each of the following persons is wearing.

____ 1. Julie met une jupe en laine, deux pulls, un manteau, des bottes, des gants et un bonnet de laine.

____ 2. Cyril a un short, un polo et un gilet.

____ 3. Sophie a un imperméable et son parapluie.

____ 4. Clara est en maillot de bain.

____ 5. Romain a un pull, un jean, une veste et une écharpe.

____ 6. Stéphanie a un anorak, des bottes et des gants. Elle n'oublie pas son bonnet de laine.

a. Il fait beau, mais frais.

b. Il fait chaud.

c. Il fait assez froid.

d. Il fait très froid.

e. Il neige.

f. Il pleut.

04-03 Le temps par toutes les saisons. You will hear six weather forecasts. Select the sentence that best completes each of the forecasts you hear.

1. a. Il fait beau, mais encore un peu frais.
   b. Il gèle en hiver.
   c. Le ciel est couvert. Il va pleuvoir.
2. a. Il fait bon, il y a du soleil.
   b. Il fait lourd.
   c. Le ciel est gris. C'est l'automne.
3. a. C'est l'hiver. Il fait très froid.
   b. Il y a du soleil mais il y a un peu de vent.
   c. Il fait bon.
4. a. Il neige.
   b. Il y a des éclairs et du tonnerre.
   c. Le ciel est bleu.
5. a. Il fait bon.
   b. Quel temps ! N'oubliez pas votre parapluie !
   c. Il y a du verglas.
6. a. Il neige.
   b. Il fait froid.
   c. Il fait chaud et lourd.

04-04 D'autres prévisions. Listen to the evening weather report from a French radio station, and select the best description for each city.

1. Lille : [Il y a du brouillard et du verglas. ; Il fait chaud et lourd.]
2. Paris : [Le ciel est bleu. ; Il fait froid et il gèle.]
3. Caen : [Il y a beaucoup de vent. ; Le ciel est gris.]
4. Strasbourg : [Il y a du tonnerre et des éclairs. ; Le ciel est couvert et il neige.]
5. Toulouse : [Il y a des nuages mais il ne pleut pas. ; Il fait bon et le ciel est bleu.]
6. La Guadeloupe : [Il fait très chaud. ; Il fait frais et il y a du brouillard.]

Nom : ______________________ Date : ______________________

SONS ET LETTRES

Les voyelles nasales

p. 117

04-05 Nasale ou orale ? Listen as each pair of words shown below is pronounced, then select the word that is repeated.

1. beau	bon	5. gant	gars
2. planche	plage	6. non	nos
3. lin	laine	7. sans	ça
4. bon	bonne	8. vent	va

04-06 Écoutez bien. Listen to the following sentences and select all the words in which you hear a nasal vowel.

1. Mon enfant joue dans le vent.
2. Voilà un bon restaurant.
3. Armand aime le printemps.
4. Ton grand-père a quatre-vingt-onze ans ?
5. Ma sœur achète des bons vêtements pendant les soldes.

FORMES ET FONCTIONS

1. Les verbes en *-re* comme *attendre*

p. 118-119

04-07 Combien ? For each statement that you hear, select **1** if the subject of the sentence is one person and **1+** if it is more than one person.

1. 1 1+	3. 1 1+	5. 1 1+
2. 1 1+	4. 1 1+	6. 1 1+

04-08 Les visites en famille. Indicate who the following people visit by completing each sentence with the appropriate form of the verb **rendre visite à**.

MODÈLE Pour la Saint-Valentin, David <u>*rend visite* à</u> sa copine.

1. Le dimanche, mon frère ______________________ notre vieille tante.
2. En juillet, mes parents ______________________ leurs petits-enfants.
3. Pour Noël, mes cousins et moi, nous ______________________ nos grands-parents.
4. Le week-end, vous ______________________ vos parents.
5. Tu ______________________ tes vieux amis de temps en temps ?

04-09 Pendant la journée. Indicate what the following people do during the day by selecting the appropriate verb.

1. Les étudiants [rendent ; rendent visite à] leurs devoirs au professeur.
2. Nous [descendons ; répondons] en anglais.
3. Elle [entend ; perd] la pluie sur les fenêtres.
4. Ils [vendent ; entendent] des vêtements sur les marchés.
5. Vous [attendez ; perdez] vos gants.
6. Je/J' [attends ; réponds] la fin *(the end)* de la pluie pour sortir.

04-10 Un mail aux parents. Listen as Florence reads aloud an e-mail she has just written to her parents about her new job and her roommates on campus. Complete her message with the verb forms that you hear. The first sentence has been completed for you as an example.

Bonjour vous deux,

Je *réponds* enfin à votre mail. Désolée, mais je suis très occupée avec mon nouveau travail au petit magasin du campus. On (1) ______________ principalement des livres, des cahiers et des stylos. Ce n'est pas très intéressant ; j'(2) ______________ souvent les clients et je (3) ______________ mon temps. J'aime beaucoup ma chambre sur le campus. Mes voisines s'appellent Céline et Sylvia. Quelquefois, elles ne sont pas contentes parce qu'elles (4) ______________ ma radio tôt le matin. En général, elles sont sympas. Le soir, nous (5) ______________ ensemble dîner au restaurant. Bon, (6) ______________ -moi vite !

Bisous, Florence

2. Le passé composé avec *avoir*

p. 120-121

04-11 Aujourd'hui ou hier ? Listen as Alice explains getting ready for an outing. For each activity she mentions, select **aujourd'hui** to indicate that the activity is taking place today, or **hier** to indicate that it occurred yesterday.

1. aujourd'hui hier
2. aujourd'hui hier
3. aujourd'hui hier
4. aujourd'hui hier
5. aujourd'hui hier
6. aujourd'hui hier

Nom : ______________________________ Date : ____________________

04-12 Hier. What did these people do yesterday? Choose a logical verb from the list, and write the correct form of the **passé composé** according to the subject. Each verb is used only once.

dormir	écouter	faire	jouer	préparer	~~regarder~~	rendre visite

MODÈLE Pauline *a regardé* un film à la télé.

1. Julien ______________________ très tard, jusqu'à 11 heures du matin.
2. Nous ______________________ au basket-ball.
3. Vous ______________________ du vélo.
4. Tu ______________________ de la musique.
5. J' ______________________ à ma grand-mère.
6. Elle ______________________ un bon dîner.

04-13 Une bonne organisation. Listen to Loïc as he describes how his friends got organized for a trip. Match each person with the activity they were responsible for.

____ 1. Corinne	a. a dormi.
____ 2. Maxime	b. a écouté la météo.
____ 3. Léa	c. a fait la cuisine.
____ 4. Abdel	d. a fait les courses.
____ 5. Thomas	e. a mis les vêtements dans les sacs.
____ 6. Audrey	f. a répondu au téléphone.

04-14 Mais non ! Karine needs to correct her grandmother, who is hard of hearing. Put each of the following statements in the negative form.

MODÈLE Tu as perdu ton foulard ?
Mais non, je *n'ai pas perdu* mon foulard.

1. Tes parents ont acheté une nouvelle voiture ?
   Mais non, ils ______________________________ de nouvelle voiture.
2. Vous avez dormi à l'hôtel hier ?
   Mais non, nous ______________________________ à l'hôtel hier.
3. Tu as eu envie de courir ce matin ?
   Mais non, je ______________________________ de courir ce matin.
4. Ta sœur a mis une mini-jupe avec des baskets ?
   Mais non, elle ______________________________ de mini-jupe avec des baskets.
5. Tu as menti à tes parents ?
   Mais non, je ______________________________ à mes parents.
6. Tes parents ont été surpris ?
   Mais non, ils ______________________________ surpris.

Écoutons

04-15 La météo : avant d'écouter. Select the weather conditions that typically occur during the fall season in France.

_____ Il fait frais.

_____ Le ciel est couvert.

_____ Il y a du vent.

_____ Il fait lourd.

_____ Il fait très chaud.

_____ Il fait 30 degrés.

_____ Le ciel est gris.

_____ Il gèle.

04-16 La météo : en écoutant. Listen to the weather forecast for France.

A. As you listen the first time, select the appropriate weather description for each of the following regions.

1. Région parisienne : [Le ciel est gris. ; Il y a du vent.]
2. Dans le Nord : [Il fait assez frais. ; Il fait assez froid.]
3. Dans le Sud-Ouest : [Le ciel est bleu. ; Le ciel est couvert.]
4. Sur la Côte d'Azur : [Il y a des nuages. ; Il y a du soleil.]

B. Listen a second time and select the appropriate temperature for each of the following regions.

5. Région parisienne : [12 ° C ; 2 ° C]
6. Dans le Nord : [18 ° C ; 8 ° C]
7. Dans le Sud-Ouest : [16 ° C ; 6 ° C]
8. Sur la Côte d'Azur : [19 ° C ; 29 ° C]

Nom : ______________________ Date : ______________________

Écrivons

04-17 Chez nous.

A. Chez nous : avant d'écrire. You are exchanging emails with a group of French students from another university. Describe the weather of the region where you study to your virtual pen pal, who plans on visiting you soon. Follow the steps outlined below.

1. Make a list of the seasons people in your region experience.

   (for example: *Il y a seulement deux saisons : la saison chaude et la saison des pluies.*)

   ____

   ____

2. Describe the weather for each of the seasons mentioned.

   (for example: *En été, la saison chaude, il fait très chaud et...*)

   ____

   ____

3. Name your favorite season and explain why.

   (for example: *J'aime l'été parce que j'adore jouer au tennis et aller à la piscine.*)

   ____

   ____

4. Make a list of the types of clothing that students usually wear during each season on your campus.

   (for example: *en été : on met des shorts, des tee-shirts, des jupes, des robes courtes, des sandales...*)

   ____

   ____

B. Chez nous : en écrivant. Using the information above, write a draft of your email. Do not forget to organize your text logically by dividing it into several paragraphs.

MODÈLE *Salut Céline,*

En Louisiane, le climat est assez tropical. Il y a seulement deux saisons : la saison chaude et la saison des pluies. Pendant l'été, la saison chaude, il fait chaud et très lourd. Les étudiants sur le campus mettent des shorts et des tee-shirts. Les femmes mettent aussi des robes et des jupes. Tous les étudiants mettent des sandales...

Pendant la saison des pluies, il pleut beaucoup. Il y a des gros orages avec beaucoup de tonnerre et des éclairs. Les gens mettent des bottes et des imperméables quand ils sortent. Il ne pleut pas tous les jours, mais...

J'aime l'été parce que j'adore jouer au tennis et aller à la piscine ...

Amitiés, Sylvia

____

____

____

____

____

____

____

____

Leçon 2 On part en vacances !

POINTS DE DÉPART

p. 124-125

04-18 Des activités par tous les temps. Match each person with the activity he or she enjoys.

____ 1. Thomas	a. faire de l'alpinisme
____ 2. Morgane	b. faire du camping
____ 3. Guillaume	c. faire du cheval
____ 4. Astrid	d. faire de la moto
____ 5. Hong	e. faire du ski nautique
____ 6. Estelle	f. faire du vélo

04-19 Ça dépend du temps. Based on the weather, indicate which activity one could do in each of the following places.

1. Quand il fait très chaud à la plage, on peut faire...

   a. du surf des neiges. b. de la natation. c. des courses.

2. Quand il neige à la montagne, on peut faire...

   a. du ski. b. du ski nautique. c. du vélo.

3. Quand il fait beau à la campagne, on peut faire...

   a. de la montagne. b. du shopping. c. un pique-nique.

4. Quand il y a du vent à la plage, on peut faire...

   a. du cheval. b. de la voile. c. de la motoneige.

5. Quand il fait beau en ville, on peut faire...

   a. du surf. b. de l'alpinisme. c. du tourisme.

Nom : ________________________ Date : ____________________

04-20 Activités diverses. Natacha and Frédéric are discussing their favorite vacation activities. Select all places where each activity mentioned is most likely to take place.

1. **a.** en ville **b.** à la plage **c.** à la montagne **d.** à la campagne
2. **a.** en ville **b.** à la plage **c.** à la montagne **d.** à la campagne
3. **a.** en ville **b.** à la plage **c.** à la montagne **d.** à la campagne
4. **a.** en ville **b.** à la plage **c.** à la montagne **d.** à la campagne
5. **a.** en ville **b.** à la plage **c.** à la montagne **d.** à la campagne
6. **a.** en ville **b.** à la plage **c.** à la montagne **d.** à la campagne

04-21 Casse-tête pour les vacances. Look at the provided clues, then fill in the following crossword puzzle on the theme of "vacation."

Horizontalement

1. Si des personnes aiment la nature, elles vont choisir de dormir au... en vacances, et pas à l'hôtel.
5. La plage est une... fréquente pour les vacances d'été des Français.
7. C'est une activité qu'on fait souvent à la plage, elle est associée avec le soleil et le repos.
8. Pour faire cette activité, il faut aimer la marche et avoir des bonnes chaussures.

Verticalement

2. On a des... de vacances ou des... pour le futur.
3. Il faut avoir cet objet pour prendre l'avion ou le train.
4. C'est un bon endroit *(place)* pour faire du ski et de la motoneige.
6. C'est une activité à faire si on aime le repos ou si on veut manger du poisson (*fish*).

SONS ET LETTRES

Les voyelles nasales et les voyelles orales plus consonne nasale

p. 128

04-22 Où sont les nasales ? Select the number of nasal vowels you hear in each of the following expressions.

1. 0 1 2	**3.** 0 1 2	**5.** 0 1 2
2. 0 1 2	**4.** 0 1 2	**6.** 0 1 2

04-23 Répétition. Repeat each sentence after the speaker, paying attention to the nasal vowels.

1. Alain vend des skis au grand magasin.
2. Marion est grande, mince, élégante et d'un certain âge.
3. Quels sont vos projets de vacances : la campagne ou la montagne ?
4. Le printemps est ma saison préférée.
5. J'ai du savon, du shampooing et un gant de toilette dans mon sac.

FORMES ET FONCTIONS

1. Le passé composé avec *être*

p. 129

04-24 La journée d'hier. Jamel is talking with his parents. Listen to each of his statements and select **hier** if he is describing something that took place yesterday, or **aujourd'hui** if he is telling about something that is ongoing in the present.

1. hier	aujourd'hui	**4.** hier	aujourd'hui
2. hier	aujourd'hui	**5.** hier	aujourd'hui
3. hier	aujourd'hui	**6.** hier	aujourd'hui

04-25 Les vacances. Listen to Nicole and Paul talking about their vacations. Select the verb form that you hear in each sentence, being careful of agreement.

1. suis arrivée	suis arrivé	**5.** avons rendus	avons rendu
2. es parti	es partie	**6.** sont revenus	sont revenues
3. suis allé	suis allée	**7.** avons téléphoné	ont téléphoné
4. a fait	as fait	**8.** n'ont pas parlé	n'a pas parlé

Nom : ______________________________ **Date :** ____________________

04-26 L'amour dans les îles. When Claire was in Guadeloupe, she wrote a letter to her roommate about her vacation. Complete her letter with a verb from the list below. You may use each verb only once.

aller	descendre	devenir	revenir	tomber
~~arriver~~	passer	rester	sortir	venir

Chère Julie,

Je *suis arrivée* à la Guadeloupe la semaine dernière. Ma sœur et sa meilleure amie (1) ____________________ aussi. Après l'arrivée à l'aéroport, nous (2) ____________________ à l'hôtel où ma sœur et Diane (3) ____________________ pendant une heure pour faire la sieste. Quant à moi, je (4) ____________________ en ville pour faire quelques courses. Un beau garçon (5) ____________________ devant moi et je me suis retournée pour le regarder. Malheureusement j'ai eu un petit accident. Le beau garçon m'a demandé : « Vous (6) ____________________, ça va ? » J'ai répondu « Oui, oui, merci » et je (7) ____________________ toute rouge. Exactement deux jours plus tard, il (8) ____________________ à l'hôtel pour me voir, et cet après-midi, nous (9) ____________________ ensemble. On a fait une longue promenade. Vive la Guadeloupe !

04-27 Ah ! Les vacances. Indicate what the following people did on their last vacation.

MODÈLE D'habitude, je me couche tôt.

Pendant les vacances, je *me suis couché* après minuit.

OU Pendant les vacances, je *me suis couchée* après minuit.

1. D'habitude, Rudy se réveille vers 6 heures du matin.

   Pendant les vacances, il ______________________ vers midi.

2. D'habitude, Marie-Laure et Lucie se lèvent à 7 heures moins le quart.

   Pendant les vacances, elles ______________________ à neuf heures.

3. D'habitude, nous nous endormons devant la télé.

   Pendant les vacances, nous ______________________ à la piscine en plein air.

4. D'habitude Pierre, tu te rases tous les jours.

   Pendant les vacances, tu ______________________ une seule fois !

5. D'habitude, je me dépêche pour aller en cours.

   Pendant les vacances, je ______________________ pour aller au cinéma.

2. Les questions avec *quel*

p. 131

04-28 Qu'est-ce que tu dis ? Listen to the following brief dialogues. Select **logique** if the answer is a logical response to the question, or **illogique** if it is an illogical response.

1. logique illogique
2. logique illogique
3. logique illogique
4. logique illogique
5. logique illogique
6. logique illogique

04-29 Le correspondant. You are answering a letter from your new pen pal from Togo. Select the appropriate form of the interrogative adjective **quel** to complete the following questions.

1. Dis-moi, [quel ; quelle] musique est-ce que tu écoutes ?
2. [Quel ; Quels] temps est-ce qu'il fait au Togo en été ?
3. [Quel ; Quelle] est la capitale du Togo ?
4. [Quel ; Quels] vêtements traditionnels est-ce que vous mettez pour aller à un mariage ?
5. [Quel ; Quelle] est ta destination préférée pour les vacances ?
6. [Quels ; Quelles] sont tes projets pour les prochaines vacances ?

04-30 Des détails. Complete the following questions with the appropriate form of the interrogative adjective **quel** to ask for more details.

MODÈLE — Je parle trois langues : le français, l'espagnol et l'anglais.

— *Quelles* langues est-ce que tu parles ?

1. — J'adore la musique. J'écoute du rap, du hip-hop et du reggae.

   — ______________ musique est-ce que tu préfères ?
2. — J'adore faire du shopping. J'aime beaucoup les Galeries Lafayette et H & M.

   — ______________ magasins est-ce que tu fréquentes le plus ?
3. — Je suis assez sportive. J'aime le football, le basket, la natation et le base-ball.

   — ______________ sports est-ce que tu pratiques ?
4. — J'aime l'hiver et le printemps.

   — ______________ saisons est-ce que tu préfères ?
5. — J'ai beaucoup voyagé avec ma famille.

   — ______________ ville est-ce que tu préfères ?
6. — J'adore le cinéma français.

   — ______________ film est-ce que tu aimes beaucoup ?

Nom : ______________________ Date : ______________

04-31 **Au pair.** Before Florence's departure to be an au pair in Nice, her mother asks her several questions. Using the choices below, indicate what is the most likely response to each question you hear.

à 14 h 30.	le 31 août.	6 et 8 ans.
Grasse et Cannes.	Il fait beau.	Leblanc.

1. ______________
2. ______________
3. ______________
4. ______________
5. ______________
6. ______________

Écoutons

04-32 **Des vacances ratées : avant d'écouter.** Think about your ideal vacation and make a list, in French, of five things that it would include.

____

____

04-33 **Des vacances ratées : en écoutant.** Now listen to Patrick as he talks about his vacation on the Côte d'Azur, and select the appropriate descriptions for each day. Note that there is more than one correct answer choice for each day.

1. Jeudi
   - Il a fait un temps splendide.
   - Il a fait froid.
   - On a fait du shopping en ville.
   - On a fait du cheval sur la plage.
2. Vendredi
   - Il a fait bon.
   - Il y a eu beaucoup de vent.
   - Il y a eu un orage.
   - Nous sommes allés nager à la plage.
   - Nous avons fait du surf.
   - Nous avons dû retourner à l'hôtel.
3. Samedi
   - Il a fait beau et chaud.
   - Il a fait mauvais.
   - Nous avons joué aux cartes à l'hôtel.
   - On est allé à la piscine de l'hôtel.
4. Dimanche
   - Il a fait un temps magnifique.
   - Il a plu toute la journée.
   - Nous avons décidé de rester plus longtemps en vacances.
   - Nous sommes rentrés à Paris.

Écrivons

04-34 L'agence de tourisme.

A. L'agence de tourisme : avant d'écrire. Imagine that you work at a travel agency and have been asked to create a tourist brochure. First, choose a destination from the following list: **sur la Côte d'Azur, à la Martinique, dans les Alpes, à Bruxelles**. Then, search the Internet to find information on these destinations. Finally, provide the following information from your research in French:

la meilleure *(best)* saison : ____________________

____

le temps qu'il fait pendant cette saison : ____________________

____

les activités possibles : ____________________

____

les vêtements qu'il faut emporter *(bring)* : ____________________

____

B. L'agence de tourisme : en écrivant. Now write the tourist brochure, using the information provided above.

MODÈLE *Sur la Côte d'Azur il fait très beau au printemps et en automne. Il ne pleut pas beaucoup et il fait... En été, il fait assez chaud.*

À la plage, on peut faire du ski nautique, de la planche à voile et... On peut aussi faire une promenade ou... Il y a aussi beaucoup d'endroits pour faire du tourisme.

Le climat est très agréable, donc il est nécessaire d'emporter (to bring) *des shorts, des sandales, et des robes d'été...*

____

____

____

____

____

____

____

____

____

____

____

____

Nom : ______________________ Date : ______________

Leçon 3 Je vous invite

POINTS DE DÉPART

p. 134-135

04-35 Qu'est-ce qu'on peut faire ? Match each place with an activity that is logically done there.

____ **1.** au cinéma ?	**a.** aller à un concert de rock
____ **2.** chez des amis ?	**b.** faire une promenade
____ **3.** au théâtre ?	**c.** passer une soirée tranquille
____ **4.** au stade ?	**d.** voir une exposition
____ **5.** au musée ?	**e.** voir un film
____ **6.** au parc ?	**f.** voir une pièce

04-36 Comment inviter ? You are in a café and overhear people suggesting various activities to their friends. Select the most appropriate reply to each invitation or suggestion that you hear.

1. **a.** C'est dommage. J'adore la plage.
b. Oui, je suis libre.
c. Si, mais mon mari ne peut pas.

2. **a.** Oui, on va au cinéma ?
b. Pas de problème. On y va ensemble ?
c. Avec plaisir ! C'est très gentil à vous !

3. **a.** Je regrette. J'ai un rendez-vous ce matin.
b. D'accord. À quelle heure ?
c. Non, je n'aime pas beaucoup les musées.

4. **a.** Si, mais je travaille jusqu'à 18 h 00.
b. Non, je suis déjà allé chez eux.
c. Oui, je n'aime pas beaucoup le théâtre.

5. **a.** Je suis ravi de passer une soirée tranquille.
b. Bonne idée. Je passe chez toi à 19 h 30.
c. Pourquoi pas au café à 19 heures ?

6. **a.** Non, je préfère aller danser.
b. Chouette ! J'adore ça.
c. D'accord. À ce soir.

04-37 Invitations. Jérôme is inviting his friends to do various things with him. Listen to each invitation, and then select the most likely reply, on the basis of the cue provided.

1. Rachel va au cinéma demain soir :
   a. Je suis désolée, je suis déjà prise.
   b. Oui, avec plaisir !
2. Corinne et Élise travaillent samedi soir :
   a. Quelle bonne idée, volontiers !
   b. C'est dommage, on travaille.
3. Mattéo aime les arts :
   a. Volontiers, j'adore Matisse.
   b. D'accord. Je suis ravi d'aller au cinéma avec toi.
4. Benjamin doit aller chez le dentiste après les cours :
   a. Je regrette, mais j'ai un rendez-vous.
   b. C'est gentil à toi, je suis libre après les cours.
5. M. et Mme Boilot sont très sociables :
   a. Bien sûr, avec plaisir.
   b. Vous êtes libres ?
6. Charlotte est sportive :
   a. C'est gentil à toi, mais je ne suis pas libre.
   b. D'accord ! Allons-y ensemble !

04-38 Et vous ? Answer the following invitations according to your own tastes or availability.

MODÈLE « Tu veux nous accompagner au théâtre pour voir une pièce de Beckett ? »

Non, je regrette, mais je n'aime pas beaucoup le théâtre de l'Absurde.

Oui, avec plaisir, j'adore Beckett.

1. « Tu es libre samedi ? On va au ciné pour voir un film comique. »

   ____

2. « On organise une fête vendredi soir. Tu es libre ? »

   ____

3. « On sort ensemble ce week-end ? Je veux aller danser. »

   ____

4. « Vous êtes libre jeudi à midi ? Le département organise une petite réception. »

   ____

5. « Tu ne veux pas nous accompagner au musée pour voir l'exposition de sculpture ? »

   ____

Nom : ______________________ Date : ______________

FORMES ET FONCTIONS

1. Les verbes comme *préférer* et l'emploi de l'infinitif

p. 137

04-39 Préférences. Listen as Laura describes her friends and herself. Match each person with the appropriate like or dislike.

____ 1. Laura	a. adore la montagne.
____ 2. Corentin	b. aime bien aller à des concerts.
____ 3. Benjamin	c. déteste aller au théâtre.
____ 4. Noémie	d. n'aime pas aller à la plage.
____ 5. Éloïse	e. n'aime pas passer une soirée tranquille.
____ 6. Nicolas	f. préfère aller au cinéma.

04-40 Des suggestions. Fabien and Cécile have some free time this weekend but cannot decide what to do. Write what the following people would suggest, using each of the possibilities provided below just once. Pay attention to the subject pronoun.

un concert de musique classique	un dîner au restaurant	un dîner chez des amis
~~un film à la télé~~	un film au cinéma	un match de tennis
une partie de Scrabble		

MODÈLE Marc préfère rester à la maison. Il *suggère un film à la télé*.

1. J'adore les restaurants élégants. Je ______________________.
2. Simon adore les jeux de société. Il ______________________.
3. Nous sommes très sportifs. Nous ______________________.
4. Tu adores les nouveaux films. Tu ______________________.
5. Les Colin aiment passer une soirée tranquille. Ils ______________________.
6. Vous adorez Mozart et Beethoven. Vous ______________________.

04-41 Les préférences. Based on the descriptions below, write which activity the following people prefer.

MODÈLE une jeune fille pantouflarde : regarder un match à la télé ou jouer au foot ?

Elle préfère regarder un match à la télé.

1. un homme paresseux : manger au restaurant ou faire la cuisine ?

______________________________.

2. des femmes sportives : faire du surf ou faire un tour en ville ?

______________________________.

3. un étudiant en musique : voir une exposition ou aller à un concert ?

______________________________.

4. des jeunes filles en vacances : faire leurs devoirs ou bronzer à la plage ?

______________________________.

5. un homme malade : organiser une fête ou passer une soirée tranquille ?

______________________________.

6. une femme sociable : accepter une invitation ou refuser une invitation ?

______________________________.

04-42 Les suggestions. Samir and his friends are planning a trip for spring break and he is sharing his plans with his parents. Select the subject and verb forms that you hear to complete each of his statements.

(1) [Nous suggérons d' ; Nous préférons] arriver vendredi soir plutôt que samedi matin. (2) [Karl suggère de ; Karl préfère] faire un tour en ville samedi matin. (3) Mais [Paul préfère ; Paul suggère d'] aller à la plage tout de suite. Sébastien et moi, (4) [on suggère de ; on préfère] passer une journée tranquille pour aller au concert le soir. Qu'est-ce que vous (5) [préférez ; suggérez] ? C'est difficile de faire des projets en groupe ! Mais je [préfère ; suggère] quand même partir en vacances avec mes amis !

2. Les verbes comme *acheter* et *appeler*

p. 139-140

04-43 L'attente. Listen to the bits of conversation that Salima overhears as she waits in line to purchase concert tickets. For each statement, write the infinitive form of the verb you hear.

MODÈLE You hear: Ma sœur achète beaucoup de vêtements.

You write: *acheter*

1. ______________
2. ______________
3. ______________
4. ______________
5. ______________
6. ______________

Nom : ______________________ Date : ______________________

04-44 Qu'est-ce qu'on achète ? Each person buys something different, depending on their plans. Complete each sentence with the correct form of the verb **acheter**.

MODÈLE Lise *achète* une robe noire pour une fête au musée d'art moderne.

1. Léo ______________ un maillot pour des vacances à Tahiti.
2. Nicolas et Ariane ______________ des billets pour un spectacle de danse.
3. Vous ______________ un bateau pour aller à la pêche en mer.
4. Nous ______________ des lunettes de soleil pour un week-end à la plage.
5. Tu ______________ des skis pour aller aux sports d'hiver dans les Alpes.

04-45 Problèmes de compréhension. Marine is talking to her grandfather, who can't quite hear everything she says. Complete their exchanges by filling in the subject and verb forms that you hear.

MODÈLE You hear: — Tu achètes un nouveau chapeau ?
— Non, papi ! Nous achetons un nouveau vélo.
You write: — *Tu achètes* un nouveau chapeau ?
— Non, papi ! *Nous achetons* un nouveau vélo.

1. — ______________________ son nom quand il est stressé ?
   — Non, papi ! ______________________ son nom avec un C !
2. — ______________________ votre téléphone ?
   — Non, papi ! ______________________ mes vieilles factures de téléphone (*phone bills*) !
3. — Tu penses que ______________________ tard le dimanche ?
   — Non, papi ! Toi et mamie, ______________________ tôt, même le dimanche !
4. — ______________________ ta sœur Corinne tous les jours !
   — Non, papi ! ______________________ Corinne toutes les semaines !

04-46 Les projets. Julie is planning a series of activities with her friends. Choose a logical verb from the list, and write the correct form of the present tense that matches the subject. Each verb should be used only once.

acheter	amener	appeler	épeler	jeter	~~se lever~~

MODÈLE Tu *te lèves* tôt pour acheter des tickets de concert !

1. Nous, nous ______________ nos tickets sur Internet.
2. Tu ______________ ton frère pour passer une soirée tranquille tous ensemble ?
3. Je suis désolée ! Il est pris. J' ______________ mon frère à un concert de rock.
4. Comment est-ce que tu ______________ le nom de ce groupe ?
5. Ne ______________ pas ces affiches ! Il y a le nom du groupe !

Écoutons

04-47 Des projets pour ce soir : avant d'écouter. Your friend Denise has left several messages on your voice mail proposing possible activities for this evening. Remember, we often listen to messages more than once, even in our native language, particularly when trying to record precise information. What sorts of precise information might you expect Denise's messages to include?

____

____

04-48 Des projets pour ce soir : en écoutant. Now listen to Denise's messages and select the correct information for each category below.

1. **a.** Activité N° 1 :
   - ________ un match de volley en plein air
   - ________ un concert en plein air
   - ________ un festival de cinéma en plein air
   - ________ du théâtre en plein air

   b. Heure : ________ 10 h 00 ________ 14 h 00 ________ 22 h 00

   c. Coût : ________ 6 euros ________ 12 euros ________ 16 euros

2. **a.** Activité N° 2 :
   - ________ un ballet de danse moderne
   - ________ un match de hockey
   - ________ une pièce de théâtre
   - ________ une exposition

   b. Heure : ________ 20 h 30 ________ 21 h 30 ________ 22 h 30

   c. Coût : ________ 15 euros ________ 25 euros ________ 35 euros

3. **a.** Activité N° 3 :
   - ________ assister à un concert de rock
   - ________ danser
   - ________ participer à un concours de poker
   - ________ écouter un trio de jazz

   b. Heure : ________ 19 h 00 ________ 20 h 00 ________ 21 h 00

   c. Coût : ________ 5 euros ________ 10 euros ________ 15 euros

Nom : ______________________ Date : ______________

Écrivons

04-49 Un week-end typique.

A. Un week-end typique : avant d'écrire. You work for the tourist office of the city you live in and have been asked to blog your experience as a young adult. Describe a typical weekend in your city by describing what you did last weekend. Follow the steps outlined below, in French.

1. Make a list of the activities you participated in last weekend.

   (for example: *aller au ciné, discuter dans un petit café, voir une pièce*)

   ____

   ____

2. Make a list of places you went to.

   (for example: *au ciné, au théâtre, au parc*)

   ____

   ____

3. Describe the weather.

   (for example: *samedi, il a plu.*)

   ____

   ____

4. Provide some examples of your preferred activities in the various seasons.

   (for example: *Quand il fait beau, j'aime aller à la piscine.*)

   ____

   ____

B. Un week-end typique : en écrivant. Write your blog entry using the information provided above. Do not forget to include words such as **d'abord**, **ensuite**, **puis,** and **après** to organize the activities you mention. Keep in mind that one of the goals of your blog is to encourage young people to tour your city, so make sure your text provides an interesting and enthusiastic description of your own activities.

MODÈLE *La ville de .... est très intéressante. J'ai fait beaucoup de choses ce week-end. Il a plu comme toujours au printemps. Je suis allée au ciné avec mes colocataires. Après, nous avons discuté dans un petit café. Ensuite,...*

Il y a vraiment beaucoup d'activités pour les jeunes à... Quand il fait beau, j'aime aller à la piscine, elle est très grande... En hiver, je préfère... Je suggère de...

Amicalement, Anne-Marie

____

____

____

____

____

____

____

____

Lisons

04-50 Il pleure dans mon cœur : avant de lire. Paul Verlaine (1844–1896) believed that the music of language is more important than the actual words and that suggestion is more important than statement. His poems are often compared with the Impressionist paintings of Claude Monet or the music of Claude Debussy (who set sixteen of Verlaine's poems to music).

Verlaine often used free verse (that is, unrhymed lines of unequal length) and the sounds and rhythms of French to create richly musical poems, like "Il pleure dans mon cœur." Before you read the poem, complete the following activities in English.

1. The title of the poem evokes a play on words with the verb **pleurer** *(to cry)* and the verb **pleuvoir,** which you know. How are these two words alike both phonetically and metaphorically?

____

____

____

Nom : ______________________________ Date : ____________________

04-51 Il pleure dans mon cœur : en lisant. First read the poem, then look for answers to the following questions.

IL PLEURE DANS MON CŒUR...

Il pleut doucement sur la ville.
Arthur Rimbaud

Il pleure° dans mon cœur° (*It's crying; heart*)
Comme il pleut sur la ville ;
Quelle est cette° langueur° (*lethargy*)
Qui pénètre mon cœur ?

Ô bruit doux° de la pluie (*soft sound*) 5
Par terre° et sur les toits° ! (*ground; roofs*)
Pour un cœur qui s'ennuie° (*is troubled*)
Ô le chant° de la pluie ! (*song*)

Il pleure sans raison
Dans ce cœur qui s'écœure.° (*is sickened*) 10
Quoi ! nulle trahison° ?... (*no betrayal*)
Ce deuil° est sans raison. (*sadness*)

C'est bien la pire peine° (*worst pain*)
De ne savoir° pourquoi (*not knowing*)
Sans amour et sans haine° (*hate*) 15
Mon cœur a tant de° peine ! (*so much*)

Paul Verlaine

1. Look closely at the first verse and select the line that refers to the weather outside and the surroundings:

   Il pleure dans mon cœur

   Comme il pleut sur la ville;

   Quelle est cette langueur

   Qui pénètre mon cœur ?

2. Look closely at the second verse and select the lines that refer to the weather outside and the surroundings:

   Ô bruit doux de la pluie

   Par terre et sur les toits !

   Pour un cœur qui s'ennuie

   Ô le chant de la pluie !

3. How can you interpret the poem when you compare the lines and the structure of these two verses? Select all possible answers.

   a. These two verses also refer to the poet's feelings.

   b. The poet would prefer to be in the country.

   c. In the first verse, one line mentions the weather and the surroundings while three refer to the poet's feelings.

   d. In the second verse, three lines mention the weather and the surroundings while one refers to the poet's feelings.

   e. There is a mirror effect between the weather outside and the poet's feelings.

   f. In the second verse, the poet is touched by the sight of the rain on the city.

4. In the last two verses, the poet focuses on his own feelings. Select which emotions he experiences according to these verses:

   a. sadness

   b. happiness

   c. betrayal

   d. unexplained sorrow

   e. self-awareness

04-52 Il pleure dans mon cœur : après avoir lu. Now that you have read and studied the text and its structure, answer the following questions in English.

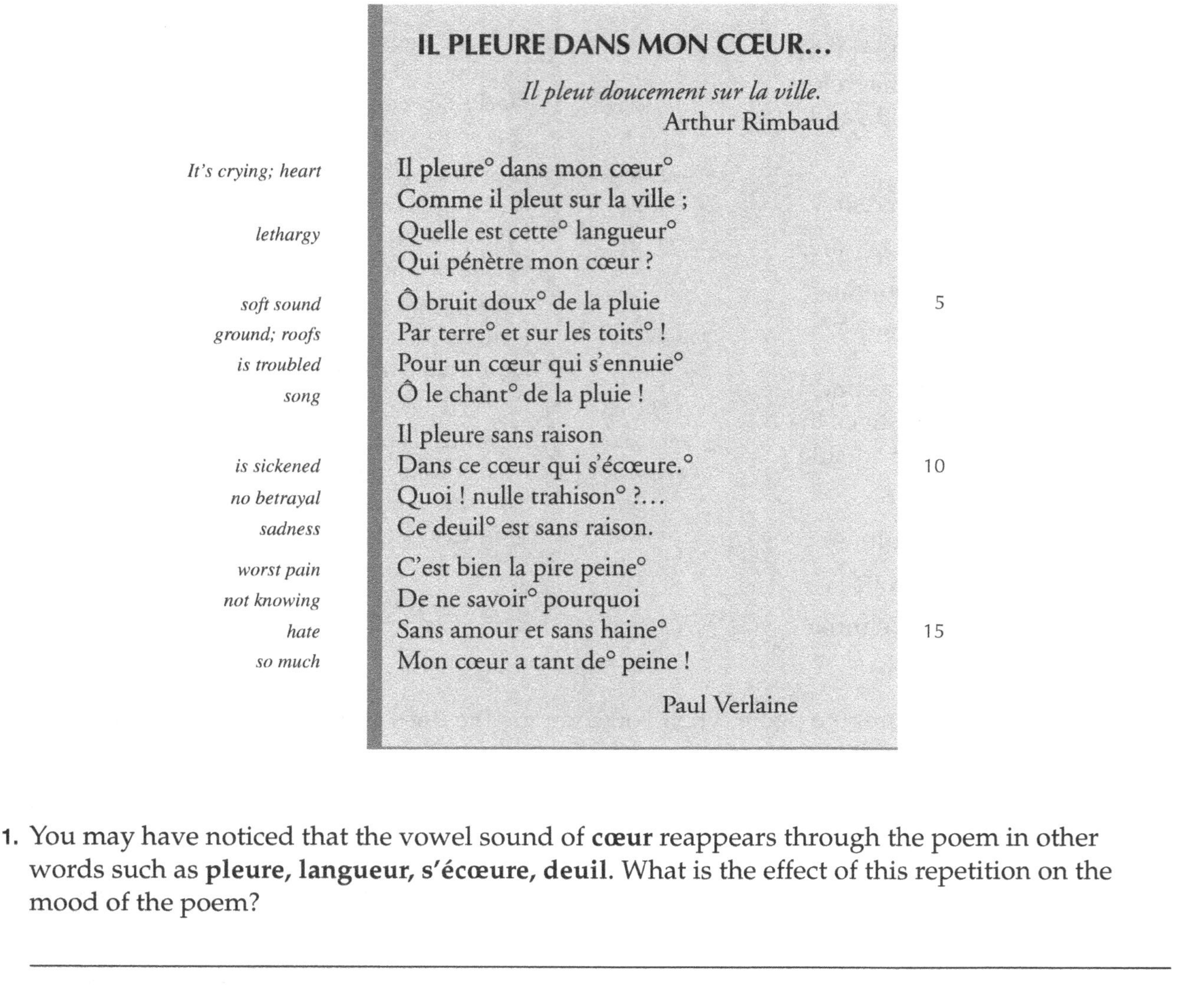

IL PLEURE DANS MON CŒUR…

Il pleut doucement sur la ville.
Arthur Rimbaud

It's crying; heart	Il pleure° dans mon cœur°	
	Comme il pleut sur la ville ;	
lethargy	Quelle est cette° langueur°	
	Qui pénètre mon cœur ?	
soft sound	Ô bruit doux° de la pluie	5
ground; roofs	Par terre° et sur les toits° !	
is troubled	Pour un cœur qui s'ennuie°	
song	Ô le chant° de la pluie !	
	Il pleure sans raison	
is sickened	Dans ce cœur qui s'écœure.°	10
no betrayal	Quoi ! nulle trahison° ?…	
sadness	Ce deuil° est sans raison.	
worst pain	C'est bien la pire peine°	
not knowing	De ne savoir° pourquoi	
hate	Sans amour et sans haine°	15
so much	Mon cœur a tant de° peine !	

Paul Verlaine

1. You may have noticed that the vowel sound of **cœur** reappears through the poem in other words such as **pleure, langueur, s'écœure, deuil**. What is the effect of this repetition on the mood of the poem?

____

____

2. What features of music can produce a melancholy effect similar to that produced by Verlaine's poem?

____

____

Nom : ______________________________ Date : ____________________

04-53 Vive les vacances ! This video montage presents a wide variety of vacation activities in Francophone regions. Select all the activities that you see in the clip. If any of the expressions are unfamiliar, use familiar words you know or recognize, the context, and the process of elimination to make educated guesses about their meaning.

_________ danser

_________ bronzer

_________ faire du bateau

_________ faire une course de chiens en traîneau

_________ faire de la luge

_________ faire de la natation

_________ faire de la pêche

_________ faire des promenades

_________ faire du shopping

_________ faire du ski

_________ faire du tourisme

_________ faire du cheval

_________ jouer aux boules

_________ goûter des spécialités régionales

04-54 La Côte d'Azur, destination de rêve. In this clip, Fabienne explains why Nice and the Côte d'Azur are "dream destinations."

1. What do you already know about this region, which we call "the Riviera"?

____

____

2. Now listen to her description, and note three positive features that she mentions:

 a. ____

 b. ____

 c. ____

3. Were any of these features surprising to you? Why or why not? Are any features unique to the Côte d'Azur?

____

____

Observons

p. 132-133

04-55 Des superbes vacances : avant de regarder. You may already have completed the **Observons** activity in Lesson 2 of this chapter. If not, you will find it helpful to go back and complete that activity before moving on to the questions below. In that video clip, Marie-Julie describes her homeland, Quebec. Answer in English.

1. List two facts that you already know about Québec.

 a. ____

 b. ____

2. What cities or other places in Quebec have you visited or heard of?

____

____

04-56 Des superbes vacances : en regardant. Watch the video clip and answer the following questions.

1. Which of the following locations are mentioned by Marie-Julie?

__________ la Gaspésie

__________ l'île Bonaventure

__________ le lac St-Jean

__________ le Rocher Percé

__________ la région de Montréal

__________ la région de Québec

Find each of these places on a map of Quebec.

2. Look at the photos of **le Rocher Percé** and **l'île Bonaventure**. Why might tourists be interested in visiting these places, in your opinion?

A. Le Rocher Percé en Gaspésie

B. L'île Bonaventure avec ses oiseaux

__________ C'est très beau.

__________ On peut nager.

__________ On peut aller à la pêche.

__________ On peut faire du bateau.

__________ On peut aller danser dans les clubs.

__________ On peut observer la nature.

__________ On peut aller au cinéma.

3. Marie-Julie recommends la Gaspésie particularly for its...

__________ beauty __________ cities __________ sports activities

04-57 Des superbes vacances : après avoir regardé. Have you visited any of the places that Marie-Julie describes? If not, would you like to? Why or why not?

____

____

____

Nom : ______________________ Date : ______________

5 Du marché à la table

Leçon 1 Qu'est-ce que vous prenez ?

POINTS DE DÉPART

p. 145-146

05-01 Allons au café. A group of friends is at a café. Listen to what each person orders, and select **boisson chaude** if it is a hot drink, **boisson rafraîchissante** if it is a cold drink, or **quelque chose à manger** if it is something to eat.

1. boisson chaude | boisson rafraîchissante | quelque chose à manger
2. boisson chaude | boisson rafraîchissante | quelque chose à manger
3. boisson chaude | boisson rafraîchissante | quelque chose à manger
4. boisson chaude | boisson rafraîchissante | quelque chose à manger
5. boisson chaude | boisson rafraîchissante | quelque chose à manger
6. boisson chaude | boisson rafraîchissante | quelque chose à manger

05-02 Qu'est-ce qu'on prend ? Select the two beverages most likely to be chosen in each of the following situations in France.

1. en décembre :
   a. un chocolat chaud b. un citron pressé c. un café
2. quand on est fatigué :
   a. une bière b. un café c. un thé
3. en juillet, après un match de foot :
   a. une limonade b. un Orangina c. un café
4. à un dîner élégant :
   a. un verre de vin rosé b. une cannette de coca c. une bouteille d'eau minérale
5. avec une pizza :
   a. un chocolat chaud b. une bière c. un coca
6. au matin avec les céréales :
   a. un jus d'orange b. un verre de vin c. un thé au lait

05-03 Les boissons et les sandwichs. Match each of the items below to its picture.

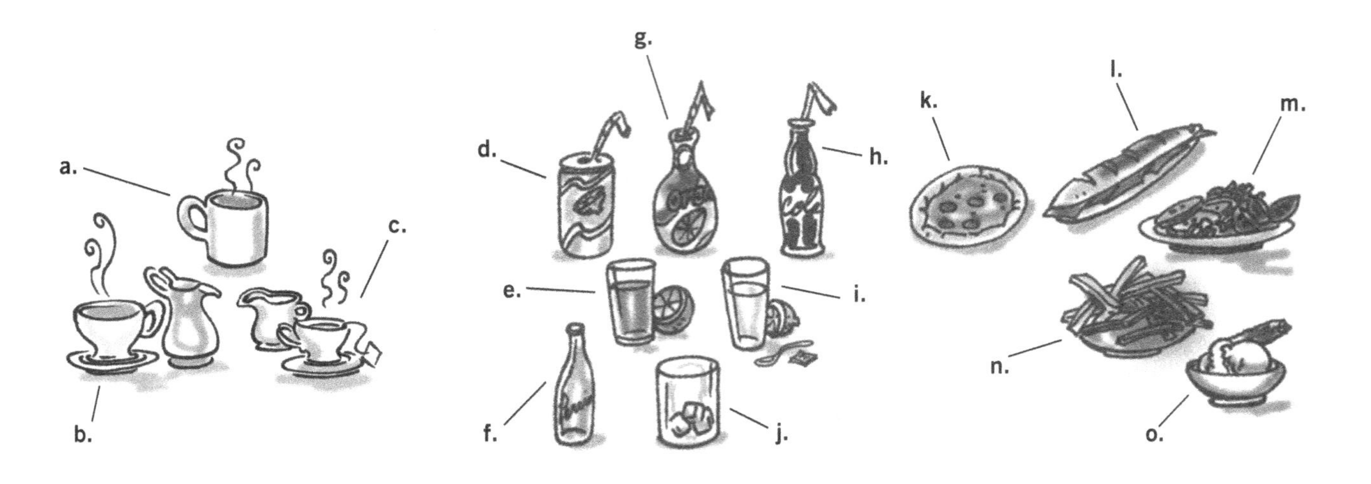

____ **1.** une tasse de café crème
____ **2.** une tasse de chocolat chaud
____ **3.** un verre de citron pressé
____ **4.** une bouteille de coca
____ **5.** des crudités
____ **6.** une bouteille d'eau minérale
____ **7.** des frites
____ **8.** une glace
____ **9.** des glaçons
____ **10.** un verre de jus d'orange
____ **11.** une cannette de limonade
____ **12.** une bouteille d'Orangina
____ **13.** de la pizza
____ **14.** un sandwich au jambon
____ **15.** une tasse de thé au lait

05-04 La commande. Corinne and Laurent are having a quick lunch together. Listen to their orders and write them below in the order you hear them. Remember to include the articles.

Corinne : **1.** ______________________________

2. ______________________________

3. ______________________________

4. ______________________________

Laurent : **5.** ______________________________

6. ______________________________

7. ______________________________

8. ______________________________

Nom : ______________________ Date : ______________________

SONS ET LETTRES

La voyelle /y/

p. 149

05-05 Écoutez bien ! Listen to the following statements and select the words in which you hear the sound /y/.

1. Bien sûr, je voudrais du vin rouge !
2. Lucie a mis un pull, une jupe et un foulard.
3. Attends ! Tu oublies le sucre !
4. Il écoute de la musique dans son bureau.
5. Je te suggère de commander des crudités.

05-06 /y/ ou /u/ ? Listen to each pair of words. Then listen again as only one word of each pair is read. Select the word you hear the second time.

1. bu — boue
2. sucre — souk
3. jus — joue
4. vu — vous
5. bulle — boule
6. rue — roue
7. su — sous
8. pu — pou

FORMES ET FONCTIONS

1. Les verbes *prendre* et *boire*

p. 149-150

05-07 Un ou plusieurs ? For each statement, select **1** if the subject of the sentence is one person or **1+** if it is more than one person.

1. 1 — 1+
2. 1 — 1+
3. 1 — 1+
4. 1 — 1+
5. 1 — 1+
6. 1 — 1+

05-08 Ils ont soif. Using the subject and verb **boire**, complete these sentences to tell what everyone drinks according to the time of the day.

MODÈLE Mon père / le matin : *Il boit* un café au lait.

1. Moi / le soir : ______________________ un thé.
2. Toi / avant de te doucher le matin : ______________________ un jus d'orange.
3. Vous / à 4 h de l'après-midi : ______________________ un coca.
4. Nous / le week-end : ______________________ du vin rouge.
5. Elles / le soir de Noël : ______________________ du chocolat chaud.

05-09 Les préférences. Indicate what you and your friends eat and drink at various times of the day by completing the following sentences with the appropriate form of the verb **prendre**.

MODÈLE Le matin, mon père _prend_ un café noir.

1. Comme goûter, ma sœur ______________________________ toujours des fruits.
2. Le midi, mes amis et moi ______________________________ une pizza.
3. Le week-end, mes copains ______________________________ des frites et du coca.
4. Le soir, je ______________________________ une salade.
5. Après le dîner, mes parents ______________________________ souvent un café crème.

05-10 Les langues. Marie is commenting on the diverse student body at her school. Select the appropriate verb form and language to complete each of the following statements.

____ 1. Je parle anglais avec mes amies.	a. Elle comprend l'espagnol.
____ 2. Les parents de Gustavo sont du Chili.	b. Elle comprend l'arabe.
____ 3. Adela a des origines espagnoles.	c. Il apprend l'arabe.
____ 4. Vous allez en Allemagne tous les ans.	d. Ils comprennent l'espagnol.
____ 5. Le frère de Jessica va travailler au Maroc.	e. Nous comprenons l'anglais.
____ 6. La mère de Babette est professeur d'arabe.	f. Vous comprenez l'allemand.

05-11 Répliques. Waiting for your order at a café, you overhear parts of other people's conversations. For each question or statement you hear, select the most appropriate response.

1. a. Pardon. Je vais parler plus lentement.
   b. Qu'est-ce que vous prenez ?
2. a. Des frites et un coca.
   b. Non, mais j'apprends l'espagnol.
3. a. Ils comprennent l'arabe.
   b. Un croque-monsieur, s'il vous plaît.
4. a. Nous prenons le train.
   b. Nous prenons un café crème.
5. a. Non, je ne comprends pas l'italien.
   b. Oui, c'est très bon pour les enfants.
6. a. Non, merci. Je ne bois jamais de vin.
   b. Oui, j'adore la bière.

2. L'article partitif

p. 152

05-12 Logique ou illogique ? Listen as Olivier and Christine talk about their food preferences. Select **logique** if the second sentence is a logical response to the first, and **illogique** if it is illogical.

1. logique	illogique	4. logique	illogique
2. logique	illogique	5. logique	illogique
3. logique	illogique	6. logique	illogique

05-13 Au café. You and your friends are at a café. Answer your friends' questions, telling whether you like or dislike the drink or dish being mentioned.

MODÈLE — Tu prends des frites ? — Non merci. Je *n'aime pas les frites*.
OU — Oui merci ! J'*adore les frites*.

1. — Tu prends du sucre avec ton café ? — Non merci. Je ______________________.
2. — Tu prends du lait ? — Oui. Volontiers. J'______________________.
3. — Tu prends de la pizza ? — Oui, je veux bien. J'______________________.
4. — Tu bois de l'eau minérale ? — Non, pas du tout. Je ______________________.
5. — Tu prends de la glace ? — Oui, s'il te plaît. J'______________________.

05-14 C'est le menu ? Mélissa and Jamel are planning the menu for a party they are giving. Listen to the likes and dislikes of their guests, and select all the logical answers indicating what the hosts will serve.

1. a. Alors, on sert des jus de fruits.
   b. Eh bien, on ne sert pas de bière.
   c. Alors, on ne sert pas de boissons chaudes.
2. a. Si c'est comme ça, on ne sert pas de casse-croûte.
   b. Alors, on sert du chocolat chaud.
   c. Eh bien, on sert du café.
3. a. On peut servir des frites alors.
   b. Parfait ! On va servir du jus d'orange.
   c. On va aussi servir de l'Orangina.
4. a. Alors, on sert de la pizza !
   b. C'est vrai... Mais on va aussi servir de la salade pour les végétariens.
   c. Eh bien, on ne sert pas de pizza.
5. a. Eh bien, on peut servir du coca ?
   b. Alors, on ne sert pas de vin.
   c. Est-ce qu'on peut servir de l'eau minérale ?
6. a. Alors on sert de la bière.
   b. Eh bien, on sert de l'eau minérale.
   c. Alors, on sert des cannettes.

05-15 La nourriture. Choose two of your relatives or friends from the list below and describe in two or three sentences what they each usually order at a restaurant. Make sure to also include what each person would not order.

votre père	votre grand-père	un frère	votre meilleur ami	votre colocataire
votre mère	votre grand-mère	une sœur	votre meilleure amie	vous

MODÈLE *Ma grand-mère, elle prend des crudités et de la pizza. Comme boisson, elle prend de l'eau minérale. Elle ne boit pas de coca. Après le repas, elle prend du café.*

____

____

____

____

____

____

Écoutons

05-16 Un café et l'addition : avant d'écouter. Richard and Hélène are at their favorite café with an American exchange student, Catherine. It's a chilly fall afternoon. Before listening to their conversation, make a list in French of the drinks and foods that might appeal to them.

____

____

____

____

____

____

____

____

05-17 Un café et l'addition : en écoutant. Now listen to the friends' conversation and to what they order, and answer the following questions.

1. Select the item Richard orders from the list below:
   un café un chocolat chaud un citron pressé un jus d'orange
2. Select the item Hélène (the first female you hear) orders from the list below:
   une bière une limonade un Orangina un thé citron
3. Select the item Catherine orders from the list below:
   un coca des glaçons de l'eau minérale du sucre
4. Hélène mentions several food items she will not eat. Which are they?
   des crudités des frites de la pizza de la salade du sucre
5. Select the total amount of the bill from the list below:
   deux euros quatre euros neuf euros douze euros dix-neuf euros

Écrivons

05-18 Les cafés américains.

A. Les cafés américains : avant d'écrire. You learned that cafés play an important role in the life of the French. Is there a café on your campus or in a city near your campus? Is there another place on campus (a bookstore maybe) that is similar to a café? Describe this place for a French friend. Before writing your description, complete the following activities.

1. Indicate the name of this place and precisely what it is. Is it a café, a restaurant, a small coffee shop, a bookstore with a coffee space?
   (par exemple : *Lynn's. C'est un café et un magasin.*)

   ____

   ____

   ____

2. Make a list of adjectives to describe this place.
   (par exemple : *assez petit, intime, animé*)

   ____

   ____

   ____

3. Make a list of food items that are served.
   (par exemple : *du café, du thé, des boissons rafraîchissantes, des desserts*)

   ____

   ____

   ____

4. Explain what you think about this place.
   (par exemple : *J'aime bien le petit café Lynn's dans le centre-ville. Je vais souvent au café Lynn's pour parler avec mes amis. Ce n'est pas trop cher...*)

   ____

   ____

   ____

B. Les cafés américains : en écrivant. Write your description. Be sure to use the appropriate partitive articles with the food items you mention in your description.

MODÈLE *Lynn's est un petit café, mais ce n'est pas exactement comme un café en France ; par exemple, ils ne servent pas de boissons alcoolisés. C'est aussi un magasin : on vend du café, des choses pour préparer le café et des objets pour la cuisine. Il y a aussi une salle avec des tables. C'est joli et assez animé...*

C'est un peu comme un restaurant, mais ils ne servent pas beaucoup de choses. On peut prendre du café, du thé et...

J'aime beaucoup le café Lynn's. Mes amis et moi allons souvent chez Lynn's pour discuter et pour prendre un bon café pas trop cher...

____

____

____

____

____

____

____

Leçon 2 À table !

POINTS DE DÉPART

p. 156-157

05-19 Au restaurant. Match each meal with an appropriate order.

____ **1.** un petit-déjeuner simple
____ **2.** un petit-déjeuner copieux
____ **3.** un déjeuner rapide
____ **4.** un dîner d'anniversaire
____ **5.** un dîner simple

a. Je désire un sandwich, des frites et un coca.
b. Je prends des céréales et un fruit.
c. Je prends du poulet et un légume.
d. Nous prenons des œufs, du bacon, des tartines, du jus d'orange et du café.
e. Nous prenons du poisson, du riz, des asperges, du gâteau au chocolat et une bouteille de champagne.

05-20 À table ! Sofiane is describing typical meals and snacks in France. Listen to each of her statements and select the name of the meal or dish or drink she is describing.

1. ____
2. ____
3. ____
4. ____
5. ____
6. ____

a. un citron pressé
b. un croque-monsieur
c. le dessert
d. le goûter
e. une omelette
f. le petit-déjeuner

Nom : ______________________________ Date : ____________________

05-21 Le petit-déjeuner. Look at the provided clues to complete the following crossword puzzle on foods that can be eaten at breakfast.

Horizontalement

2. Ils sont souvent préparés en omelette.
5. C'est un produit laitier *(dairy product)*. On peut en prendre au petit-déjeuner, au goûter ou en dessert.
7. On en prend dans un bol, avec ou sans lait.
8. On en met sur les tartines avant la confiture.

Verticalement

1. Elle est faite avec des fruits et on en met sur les tartines.
3. C'est une tranche de pain grillé au Québec.
4. C'est un fruit rouge, jaune ou vert et on l'utilise pour faire des tartes.
6. C'est un fruit jaune et long.

05-22 Au menu. Christelle is organizing a Sunday luncheon. As she describes what she will be preparing for this special occasion, complete the menu with the missing items. Remember to include the appropriate article.

D'abord, je vais proposer un petit apéritif, un verre de vin blanc et des olives. En entrée, je vais préparer (1) ____________ et du jambon. En plat principal, je vais faire (2) ____________, (3) ____________________________ et (4) ____________________________. Et puis, pour le dessert, je vais proposer (5) ____________ ou (6) ____________. Et pour finir, un petit café pour tout le monde !

SONS ET LETTRES

Les voyelles /ø/ et /œ/

p. 159-160

05-23 Vous entendez ? Listen to the following statements and select the words in which you hear the sound /ø/ as in **bleu**.

1. Des œufs, du beurre et deux tartines.
2. C'est un acteur ambitieux mais très ennuyeux.
3. Mon neveu est assez sérieux, il a horreur des jeux.
4. Ma sœur a de nombreux CD mais pas de lecteur CD !
5. André Lafleur n'est pas paresseux; il est professeur.

05-24 Lequel ? Listen and indicate whether the sound you hear is like the /ø/ in **bleu**, or like the /œ/ in **leur** by selecting the appropriate symbol.

1. /ø/ /œ/
2. /ø/ /œ/
3. /ø/ /œ/
4. /ø/ /œ/
5. /ø/ /œ/
6. /ø/ /œ/

FORMES ET FONCTIONS

1. Les questions avec les pronoms interrogatifs : *qu'est-ce qui, qu'est-ce que, qui* et *quoi*

p. 160-161

05-25 La bonne réponse. Match the appropriate answer with each of the following questions.

____ 1. Qu'est-ce que tu fais cet après-midi ?
____ 2. Qui va préparer le pique-nique ?
____ 3. À qui est-ce que tu téléphones ?
____ 4. Qu'est-ce qu'on mange ce midi ?
____ 5. Avec qui est-ce que tu vas danser ce soir ?
____ 6. À quoi est-ce que tu joues ?

a. À ma mère.
b. Au scrabble.
c. Avec ma sœur.
d. Moi.
e. Pas grand-chose.
f. Un sandwich, des chips et une salade.

Nom : ______________________ Date : ______________________

05-26 Au restaurant. Claire is telling a vacation story to her friend Anne over the phone. Complete Anne's questions based on the responses that Claire gives.

MODÈLE *De quoi est-ce que* tu vas parler ?

Je vais parler d'une soirée dans un restaurant à Marseille.

1. ______________________ tu es allée au restaurant *Calypso* ?

   Je suis allée au restaurant *Calypso* avec ma sœur et une de ses amies.

2. ______________________ est végétarienne ?

   L'amie de ma sœur est végétarienne. Elle a commandé une soupe et des crudités.

3. ______________________ vous avez commandé ?

   Nous avons commandé du poisson, du riz et des haricots verts.

4. ______________________ tu as bu ?

   J'ai bu du vin rosé.

5. ______________________ tu as payé ?

   J'ai payé avec une carte de crédit.

6. ______________________ vous avez rencontré ?

   Nous avons rencontré nos voisins d'hôtel quand nous sommes sorties du restaurant.

05-27 Le serveur. Your friend works at a café. Listen to the questions he hears while working and select the appropriate answer for each one.

1. Nous avons [des sandwichs au jambon ; des frites].
2. Je parle [au serveur ; à ma femme].
3. Je vais demander [à ta sœur ; du vin rouge].
4. On parle [de nos devoirs ; de nos professeurs].
5. Je vais commander [une salade ; l'addition].
6. Nous allons prendre [du poulet ; un thé].

05-28 Comment ? Lola is talking with her friend Alex at the airport. Each time he tries to answer her questions, however, she misses his answer because it's so noisy. For each of the questions you hear, select the appropriate answer.

1. a. Nous avons fait du ski.
   b. Le sandwich est fait avec du poulet.
   c. Oui, il fait beau aujourd'hui.
2. a. Nous avons aussi fait du surf des neiges.
   b. J'ai mangé de la glace au chocolat.
   c. C'est Marie.
3. a. Je préfère prendre un petit-déjeuner copieux.
   b. Il joue dans un groupe.
   c. Nous allons au supermarché.
4. a. Au volley-ball.
   b. De la guitare.
   c. Du jogging.
5. a. L'addition.
   b. De la soupe.
   c. Des amis de l'hôtel.
6. a. Samira et Isabelle.
   b. De la pizza.
   c. Je n'aime pas les boissons alcoolisées.

2. Les verbes en -ir comme choisir

p. 163

05-29 Un ou plusieurs ? For each statement, select **1** if the subject of the sentence is one person or **1+** if it is more than one person.

1.	1	1+	4.	1	1+
2.	1	1+	5.	1	1+
3.	1	1+	6.	1	1+

Nom : ______________________________ Date : ____________________

05-30 Causes et effets. Select the appropriate verb to complete each of the following sentences.

1. Tu [grossis ; rougis] quand tu fais une faute devant la classe.
2. Je [finis ; réfléchis] toujours les devoirs avant d'aller en classe.
3. Nous [grossissons ; punissons] quand nous mangeons trop.
4. Les enfants [grandissent ; pâlissent] toujours trop vite pour leurs parents.
5. Vous [désobéissez ; réussissez] quand vous préparez bien les examens.
6. Elles [choisissent ; pâlissent] quand elles sont malades.

05-31 Devinettes. Complete each of the following sentences with a verb from the word bank.

choisir	~~grandir~~	grossir	maigrir	obéir	réfléchir	réussir

MODÈLE Vos enfants *grandissent* beaucoup. Ils mangent bien ?

1. De quoi tu as faim ? Nous ______________________ au dîner pour ce soir.
2. Si je mange trop de sucre, je ______________________.
3. Quand les enfants ______________________, les parents sont contents.
4. Vous ______________________ à commander au restaurant en anglais ?
5. Tu ______________________ parce que tu es stressée.
6. Vous avez le menu ? Qu'est-ce que vous ______________________ ?

05-32 Changements. Nora and her friend Edwige are discussing their children over lunch. Select the verb form that you hear in each of their sentences.

1. rougissent — rougissons
2. désobéis — désobéit
3. punissent — punissez
4. réfléchissons — réfléchissent
5. choisis — choisit
6. grandis — grandit

Écoutons

05-33 On fait les courses : avant d'écouter. Make a list of the items you bought on your last trip to the grocery store.

____

____

____

05-34 On fait les courses : en écoutant. Gérard is describing his trip to the grocery store to his housemate.

1. The first time you listen, select the products he purchased from the list below.

des asperges	des haricots verts
du bacon	du jambon
des bananes	du pain
du beurre	des pommes de terre
du fromage	du poulet

2. The second time you listen, select the products he specifically says he did *not* purchase from the list below.

du bacon	des poires
de la confiture	du poisson
des pains au chocolat	du riz
des pâtes	des yaourts

Nom : ______________________ Date : ______________

Écrivons

05-35 Un visiteur inquiet.

A. Un visiteur inquiet : avant d'écrire. Your French pen pal is coming to visit you but is worried about what there might be to eat on a college campus. You will write her an email giving details about what you ate and drank both yesterday and the day before in order to reassure her. Before writing your description, complete the following activities.

1. Make a list of the time and place you had each of your meals.

   (for example: *le petit-déjeuner : 7 h 30, dans ma chambre...*)

   ____

   ____

   ____

2. Explain what you ate and drank at each meal.

   (for example: *Pour le dîner : du poulet avec du riz et des haricots verts... et de l'eau*)

   ____

   ____

   ____

   ____

3. Write a few questions to learn more about your friend's eating habits.

   (for example: *Qu'est-ce que tu bois au petit-déjeuner ?*)

   ____

   ____

   ____

4. Finally, reassure your friend that he or she can eat well while on campus by listing other possibilities for each meal.

   (for example: *Pour le déjeuner : acheter des sandwichs...*)

   ____

   ____

B. Une visiteuse inquiète : en écrivant. Now, write your email, paying attention to the partitive articles.

MODÈLE *Chère Adeline,*

Hier, j'ai pris mon petit-déjeuner entre 8 h 00 et 9 h 00 à la cafétéria parce que mon premier cours est à 10 h 00. J'ai choisi... Avant-hier, ... Hier, j'ai mangé... au café Mulberry. Avant-hier, mes amis et moi avons commandé... dans un petit restaurant en ville...

Et toi, Adeline, quelles sont tes habitudes ? Qu'est-ce que tu bois au petit-déjeuner par exemple ?...

Ne t'inquiète pas, tu peux (you can) *aussi acheter des sandwichs pour le déjeuner, ...*

Amitiés, Chelsea

____

____

____

____

____

____

____

Leçon 3 Faisons des courses

POINTS DE DÉPART

p. 166

05-36 Les courses à faire. Select the supermarket aisles in which the following persons will find their products.

1. Sarah va acheter un gâteau d'anniversaire. Elle va au rayon [boucherie ; pâtisserie].
2. Alexandre va manger des crevettes ce soir. Il va au rayon [poissonnerie ; charcuterie].
3. Laure va préparer des glaces en dessert. Elle va au rayon [boulangerie ; surgelés].
4. Francine aime manger des croissants le dimanche. Elle va au rayon [boulangerie ; fruits et légumes].
5. Mme Colin va servir un rôti à ses invités ce soir. Elle va au rayon [boulangerie ; boucherie].
6. David adore le jambon et le pâté. Il va au rayon [fruits et légumes ; charcuterie].

Nom : ______________________________ Date : ____________________

05-37 Qu'est-ce qu'on mange ? Anne-Marie is quizzing her younger brother about what he has learned in health class. Listen to the foods she mentions and select the category to which they belong.

1. a. les fruits
   b. les épices
   c. le poisson
2. a. la viande
   b. les condiments
   c. les fruits
3. a. le pain
   b. la viande
   c. la charcuterie
4. a. les condiments
   b. les légumes
   c. les boissons
5. a. le poisson
   b. les légumes
   c. la viande
6. a. les fruits
   b. les boissons
   c. le pain

05-38 Les courses. Benjamin is thinking about what he needs at the grocery store. Help him get organized by writing each item you hear in the chart below. Be sure to include the article you hear with each item. Fill in the remaining empty cells with an "X."

BOUCHERIE-CHARCUTERIE	BOULANGERIE-PÂTISSERIE	FRUITS ET LÉGUMES	POISSONNERIE
1.			
2.			
3.			
4.			
5.			
6.			
7.			
8.			

05-39 Les préférences. Select three categories from the list and indicate what you like and what you do not like to eat in each category.

les desserts	les fruits	les légumes	le poisson	la viande

MODÈLE les boissons chaudes : *J'aime prendre du café le matin, mais je ne prends pas de sucre. Je n'aime pas boire de thé. Quelquefois, je prends du chocolat chaud.*

____

____

____

____

____

____

FORMES ET FONCTIONS

1. Les expressions de quantité

p. 169

05-40 Ce n'est pas logique ! Nora is writing down a few cooking tips, but she is not quite sure about the quantities needed. Select the most logical quantity for each item from her list.

1. Pour faire des spaghettis, on a besoin d' [une douzaine de ; un paquet de] pâtes.
2. Il faut aussi [une assiette de ; un pot de] sauce tomate.
3. Pour faire une tarte, il faut [un demi-kilo de ; un morceau de] pommes.
4. Pour faire de la vinaigrette, on a besoin d' [un peu de ; un litre de] moutarde.
5. Pour faire une quiche, on a besoin d' [un demi-litre de ; une cuillère de] lait.
6. Pour faire une soupe de légumes, il faut [un kilo de ; une tranche de] légumes.

05-41 Allons au marché ! Mireille is at the market. Write down the quantity of each product that she buys.

MODÈLE You hear: Donnez-moi un kilo de pêches, s'il vous plaît.
You write: *un kilo de* pêches.

1. ____________________ riz
2. ____________________ pâté de campagne
3. ____________________ vin rouge
4. ____________________ moutarde
5. ____________________ fromage
6. ____________________ thon

05-42 Les quantités. Listen to a list of foods Monica intends to buy. Select all the expressions of quantity that could be used to describe her purchases.

1. a. un demi-kilo de b. une carafe de c. une douzaine de
2. a. un bol de b. un paquet de c. une tranche de
3. a. un morceau de b. un litre de c. une bouteille de
4. a. une tranche de b. un morceau de c. un verre de
5. a. 500 grammes b. deux douzaines de c. un pot de
6. a. une boîte de b. un litre de c. un kilo de

Nom : ______________________ Date : ______________

05-43 La soupe. Select the necessary quantity for each ingredient to prepare a soup for four persons.

____ 1. deux litres	a. de bacon
____ 2. un paquet	b. de beurre
____ 3. une boîte	c. de carottes
____ 4. une demi-douzaine	d. d'eau
____ 5. quatre tranches	e. de haricots verts
____ 6. un morceau	f. de pâtes

2. Le pronom partitif *en*

p. 171

05-44 Je vous en donne combien ? Agathe is playing with her father, pretending to be a salesperson at a grocery store. Listen to their exchanges and select the most appropriate reply for each question.

1. a. — Oui, s'il vous plaît.
   b. — Non, j'en voudrais un litre.
2. a. — Oui, s'il vous plaît.
   b. — Non, j'en voudrais une douzaine.
3. a. — Oui, s'il vous plaît.
   b. — Non, j'en voudrais un pot.
4. a. — Oui, s'il vous plaît.
   b. — Non, j'en voudrais une bouteille.
5. a. — Oui, s'il vous plaît.
   b. — Non, j'en voudrais un paquet.
6. a. — Oui, s'il vous plaît.
   b. — Non, j'en voudrais trois tranches.

05-45 Les réserves. Laurence is checking her pantry and her fridge before going to the store. Select the appropriate food item that corresponds to each of the following statements.

____ 1. J'en ai une boîte.	a. des biscuits
____ 2. J'en ai un paquet.	b. de la confiture
____ 3. J'en ai quatre tranches.	c. des concombres
____ 4. J'en ai deux.	d. de l'huile
____ 5. J'en ai une bouteille.	e. du jambon
____ 6. J'en ai un pot.	f. des sardines

05-46 Une bonne pizza. To celebrate her best friend's birthday, Morgane is organizing a pizza party. She is at the grocery store shopping. For each of the following ingredients, indicate the quantity she is purchasing now at the grocery store, what she already purchased, and what she is going to purchase tomorrow at the market. Use the partitive pronoun **en** as shown in the examples.

MODÈLES

du coca ?	Elle _en achète_ 2 litres.
de la mozzarella ?	Elle _en a_ déjà _acheté_ 500 grammes.
des tomates ?	Elle va _en acheter_ un kilo demain.

1. du fromage râpé (*grated*) ? Elle ________________ déjà ________________ deux paquets.
2. des champignons ? Elle va ________________ 700 grammes demain.
3. de l'Orangina ? Elle ________________ un litre.
4. des olives ? Elle ________________ un pot.
5. du jambon ? Elle ________________ déjà ________________ dix tranches.
6. des oignons ? Elle va ________________ trois demain.
7. de l'eau minérale ? Elle ________________ une bouteille.

au supermarché :

2 l. de coca
1 l. d'Orangina
1 bouteille d'eau minérale
1 pot d'olives

au marché demain matin :

700 g. de champignons
3 oignons
1 kilo de tomates

acheté déjà :

✓ 10 tranches de jambon
✓ 2 paquets de fromage râpé
✓ 500 g. de mozzarella

05-47 C'est logique ? Listen to the following statements and select **logique** when the statement you hear is logical and **illogique** if it is illogical.

1. logique	illogique	4. logique	illogique
2. logique	illogique	5. logique	illogique
3. logique	illogique	6. logique	illogique

Écoutons

05-48 Lise fait ses courses : avant d'écouter. Lise is preparing a birthday dinner for her sister. Listen to her conversations as she does her shopping. Before you begin, imagine what the dinner will be like. Make a list in French of the food items you think Lise may buy and group them according to the aisles or counters where she would find them.

____

____

____

Nom : ______________________ **Date :** ______________

05-49 Lise fait ses courses : en écoutant.

1. The first time you listen, number the list below to indicate the order in which Lise visits each aisle of the supermarket. If she does not visit a certain aisle, place an "X" in the space.

 a. __________ la boucherie
 b. __________ la boulangerie-pâtisserie
 c. __________ la charcuterie
 d. __________ la poissonnerie
 e. __________ les surgelés

2. Did you notice Lise forgot a few products while at the supermarket? Listen a second time and list the three items she forgot, including their quantities, in the order you hear them.

 a. ______________________________
 b. ______________________________
 c. ______________________________

Écrivons

05-50 Un/e colocataire. Imagine that you have moved into a new apartment and you are looking for a roommate who has the same tastes and eating habits as you. Give a precise description of your diet so you can find someone who is a good match.

A. Un/e colocataire : avant d'écrire. Before writing your description, complete the following activities.

1. Make a list of food and drinks you usually have at meal times and between meals.

 (for example: *du café noir, du pain, du beurre...*)

 ____
 ____
 ____

2. Write how much you usually have of the items mentioned above.

 (for example: *un bol de café, deux tranches de pain, beaucoup de beurre...*)

 ____
 ____
 ____

3. Give the times of day when you usually have your meals and snacks.

(for example: *au petit-déjeuner, vers 7 h 30...*)

____

____

____

4. Make a list of food and drinks that you like and that you do not like.

(for example: *J'adore la pizza, le chocolat, les pêches, le bon café... Je déteste le poisson, le jambon, les épinards...*)

____

____

____

B. Un/e colocataire : en écrivant. Write your description incorporating the elements you mentioned above. Make sure to use the definite articles (**le**, **la**, **l'**, **les**) when discussing food preferences and the partitive articles (**du**, **de la**, **d'**) when you describe your eating habits.

MODÈLE *J'aime beaucoup manger ! Je prends trois repas par jour et plusieurs casse-croûtes. J'aime bien le chocolat et le bon café. J'adore les pêches et les fraises. D'habitude je prends le petit-déjeuner vers 7 h 30 du matin. Je prends un bol de café noir, deux tranches de pain et du beurre. J'aime bien le beurre...*

____

____

____

____

____

____

____

Nom : ______________________________ Date : ____________________

Lisons

05-51 Le repas en diligence : avant de lire. This passage is from *Boule de suif*, a short story by Guy de Maupassant, a famous nineteenth-century writer. The story is set in 1870, when France was occupied by the Prussians; it focuses on a group of people traveling by coach to flee the city of Rouen. This excerpt describes the food that Boule de suif, the main character, has brought with her and generously shares with her fellow passengers. Boule de suif is a nickname that means a "ball of lard"; it was given to the main character due to her physical appearance and her fondness for food. Before you read the text, make a list, in French, of the types of food that Boule de suif might have packed for a trip that would last several days.

____

____

05-52 Le repas en diligence : en lisant. As you read, note that you will see several verbs in the literary past tense such as **retira**, **sortit**, **prit**, **se mit**, **fut**. These are past-tense forms of the verbs **retirer** (*to remove*), **sortir**, **prendre**, **se mettre**, and **être**. The other past tense used in this descriptive passage is the **imparfait**, which you will study in Chapitre 6. Pay particular attention to the vocabulary items and select the appropriate response to each of the following questions. More than one answer may be correct for some questions.

1. At what time does Boule de suif begin to eat?
   - a. at noon
   - b. at 3:00
   - c. at 6:00
2. According to the second paragraph, how long did Boule de suif expect the trip to last?
   - a. several hours
   - b. two days
   - c. three days
3. What kinds of meat products are in Boule de suif's basket?
   - a. chicken
   - b. ham
   - c. pâtés
   - d. smoked meat
   - e. veal
   - f. beef
4. Select the other types of food are in Boule de suif's basket:
   - a. apples
   - b. beverages
   - c. pickled onions
   - d. bread
   - e. chocolate
   - f. cheese
   - g. pears

BOULE DE SUIF

Enfin, à trois heures, Boule de suif retira de sous la banquette un large panier (*basket*) couvert d'une serviette blanche.

Elle en sortit d'abord une petite assiette de faïence (*porcelain*), puis une vaste terrine (*earthenware bowl*) dans laquelle [il y avait] deux poulets entiers, tout découpés, et l'on apercevait (*noticed*) encore dans le panier d'autres bonnes choses enveloppées, des pâtés, des fruits, des friandises (*bonbons*), les provisions préparées pour un voyage de trois jours, afin de ne point (*pas*) toucher à la cuisine des auberges (*inns*). Quatre bouteilles passaient entre les paquets de nourriture. Elle prit une aile (*wing*) de poulet et, délicatement, se mit à la manger avec un de ces petits pains qu'on appelle « Régence » en Normandie. [...] Le panier fut vidé (*emptied*). Il contenait encore un pâté de foie gras (*delicacy pâté*), un pâté de mauviettes (*made from small birds*), un morceau de langue fumée (*smoked tongue*) des poires de Crassane, un pavé de pont-l'évêque (*a brick of cheese*), des petits fours (*petits gâteaux*) et une tasse pleine de cornichons (*pickles*) et d'oignons au vinaigre : Boule de suif, comme toutes les femmes, adorant les crudités.

5. According to the text, what type of food do all women like?

   a. roasted chicken
   b. candies and sweets
   c. fruits
   d. raw vegetables

05-53 Le repas en diligence : après avoir lu. Now that you've read the passage, answer the following question. If you were planning a road trip and wanted to avoid eating in restaurants, what would you bring to eat? Make a list, in French, of the items you would bring.

____

____

____

05-54 Traditions gastronomiques. This montage will make your mouth water as you view regional specialties. Select the dishes that you see in the montage.

__________ le couscous
__________ les crêpes
__________ la fondue
__________ le lapin provençal
__________ les pâtisseries
__________ la paella
__________ la ratatouille
__________ la sauce béchamel

05-55 Pour faire une vinaigrette. Before demonstrating her recipe for vinaigrette, Pauline shows us her kitchen.

1. What words in French does she use to describe her kitchen? Which two words are synonyms?

   ____

2. Pauline explains why she likes to make her own vinaigrette; what are her reasons?

   a. ____
   b. ____
   c. ____

3. Make a list of the utensils and the ingredients she uses as she prepares the recipe.

   a. Les ustensiles : ____
   b. Les ingrédients : ____

4. Pauline makes a face as she tries out her vinaigrette—why? What does she decide to do as a result?

   ____

Nom : ______________________ Date : ______________

Observons

p. 165

05-56 Voici les spécialités de chez nous : avant de regarder. You may already have completed the **Observons** activity in the Lesson 2 of this chapter in the textbook. If not, you will find it helpful to go back and complete that activity before moving on to the questions below. In this activity, we will focus on the clip in which Fadoua explains the preparation of a traditional Moroccan dish, **le couscous**. What is couscous? What types of ingredients can be used in this dish? If you need to, look for this information on the Internet or in a cookbook.

____

____

05-57 Voici les spécialités de chez nous : en regardant. As you listen to Fadoua's description, answer the questions below. Match the various utensils and serving pieces she uses with their English equivalent.

____ **1.** un couscoussier

____ **2.** une marmite

____ **3.** un plat

____ **4.** un bol

____ **5.** une assiette

a. a bowl

b. a dish

c. a large pot and steamer to make couscous in

d. a plate

e. a pot

05-58 Voici les spécialités de chez nous : après avoir regardé. Fadoua names many different ingredients that can be used in a couscous; what ingredients would you most like to include if you were to prepare and enjoy this dish? Are there any you would leave out? Does this dish remind you of any North American regional specialty with which you are familiar?

____

____

____

____

Nom : ______________________ Date : ______________

Nous sommes chez nous

Leçon 1 La vie en ville

POINTS DE DÉPART

p. 177-178

06-01 Chez nous. Indicate in which part of a house people typically do the following activities. Be sure to include the appropriate definite article.

MODÈLE regarder la télé *le séjour*

1. préparer le dîner ______________________
2. garer la voiture ______________________
3. dormir ______________________
4. dîner ______________________
5. se laver les cheveux ______________________
6. faire un barbecue ______________________

06-02 Une grande maison. Madeleine is showing her new house to her friends. Listen to each of her statements and select the room or place she is probably describing.

1. a. la cuisine
   b. la salle à manger
2. a. la chambre
   b. la salle de bains
3. a. la salle de séjour
   b. la salle à manger
4. a. la salle de séjour
   b. la cuisine
5. a. le garage
   b. la chambre
6. a. la terrasse
   b. les toilettes

06-03 Jeux de mots. Use the definitions given to complete the following crossword puzzle.

Horizontalement

2. Cette personne loue des appartements à d'autres personnes.
4. C'est un appartement d'une seule pièce.
6. Quand il n'y a pas d'ascenseur, on doit prendre les...
8. Cette personne paie un loyer au propriétaire pour son appartement ou sa maison.

Verticalement

1. On peut avoir quelques plantes à cet endroit quand on habite dans un appartement.
3. En général, le treizième n'existe pas dans les bâtiments américains.
5. Cette personne habite à côté de chez vous.
7. Un quartier peut être tranquille ou au contraire...

06-04 À quel étage ? Léo works as a concierge in a large apartment building. Listen as he provides information to visitors about where the residents live. Complete the chart below by writing the correct floor and apartment number next to the name of each resident.

	NOM	ÉTAGE	APPARTEMENT
MODÈLE :	M. et Mme Philippou	*cinquième*	*508*
1.	Docteur Mevégand		
2.	Mlle Thomas		
3.	M. Camus		
4.	Mme Truong		
5.	Professeur Garcia		
6.	M. et Mme Sarr		

06-05 Les petites annonces. Mélèdge, an African student living in Angers, is looking for a new place to live. Listen to the message a friend has left on his voice mail about two different apartments that are available. For each apartment, select the information you hear.

Appartement 1 :

1. Type d'appartement : [un studio en centre-ville ; un studio dans un quartier résidentiel]
2. Description de pièces : [une grande cuisine, une petite salle de bains et deux chambres ; une petite cuisine, une assez grande salle de bains et une chambre]
3. Étage : [sixième ; huitième]
4. Loyer : [420 euros par mois ; 480 euros par mois]
5. Autre information : [il n'y a pas de balcon ; il n'y a pas d'ascenseur]

Appartement 2 :

6. Type d'appartement : [un cinq-pièces dans un quartier résidentiel ; un trois-pièces dans un quartier animé]
7. Description de pièces : [deux chambres, un séjour et deux salles de bains ; trois chambres, un séjour et une salle à manger]
8. Étage : [cinquième ; septième]
9. Loyer : [800 euros par mois ; 900 euros par mois]
10. Autre information : [C'est un nouvel immeuble avec ascenseur; C'est un vieil immeuble avec ascenseur]

FORMES ET FONCTIONS

1. Les nombres à partir de mille

p. 180-181

06-06 Le code postal. Before leaving on her summer vacation, Christiane double-checks her friends' addresses. Select the postal code that you hear in each address.

1. 81600 81500
2. 85710 95710
3. 34230 34330
4. 62180 72180
5. 46090 48090
6. 61540 71540

06-07 Faisons les comptes. Antoine is a real estate agent. Listen as he lists his monthly commissions and write down the numbers that you hear. Be sure to use a space where you would normally put a comma in English.

MODÈLE You hear: Pour janvier, ça fait 1 600 euros.
You write: janvier : _1 600_ euros

1. février : ____________ euros
2. mars : ____________ euros
3. avril : ____________ euros
4. mai : ____________ euros
5. juin : ____________ euros
6. juillet : ____________ euros

06-08 Question d'habitudes. Match each of the following dates with their written equivalent.

____ 1. 1968
____ 2. 1994
____ 3. 1986
____ 4. 1978
____ 5. 1996
____ 6. 1984

a. dix-neuf-cent-quatre-vingt-seize
b. dix-neuf-cent-quatre-vingt-quatre
c. dix-neuf-cent-soixante-huit
d. mille-neuf-cent-quatre-vingt-six
e. mille-neuf-cent-quatre-vingt-quatorze
f. mille-neuf-cent-soixante-dix-huit

06-09 Les montants. Renting or buying a house can be expensive. Practice writing out checks in euros for the following amounts.

MODÈLE 2 750 € : Payez contre ce chèque _deux-mille-sept-cent-cinquante euros_
somme en toutes lettres

1. 8 201 € : Payez contre ce chèque ____________________ euros
somme en toutes lettres
2. 23 586 € : Payez contre ce chèque ____________________ euros
somme en toutes lettres
3. 530 254 € : Payez contre ce chèque ____________________ euros
somme en toutes lettres
4. 740 890 € : Payez contre ce chèque ____________________ euros
somme en toutes lettres
5. 1 660 258 € : Payez contre ce chèque ____________________ euros
somme en toutes lettres

Nom : ______________________________ Date : ____________________

2. Les pronoms compléments d'objet direct : *le, la, l', les*

p. 182-183

06-10 Comment tu trouves l'appartement ? Pauline visits her friend Aurélie's new apartment. Aurélie asks Pauline for her reactions. Complete Pauline's responses with the appropriate direct-object pronoun.

MODÈLE — Comment tu trouves mon appartement ? C'est super, non ?

— Oui, je *le* trouve super.

1. — Et voici la cuisine. Elle est belle, hein ?

   — Oui, je ____ trouve belle.

2. — Et par ici, ce sont les chambres. Elles sont un peu petites, non ?

   — Oui, je ____ trouve un peu petites.

3. — Voilà la terrasse. Elle est grande, hein ?

   — Oui, je ____ trouve grande.

4. — Comment tu trouves l'immeuble ? Il est bien situé, non ?

   — Oui, je ____ trouve bien situé.

5. — Et regarde ces toilettes. Bien pratiques, non ?

   — Oui, je ____ trouve bien pratiques.

6. — Et pour finir, voici la salle de bains. Elle est moderne, hein ?

   — Oui, je ____ trouve moderne.

06-11 Une vie organisée. Match each of the following questions with the appropriate answer.

____ 1. Les livres ?
____ 2. Les examens ?
____ 3. Mon colocataire ?
____ 4. Mes profs ?
____ 5. Ma copine ?
____ 6. Le cours de musique ?
____ 7. Mes parents ?

a. Je l'aime beaucoup; j'apprends à jouer de la guitare.
b. Je l'ai vue hier.
c. Je le trouve amusant.
d. Je les appelle toujours le week-end.
e. Je les mets dans mon sac ou sur mon bureau.
f. Je les trouve assez sympas en cours.
g. Je les trouve difficiles.

06-12 Répliques. You are in the lobby of your apartment building when you overhear people talking. Select the most appropriate reply to each of the comments that you hear. Pay attention to the gender and number of the object and its pronoun.

1. a. Non, je ne l'attends pas.
   b. Non, je ne les attends pas.
2. a. Je l'ai dans mon sac.
   b. Je ne les ai pas.
3. a. Je vais la rendre au voisin.
   b. Je vais le rendre au voisin.
4. a. Mais je ne la regarde pas !
   b. Mais je ne les regarde pas !
5. a. Elle les a garées au coin.
   b. Elle l'a garée au coin.
6. a. Oui, ils vont les acheter.
   b. Oui, ils vont l'acheter.

06-13 Chacun son goût. Buying a new home is stressful, and Patrick and his wife, Élise, do not seem to agree about anything. For each statement, complete each response using the appropriate object pronoun to avoid repetition.

MODÈLE You hear: J'aime bien le deux-pièces de la rue Kléber.
You write: Eh bien moi, je _le_ déteste.

1. Eh bien moi, je _____________ aime bien.
2. Eh bien moi, je _____________ déteste.
3. Eh bien moi, je _____________ déteste.
4. Eh bien moi, je _____________ aime bien.
5. Eh bien moi, je _____________ aime beaucoup.

Écoutons

06-14 L'agent immobilier : avant d'écouter. Laure is looking for a new place to live, and a real estate agent is presenting several possibilities to her. Before you listen, select some of the vocabulary you expect to hear in the description.

un étage, un appartement, du dentifrice, les soldes, animé, une salle de classe, un quartier, égoïste, le loyer

06-15 L'agent immobilier: en écoutant. As you listen, select the relevant information for each place you hear about.

A. C'est un (1) [appartement ; studio] au (2) [16e étage ; 6e étage] (3) [à l'extérieur de la ville ; en centre-ville]. Il y a (4) [un balcon ; une terrasse]. Le loyer est de (5) [750 euros sans les charges ; 850 euros avec les charges].

B. C'est un (6) [appartement ; studio] au (7) [sous-sol ; rez-de-chaussée] (8) [dans un quartier résidentiel ; en centre-ville] mais c'est une rue assez (9) [animée ; tranquille]. Le loyer est de 600 euros (10) [avec les charges ; sans les charges].

C. C'est un (11) [appartement ; studio] au (12) [10e étage ; 12e étage] (13) [dans un quartier résidentiel ; en centre-ville]. Il y a (14) [un jardin ; un ascenseur]. Le loyer est de (15) [650 euros sans les charges ; 850 euros avec les charges].

Nom : ______________________ Date : ______________

Écrivons

06-16 La maison de vacances.

A. La maison de vacances : avant d'écrire. Imagine you are on vacation at the beach with your friends or family. You will write an e-mail to a friend, describing the house or the apartment you are renting. To begin, complete the following activities.

1. Make a list of adjectives to describe the house or the apartment.

   (for example, *grande / grand, nouvelle / nouvel, moderne...*)

   ____

   ____

2. Add other significant characteristics.

   (for example, *beaucoup de fenêtres, 2 étages, un grand jardin...*)

   ____

   ____

3. Make a list of the rooms.

   (for example, *une grande cuisine, 4 chambres, une terrasse*)

   ____

   ____

B. La maison de vacances : en écrivant. Write your e-mail in a paragraph of five or six sentences. Make sure that the adjectives agree with the nouns and that the verbs agree with their subjects.

MODÈLE *Chers Donna et Sean,*

La maison que nous louons est très grande avec deux étages et beaucoup de fenêtres. C'est une nouvelle maison, très moderne. Il y a une grande cuisine et quatre chambres. Quand est-ce que vous allez passer un week-end avec nous ?...

Amitiés, Paul

____

____

____

____

____

____

____

____

____

Leçon 2 Je suis chez moi

POINTS DE DÉPART

p. 186

06-17 Un studio. Fabienne is looking for a furnished apartment. She has located a sketch of a potential studio online and has called the agent to ask a few questions. Pretend that you are the agent and answer **oui** or **non** to Fabienne's questions based on the sketch of the studio below.

1. oui non
2. oui non
3. oui non
4. oui non
5. oui non
6. oui non

06-18 Ce qu'il y a chez moi. Write what you have or do not have at home.

MODÈLE un réfrigérateur ? *Oui, il y a un* réfrigérateur chez moi.

OU *Non, il n'y a pas de* réfrigérateur chez moi.

1. un grand lit ? ______________________ grand lit chez moi.
2. un beau tapis ? ______________________ beau tapis chez moi.
3. une armoire ? ______________________ armoire chez moi.
4. des placards ? ______________________ placards chez moi.
5. des rideaux ? ______________________ rideaux chez moi.
6. un grand fauteuil ? ______________________ grand fauteuil chez moi.
7. un coin cuisine ? ______________________ un coin cuisine chez moi.

Nom : ______________________ Date : ______________________

06-19 Chez Vanessa. Vanessa has found a place to live. Complete her description logically.

1. [Le loyer ; L'évier] n'est pas cher ; il coûte seulement 450 euros par mois.
2. Le studio est [chic ; meublé] ; c'est pratique parce que je n'ai pas de meubles.
3. Les meubles sont un peu [abîmés ; neufs] parce qu'ils sont vieux.
4. [Le four ; Le lit] est très confortable ; c'est bien parce que j'adore dormir !
5. Je vais mettre des nouveaux [rideaux ; placards] à la fenêtre.
6. Je peux ranger mes vêtements dans cette belle [armoire ; vaisselle] ancienne.
7. J'adore mon studio, il n'est pas petit ; en réalité, il est assez [rénové ; spacieux].
8. Je vais juste mettre un tapis [par terre ; sur le toit].

06-20 Une mauvaise ligne. Salima is describing her new apartment to her father over the phone, but her sentences sound incomplete because of a bad connection. Listen to and complete her sentences by selecting the most logical possibilities from the choices below.

1. a. meublé
   b. agréable
2. a. bien équipée
   b. vieille
3. a. confortable
   b. neuf
4. a. petite
   b. spacieuse
5. a. grande
   b. chère
6. a. rénové
   b. confortable

FORMES ET FONCTIONS

1. Les pronoms compléments d'objet indirect *lui* et *leur*

p. 189-190

06-21 Vos habitudes au téléphone. Imagine you are responding to a survey conducted by France-Télécom to determine your phone habits. Complete each sentence with the correct indirect-object pronoun.

MODÈLE Ma mère ? Oui, je lui téléphone tous les jours.

1. Mes grands-parents ? Je vais ______________ téléphoner le week-end.
2. Ma sœur ? Je ______________ téléphone le samedi.
3. Mes amis ? Je ______________ téléphone souvent.
4. Mon cousin ? Je ______________ ai téléphoné avant-hier.
5. Mon meilleur ami ? Je vais ______________ téléphoner tous les deux jours.

06-22 La crémaillère.
Christelle and Gérard are giving a housewarming party (**pendre la crémaillère**). Listen to the conversations among their guests, and select **logique** if the second statement is a logical response to the first and **illogique** if it is illogical. Pay particular attention to the choice of indirect-object pronouns in the responses.

1. logique illogique
2. logique illogique
3. logique illogique
4. logique illogique
5. logique illogique
6. logique illogique

06-23 Des questions personnelles.
Answer each of the following questions. Be sure to use an indirect-object pronoun in your answer and pay attention to the place of the pronoun.

MODÈLE Est-ce que vous demandez de l'argent à vos parents pour votre loyer ?

Oui, je leur demande de l'argent pour mon loyer.

OU *Non, je ne leur demande pas d'argent pour mon loyer.*

1. Est-ce que vous parlez souvent à vos voisins ?

____

2. Est-ce que vous aimez offrir des cadeaux à votre colocataire ?

____

3. Est-ce que vous prêtez de la vaisselle à vos voisins ?

____

4. Est-ce que vous empruntez des vêtements à votre colocataire ?

____

5. Est-ce que vous téléphonez souvent à votre propriétaire ?

____

06-24 Recommandations.
Your mother is concerned because you are about to move into your first apartment. Reassure her by answering her questions affirmatively, using indirect-object pronouns.

MODÈLE You hear: Tu as parlé au propriétaire ?

You choose: Mais oui Maman, je [*lui ai parlé* ; leur ai parlé]

1. Mais oui Maman, je [lui ai donné ; leur ai donné] ma nouvelle adresse.
2. Mais oui Maman, je [lui ai téléphoné ; leur ai téléphoné].
3. Mais oui Maman, je [lui ai remis ; leur ai remis] le loyer.
4. Mais oui Maman, je [lui ai rendu visite ; leur ai rendu visite].
5. Mais oui Maman, je [lui ai demandé ; leur ai demandé] de m'aider.
6. Mais oui Maman, je [lui ai apporté ; leur ai apporté] un double des clés (*keys*).

Nom : ____________________ Date : ____________________

2. Les pronoms complément d'objet *me, te, nous, vous*

p. 191-192

06-25 Logique ou illogique ?. Charlotte and her dad are having a conversation about her new apartment. After listening to each exchange, select **logique** if the second statement is a logical response to the first, and **illogique** if it is an illogical response.

1. logique illogique
2. logique illogique
3. logique illogique
4. logique illogique
5. logique illogique
6. logique illogique

06-26 Souvenirs de vacances. Your friend Aurélie is back from vacation. What did she bring home as souvenirs for her friends? Select the appropriate indirect-object pronoun to complete the following sentences.

1. Pour moi ? Elle [m' ; nous] a apporté un beau livre.
2. Pour Jean et toi ? Elle [m' ; vous] a apporté des cartes postales.
3. Pour toi ? Elle [nous ; t'] a donné un bracelet.
4. Pour Éric et moi ? Elle [m' ; nous] a offert des chocolats.
5. Pour sa colocataire et toi ? Elle [t' ; vous] a offert des affiches.
6. Pour moi ? Elle [m' ; t'] a donné un joli calendrier.

06-27 La générosité. You have a generous roommate. Complete the following sentences with an indirect-object pronoun: **me, te, nous, vous, lui,** or **leur.**

MODÈLE À Marc et moi ? Il *nous* prête ses pulls.

1. À toi ? Il ____________ prête sa voiture.
2. À ses camarades de classe ? Il ____________ prête ses livres.
3. À son meilleur ami ? Il ____________ prête de l'argent.
4. À Jennifer et toi ? Il ____________ prête des CD.
5. À moi ? Il ____________ prête sa raquette de tennis.
6. À Denis et moi ? Il ____________ prête ses gants.

06-28 Entente cordiale. The family has gathered at Christian's new house and he is on his best behavior. Select the appropriate answer to each of their questions.

1. a. Bien sûr, je te montre le séjour.
   b. Bien sûr, je vous montre le séjour.
2. a. Bien sûr, je te prête mon CD.
   b. Bien sûr, je leur prête mon CD.
3. a. Bien sûr, je vous offre du champagne ce soir.
   b. Bien sûr, je t'offre du champagne ce soir.
4. a. Bien sûr, je l'invite au restaurant ce week-end.
   b. Bien sûr, je vous invite au restaurant ce week-end.
5. a. Bien sûr, je t'apporte la vaisselle à ranger.
   b. Bien sûr, je vous apporte la vaisselle à ranger.
6. a. Bien sûr, je vais leur préparer un gâteau.
   b. Bien sûr, je vais vous préparer un gâteau.

Écoutons

06-29 Un nouveau logement : avant d'écouter. What kind of home would you like to live in? Indicate below the types of features you would look for in a home.

1. Type of dwelling: ______________________________
2. Location: ______________________________
3. Rooms: ______________________________
4. Furnishings: ______________________________

06-30 Un nouveau logement : en écoutant. Pierre and Denise Gagné have moved recently. Listen as Denise describes their new home and select all the appropriate descriptions of their new home.

1. *Type of dwelling:*	un appartement	une maison	un studio
2. *Location:*	dans un quartier animé	en centre-ville	près du campus
3. *Living space:*	trois-pièces : un séjour, une salle à manger et une chambre		
	trois-pièces : un séjour et deux chambres		
	quatre-pièces : un séjour et trois chambres		
	quatre-pièces : un séjour, une salle à manger et deux chambres		
4. *Features and furniture:*	une baignoire	une douche	des W.-C.
	beaucoup de placards	peu de placards	
	un petit canapé	deux gros fauteuils	
	une table	quatre chaises	six chaises
	deux lits	trois lits	une armoire
5. *Advantages:*	une salle de bains moderne	une chambre d'amis	
6. *Disadvantages:*	pas d'ascenseur	des voisins ennuyeux	une vieille cuisine

Nom : ______________________ Date : ______________

Écrivons

06-31 Une nouvelle résidence.

A. Une nouvelle résidence : avant d'écrire. Imagine that you inherit some money from a great-aunt. You can finally purchase the house of your dreams. You will write a letter to a real estate agency, explaining what you are looking for. To begin, complete the following activities.

1. Indicate where you would like to find a house.
(for example: *dans un quartier résidentiel*)

____

____

2. Indicate the size of the house you would like.
(for example: *assez grande, avec 3 chambres...*)

____

____

3. Make a list of characteristics you are looking for in a house.
(for example: *une grande cuisine bien équipée...*)

____

____

4. Make a list of three or four activities that you will do in your house.
(for example: *faire la cuisine, faire du jardinage tous les jours...*)

____

____

B. Une nouvelle résidence : en écrivant. Write your letter to the real estate agent, making sure to use appropriate opening and closing statements for a letter.

MODÈLE *Madame/Monsieur,*

Je cherche une maison dans un quartier résidentiel parce que j'aime faire du jogging et de la natation. Je voudrais une maison avec un jardin et...

J'aime bien faire la cuisine, donc une grande cuisine bien équipée est essentielle...

En attendant votre réponse, je vous adresse mes salutations les meilleures.

Mademoiselle Dumont

____

____

____

____

____

____

____

Leçon 3 La vie à la campagne

POINTS DE DÉPART

p. 195

06-32 Préférences. Karine and Olivier have different perspectives about life in the country as opposed to life in the city. Listen to each of their statements, and select **campagne** if the statement describes life in the country or **ville** if it describes city life.

1. campagne ville
2. campagne ville
3. campagne ville
4. campagne ville
5. campagne ville
6. campagne ville

06-33 On aime la nature. Indicate where these people go on vacation according to their tastes.

1. Anaïs aime faire de l'alpinisme. Elle va [dans un bois ; à la montagne].
2. Vous adorez aller à la pêche. Vous allez au bord [d'une rivière ; d'une vallée].
3. Tu aimes bien te promener entre les arbres et les sapins. Tu vas dans [un champ ; une forêt].
4. Paul est sportif ; il aime les randonnées. Il va [dans un potager ; sur les collines].
5. On veut faire du canoë. On va [au lac ; au jardin].
6. Ma grand-mère plante des carottes et des tomates. Elle est dans [son bois ; son potager].

06-34 Tout près de la nature. Write the name of the geographical feature that corresponds to each description you hear.

un bois	un champ	une colline	un fleuve	un lac	une vallée

1. ______________
2. ______________
3. ______________
4. ______________
5. ______________
6. ______________

06-35 Au choix. Match each activity with the appropriate place.

____ 1. On va au cinéma
____ 2. On va faire du bateau à voile
____ 3. On va faire du ski
____ 4. On se lève très tôt le matin pour travailler dans les champs
____ 5. On fait du jardinage
____ 6. On va admirer les oiseaux

a. à la ferme
b. à la montagne
c. au lac
d. au potager
e. dans la forêt
f. en ville

Nom : ______________________ Date : ______________________

SONS ET LETTRES

La semi-voyelle /j/

p. 198

06-36 Discrimination. Listen to the following pairs of words and select the word that contains the semi-vowel /j/.

1.	loyer	loi	4.	fruit	fruitier
2.	étudie	étudiant	5.	essuyer	essuie
3.	craie	crayon	6.	ville	brille

06-37 Écoutez bien ! Repeat the following statements, paying attention to the pronunciation of the semi-vowel /j/.

1. Il a payé le loyer au propriétaire.
2. Pierre a habité un studio dans ce quartier résidentiel jusqu'en juillet.
3. La famille de Damien lui a donné deux mille euros le mois dernier.
4. Adrienne ne s'ennuie pas avec tous ces arbres fruitiers.
5. Ils habitent dans un quartier tranquille.

FORMES ET FONCTIONS

1. Faire des suggestions avec l'imparfait

p. 199

06-38 Question ou suggestion ? Aline is getting bored at a family gathering and keeps interrupting her parents. Each time she speaks to them, select **question** if she is asking a question, or **suggestion** if she is making a suggestion.

1. question suggestion
2. question suggestion
3. question suggestion
4. question suggestion
5. question suggestion
6. question suggestion

06-39 Des suggestions. In class, your French professor prefers suggestions to commands. Turn the following commands into suggestions.

MODÈLE —Regardez le tableau ! —Si vous *regardiez* le tableau ?

1. —Faites les devoirs ! —Si vous ______________ les devoirs ?
2. —Fermez le livre ! —Si vous ______________ le livre ?
3. —Préparez l'examen ! —Si vous ______________ l'examen ?
4. —Parlez en français ! —Si vous ______________ en français ?

Now try the same technique with your little brother at home.

MODÈLE —Range ta chambre ! —Si tu *rangeais* ta chambre ?

5. —Ferme la porte ! —Si tu ______________ la porte ?
6. —Mets la table ! —Si tu ______________ la table ?
7. —Mange ta salade ! —Si tu ______________ ta salade ?
8. —Va au lit ! —Si tu ______________ au lit ?

06-40 Il n'y a rien à faire ! Your family and friends are out of ideas of things to do. Propose some activities by completing the following sentences with a verb from the list in the **imparfait**. Each verb can only be used once.

aller	faire	jardiner	se détendre	jouer	se promener	~~descendre~~

MODÈLE Si on *descendait* en ville ?

1. Si vous ______________________________ du vélo ?
2. S'ils ______________________________ dans le potager ?
3. Si tu ______________________________ à la pêche au bord du lac ?
4. Si nous ______________________________ sous un arbre ?
5. Si elles ______________________________ dans les bois ?
6. Si nous ______________________________ aux échecs ?

Nom : ______________________________ Date : ____________________

06-41 **Un dimanche à la campagne.** Hugo is spending the day at his parents' country house with his friends Océane and Mattéo. Listen to their comments; then choose the most logical suggestion in response to each one.

1. a. Si on ne faisait pas grand-chose ?
   b. Si on travaillait ?
   c. Si on faisait nos devoirs ?
2. a. Si tu te promenais dans la vallée ?
   b. Si tu allais au bord du lac ?
   c. Si tu jouais au basket-ball ?
3. a. Si tu te détendais ?
   b. Si tu jouais au foot ?
   c. Si tu jouais aux cartes ?
4. a. Si on préparait le dîner ?
   b. Si on téléphonait à Sandrine ?
   c. Si on se promenait ?
5. a. Si on s'occupait du potager ?
   b. Si on allait nager ?
   c. Si on bricolait ?
6. a. Si on dansait ?
   b. Si on allait au sommet de la colline ?
   c. Si on rentrait ?

2. L'imparfait : la description au passé

p. 200

06-42 **Quand j'étais petite.** Complete the following sentences to describe this family's habits, using a verb from the word bank.

aller	faire	jouer
avoir	~~habiter~~	partir

MODÈLE Nous *habitions* un quartier tranquille.

1. On ______________ toujours des animaux.
2. Souvent, ma sœur ______________ au tennis.
3. Tous les après-midis, je ______________ du vélo.
4. Le week-end, ma famille et moi ______________ à la campagne.
5. En été, toute la famille ______________ en vacances à la plage.

06-43 **Les histoires de grand-mère.** Joël is visiting his grandmother, who lives in the country. Listen as she tells him about her younger days, and select Joël's most likely responses.

1. a. Alors, tu détestais te promener dans les champs.
   b. Alors, tu aimais te promener dans les champs.
2. a. Vous deviez beaucoup lire alors.
   b. Vous deviez beaucoup regarder la télé.
3. a. Vous ne faisiez jamais de pique-nique alors.
   b. Vous faisiez souvent des pique-niques alors.

4. a. Alors, ton père aimait faire la cuisine.
   b. Alors, ta mère aimait faire la cuisine.
5. a. Alors, tu aimais travailler dans le potager.
   b. Alors, tu détestais travailler dans le jardin.
6. a. Ton père détestait de ne pas faire grand-chose alors.
   b. Ton père refusait de travailler le week-end alors.

06-44 Souvenirs. Chantal is describing her childhood vacations in the country. Complete her story with the correct subject and verb forms that you hear. The first sentence has been completed for you as an example.

Chaque été *nous partions* le premier août, comme tout le monde. En ville, les voitures étaient nombreuses ; (1) ____________ toujours beaucoup de temps pour sortir de la ville. Mais quand (2) ____________ en Auvergne, (3) ____________ calme. Le premier jour, (4) ____________ jamais grand-chose. Mon frère et moi, (5) ____________ souvent faire une randonnée dans les bois. (6) ____________ de bonne heure, car (7) ____________ l'air de la campagne fatigant.

06-45 Les activités d'hier. Describe what you were doing yesterday at each of the given times.

MODÈLE À 6 h 30 *je dormais tranquillement chez moi.*

1. À 8 h 00 ____________
2. À 9 h 30 ____________
3. À 12 h 00 ____________
4. À 17 h 45 ____________
5. À 21 h 15 ____________

Écoutons

06-46 Contrastes : avant d'écouter. Write down in French the activities you enjoy when you spend a weekend in the country.

faire une promenade,... ____________

____

Nom : ______________________ Date : ______________

06-47 Contrastes : en écoutant. It is Monday morning and everybody is back at work. Mme Chapon and M. Lefort are talking about their weekend activities.

The first time you listen, select the weekend activities of Mme Chapon and those of her husband.

1. Mme Chapon :

   Elle s'est occupée du potager.
   Elle a organisé ses placards.
   Elle s'est promenée dans les champs.
   Elle a rangé sa maison.
   Elle s'est détendue dans le jardin.
   Elle a dormi sur la terrasse.

2. Son mari :

   Il a joué aux cartes avec son fils.
   Il a bricolé.
   Il a fait du jardinage.
   Il a fait la cuisine.
   Il a fait du bateau à voile.
   Il est allé à la pêche.

The second time you listen, select what M. Lefort and his wife did last weekend, as well as what their daughter did.

3. M. Lefort et sa femme :

   Ils sont allés au théâtre.
   Ils ont fait des courses.
   Ils sont restés à la maison.
   Ils ont fait du jardinage.
   Ils ont fini de rénover leur salle de bains.
   Ils ont regardé la télé.

4. Leur fille :

   Elle s'est reposée.
   Elle est allée au cinéma avec des amies.
   Elle a révisé pour ses examens.
   Elle a joué aux jeux vidéo.

Écrivons

06-48 Un mystère.

A. Un mystère : avant d'écrire. You are preparing to write the first paragraph of a thriller, in which you will describe the crime scene. Begin by completing the following activities.

1. Give the following details about the crime:

   L'heure du crime : ______________________
   Le temps qu'il faisait : ______________________
   L'endroit où le crime a eu lieu : ______________________
   Une description de l'endroit : ______________________

2. Make a list of two or three adjectives that can describe the physical appearance of a passerby observing the crime.

(for example: *jeune, bien habillé, portait un costume noir...*)

____

____

3. Add two or three adjectives that describe this passerby's emotions.

(for example: *troublé, anxieux...*)

____

____

B. Un mystère : en écrivant. Now write the beginning of your thriller. Be sure to use the **imparfait** for the verbs describing the scene or your witness(es).

MODÈLE *Il était une heure du matin. Il y avait du brouillard. Les rues de... étaient très calmes... Un homme passait dans la rue. Il était jeune et assez bien habillé. Il portait un costume noir,... et il avait un parapluie noir à la main...*

____

____

____

____

____

____

____

____

Lisons

06-49 À la recherche d'un logement : avant de lire. You will read an excerpt from the novel *L'emploi du temps*, by Michel Butor. The main character is a Frenchman who is working in London for a year. The novel is written as a journal in which he records his daily activities. Before you read, answer these questions in English.

1. The main character repeatedly attempts and fails to find a place to stay. How do you think this makes him feel about his search? ____

____

2. This man is single and doesn't make much money. What type of lodging do you think he might be looking for? ____

____

Nom : ______________________________ Date : ____________________

06-50 À la recherche d'un logement : en lisant. As you read, select the description that best fits the story.

Over and over ...

1.	Doors:	open	closed
2.	Conversations:	difficult	friendly
3.	Problems:	lack of money	strange questions
4.	Availability:	available	already taken

This time...

5.	The woman:	speaks to him	doesn't speak to him
6.	The heat:	exists	doesn't exist
7.	Restrictions:	none	some
8.	The room:	sad	comfortable

L'emploi du temps

MARDI 27 MAI

Il m'a fallu (*I needed*) toute la semaine pour épuiser (*go through*) ma liste de chambres...
Souvent j'ai trouvé les portes fermées, et quand on m'ouvrait, après une conversation pénible (*difficult*) sur le seuil (*on the doorstep*), pénible non seulement à cause de mon mauvais accent et des particularités dialectales de mes interlocuteurs, mais aussi, la plupart du temps, de leur air soupçonneux (*suspicious*), de leurs questions bizarres, on m'apprenait que j'étais venu trop tard, que la place était déjà prise.
Une fois seulement, je crois, cette semaine-là, une femme m'a fait entrer, ... qui après m'avoir dit : « il n'y a pas de chauffage, mais vous pouvez acheter un radiateur à pétrole ; vous serez tout à fait libre, la seule chose que je vous demande, c'est de ne pas rentrer après dix heures du soir », et d'autres phrases que je n'ai pas comprises, ou dont je ne me souviens plus (*I no longer remember*), sur le même ton sans réplique, m'a fait visiter une chambre sans table, plus mal meublée encore, plus étroite et plus triste encore que celle que j'occupais à « l'Ecrou », où je ne parvenais pas (*I was never able to*) à me réchauffer.
Il me fallait recommencer les travaux préliminaires, de nouveau déchiffrer (*to decode*) l'*Evening News*, repérer (*to find*) d'autres rues sur le plan, relever (*to take note of*) d'autres numéros de bus.

Michel BUTOR, *L'Emploi du temps* © Editions de Minuit.

06-51 À la recherche d'un logement : après avoir lu. Now that you've read the passage, answer the following questions in English.

1. Based on the text, do you believe the Frenchman will take the room? Why or why not?

____

____

2. Remember (or imagine) a time when you were looking for a place to live and were not having much luck. Were your feelings similar to those of the main character? In what ways?

____

____

3. Thinking back on the event you described above, write a short paragraph in French that describes either the best or the worst place you visited during your search for a place to live.

____

____

____

____

06-52 Mon quartier. In this clip, Pauline describes her favorite part of Paris—her own neighborhood.

A. Paris is divided into sections called **arrondissements**. Look at the map of Paris below: how many **arrondissements** are there?

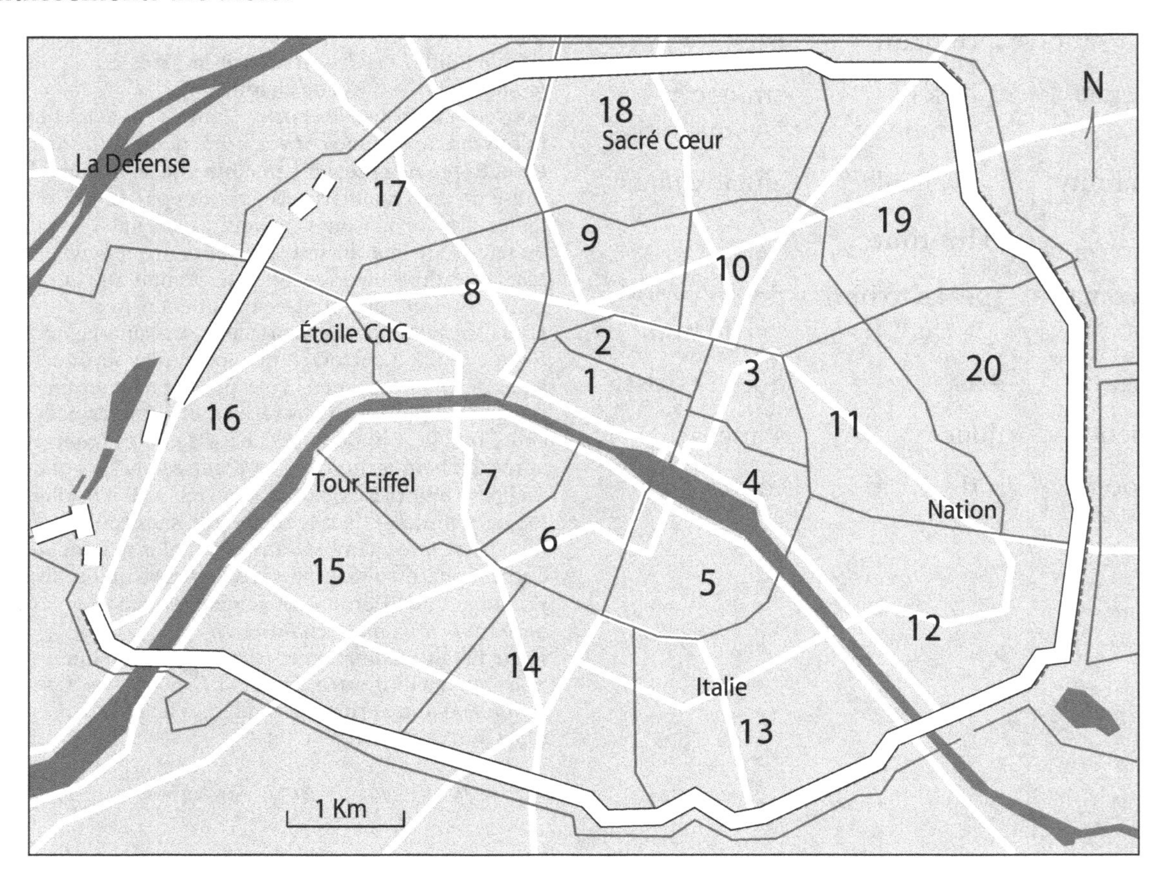

1. Il y a ______________ arrondissements.

B. Now listen and watch as Pauline describes and visits different places in her neighborhood. Indicate the order in which you see each place.

2. ___________ son appartement
3. ___________ la boulangerie
4. ___________ le cinéma
5. ___________ le marché
6. ___________ le métro
7. ___________ le parc

C. What three aspects of her neighborhood does Pauline highlight?

8. ___________________________________
9. ___________________________________
10. ___________________________________

Nom : ______________________________ Date : ____________________

06-53 À la découverte de la France : les provinces. Watch this montage showing different regions in France to get an idea of the country's geographic diversity. Begin by looking at the map of France on the inside cover of your textbook; you may notice that there are twenty different regions in France. Then watch the montage.

1. What regions can you recognize?

____

____

2. Are there any sites or monuments that you recognize? Which ones?

____

____

3. Did you see any places that you would like to visit? If so, which ones?

____

____

Observons

p. 184

06-54 Visitons Seillans : avant de regarder. You may already have completed the **Observons** activity in the Lesson 1 of this chapter in your textbook. If not, you will find it helpful to go back and complete that activity before moving on to the questions below. Search on the Internet for the official site of the village of **Seillans**, and select the elements that make this village charming, according to the web site.

its medieval château	its new train station	its small shady squares
its soap factory	its countryside	its twelfth-century church
its zoo	its fountains	its monastery

06-55 Visitons Seillans : en regardant. Now watch and listen to the mayor of Seillans as he guides you around the village. Compare his description to the one you found on the Internet. What common elements do you find in the two descriptions?

MODÈLE *the small shady squares*

1. ____
2. ____

06-56 Visitons Seillans : après avoir regardé. Look up other villages on the Internet using "villages classés" and "France" as key terms for your search. Which villages would you be interested in visiting and why? Is there any designation equivalent to the French **villages classés** where you live? Is it a good idea to describe villages in this way? Why or why not? Answer in English.

____

____

____

____

____

____

Nom : ______________________ Date : ______________

7 La santé et le bien-être

Leçon 1 La santé

POINTS DE DÉPART

p. 207-208

07-01 Diagnostic. For each person below, write the body part that hurts or aches, according to the cue.

MODÈLE Myriam a fait trop de bricolage ce week-end. Elle a mal *au dos.*

1. Céline n'a pas mis ses lunettes. Elle a mal ______________________.
2. Jonathan a mangé trop de chocolat. Il a mal ______________________.
3. Amel a fait une longue randonnée. Elle a mal ______________________.
4. Benoît a joué au basket. Il a mal ______________________.
5. Didier revient d'un concert de hard-rock. Il a mal ______________________.

07-02 Le corps humain. You are waiting in the doctor's office and overhear some people's comments and concerns. Select **logique** if the statement you hear refers to the body part from the picture and **illogique** if it does not.

1. logique illogique
2. logique illogique
3. logique illogique
4. logique illogique
5. logique illogique
6. logique illogique

07-03 En forme ou pas ? You are conducting a survey of people's health habits. For each statement that you hear, select **en forme** to indicate that the person has good health habits, or **pas en forme** if the person does not.

1. en forme — pas en forme
2. en forme — pas en forme
3. en forme — pas en forme
4. en forme — pas en forme
5. en forme — pas en forme
6. en forme — pas en forme

07-04 Restons en forme ! How do people stay in shape? For each description you read below, associate an appropriate way to remain healthy.

____ 1. J'ai un régime très strict. Je fais très attention à ce que je mange.
____ 2. Je n'ai jamais d'insomnies parce que
____ 3. Je suis très fatigué en ce moment et j'ai mal à la gorge.
____ 4. Je suis dans un fauteuil roulant mais je reste en forme parce que
____ 5. Je ne suis jamais stressé.
____ 6. Je veux perdre du poids.

a. Je dors bien la nuit et je fais aussi de l'exercice pour réduire le stress.
b. je joue au basket-fauteuil et je fais de la musculation.
c. Je mange beaucoup de fruits et de légumes, je bois toujours de l'eau et je ne grignote pas entre les repas.
d. je ne suis pas stressée, je ne fume pas et j'évite la caféine avant de me coucher.
e. Je vais suivre un régime et faire de l'exercice.
f. Je vais consulter un médecin et me reposer.

SONS ET LETTRES

Les consonnes *s* et *z*

p. 210

07-05 Lequel ? Listen carefully as one of each of the paired words or phrases listed below is pronounced. Select the word or phrase that you hear.

1. le cousin — le coussin
2. un désert — un dessert
3. la case — la casse
4. des poissons — des poisons
5. ils sont — ils ont
6. décider — des idées
7. la base — la basse
8. nous avons — nous savons

Nom : ______________________________ Date : ____________________

07-06 Phrases. Repeat the following sentences, paying careful attention to the /s/ and /z/ sounds.

1. Si Suzanne a mal à l'estomac, c'est parce qu'elle prend trop de boissons gazeuses.
2. Il est en mauvaise santé : il a besoin de consulter son médecin.
3. Pour réduire le stress, il est nécessaire de faire de l'exercice.
4. C'est une crise : Driss est trop stressé. Il a besoin de se reposer.

FORMES ET FONCTIONS

1. Les verbes *devoir, pouvoir* et *vouloir*

p. 210-211

07-07 Les notes. Mathys is an athletic trainer reviewing the notes he took on his clients. Select **devoir**, **pouvoir**, or **vouloir** to indicate if he is talking about what someone wants to do, can do, or has to do.

1. devoir pouvoir vouloir
2. devoir pouvoir vouloir
3. devoir pouvoir vouloir
4. devoir pouvoir vouloir
5. devoir pouvoir vouloir
6. devoir pouvoir vouloir
7. devoir pouvoir vouloir
8. devoir pouvoir vouloir

07-08 Des amies en bonne santé. Emma and Fabienne are discussing their health habits and those of family members. Select the form of the verb **devoir**, **pouvoir** or **vouloir** that you hear.

1. pouvons pouvez
2. dois doivent
3. peux peuvent
4. dois doit
5. veux veut
6. veulent voulons

07-09 Obligations. Complete the following sentences with the correct form of the verb **devoir** to indicate what everyone must do to stay healthy.

MODÈLE Demain je fais un marathon : alors je *dois* bien dormir cette nuit.

1. Rémy a mal aux dents : il ______________ aller chez le dentiste !
2. Si vous voulez maigrir, vous ______________ suivre un régime et faire de l'exercice.
3. Nous ______________ manger des repas équilibrés à tous les repas.
4. Gilles et Anne ______________ faire du yoga pour réduire leur stress.
5. Tu ______________ arrêter de fumer pour avoir des poumons en bonne santé.

07-10 Les invitations et les obligations. Unfortunately, we can't always do what we want to do. Explain why the following people cannot do what they want to do by closely following the example.

MODÈLE Isabelle / aller à la piscine / préparer un examen.

Isabelle *veut aller à la piscine mais elle ne peut pas. Elle doit préparer un examen*.

1. Tu / faire de la musculation / aller chez le médecin.

   Tu ____

   ____.

2. David et Fanny / dormir huit heures par nuit / étudier pour leurs examens.

   David et Fanny ____

   ____.

3. Mes amis et moi / assister à un concert / travailler.

   Mes amis et moi, nous ____

   ____.

4. Paul / jouer au tennis /aller chez le dentiste.

   Paul ____

   ____.

5. Ton père et toi / regarder un match de basket / faire du jardinage.

   Ton père et toi, vous ____

   ____.

Nom : ______________________________ Date : ____________________

2. Imparfait et passé composé : description et narration

p. 213-214

07-11 Paroles. Maurice is telling his grandchildren a story. Listen to each of his statements and select **action** if the statement describes a completed event, or **background** if the statement provides background information.

1. action background
2. action background
3. action background
4. action background
5. action background
6. action background

07-12 La Famille-ours et une petite fille curieuse. This is an excerpt from a children's story that you may have read. Decide if the verbs need to be in the **passé composé** or the **imparfait** by selecting the appropriate form. The first one has been completed for you as an example.

Il [a été / *était*] une fois une famille d'ours qui (1) [a habité / habitait] une jolie maison dans les bois. Tous les matins, Maman-ours (2) [a préparé / préparait] des céréales chaudes pour sa famille. Un matin, Papa-ours (3) [a dit / disait] : « C'est trop chaud. Attendons avant de manger. » La Famille-ours (4) [a décidé / décidait] de faire une promenade dans les bois avant de manger.

De l'autre côté de la forêt, une petite fille (5) [s'est réveillée / se réveillait]. Il (6) [a fait / faisait] beau. Elle (7) [a décidé / décidait] de faire une promenade dans les bois. Soudain, elle (8) [a découvert / découvrait] la maison de la Famille-ours. Elle (9) [a ouvert / ouvrait] la porte et elle (10) [est entrée / entrait] dans la maison. Elle (11) [a eu / avait] faim. Elle (12) [a goûté / goûtait] aux trois bols de céréales sur la table. Celui de Papa-ours (13) [a été / était] trop chaud. Celui de Maman-ours (14) [a été / était] trop froid. Mais celui de Bébé-ours (15) [a été / était] parfait. La petite fille (16) [a mangé / mangeait] le bol tout entier !

Après le petit-déjeuner, elle (17) [a été / était] fatiguée, donc elle (18) [a monté / montait] l'escalier pour trouver un lit confortable. Dans la chambre, il y (19) [a eu / avait] trois lits. Elle (20) [a essayé / essayait] (*tried*) le lit de Bébé-ours ; (21) [ça a été / c'était] parfait. La petite fille (22) [s'est endormie / s'endormait] tout de suite. Elle (23) [a dormi / dormait] tranquillement quand les trois ours (24) [sont rentrés / rentraient] à la maison...

07-13 Une fête ratée. What a disaster this party turned out to be! Complete the following sentences in a logical way to find out why.

____ 1. Ahmed a oublié d'apporter des CD ;	a. alors elle est partie tôt.
____ 2. Estelle travaillait le lendemain ;	b. alors il est devenu malade.
____ 3. Maxime est arrivé en retard	c. alors il n'y avait pas de musique.
____ 4. Clément a trop mangé ;	d. parce qu'elle était malade.
____ 5. Marise n'a pas voulu manger	e. parce qu'il a eu un accident.
____ 6. La police nous a rendu visite	f. parce qu'on parlait trop fort.

07-14 Questions personnelles. Karine's friend Thomas wants to learn more about her childhood. Choose the most logical answer to the each of his questions.

1. a. Ils étaient assez autoritaires.
   b. Ils avaient trente ans.
   c. Ils ont été très indulgents ce jour-là.
2. a. J'ai eu un petit chien pour mon anniversaire.
   b. Je ne mangeais pas de poisson.
   c. J'étais très timide.
3. a. Je regardais la télé ou je faisais une promenade.
   b. J'ai participé à un marathon.
   c. J'étais très stressée avant les examens.
4. a. Ma mère voulait toujours grignoter entre les repas.
   b. Je faisais de l'exercice.
   c. J'ai voulu acheter un vélo.
5. a. Oui, j'ai travaillé dans un cinéma un été.
   b. Oui, ma tante avait un chat chez elle.
   c. Non, je n'avais pas d'animaux domestiques.
6. a. Nous sommes allés en Suisse l'année dernière.
   b. J'allais à la plage avec mes parents tous les ans.
   c. J'adore la montagne.

Écoutons

07-15 Les mauvaises habitudes : avant d'écouter. How physically fit are you? Would you say that you are in good shape? Make a list, in French, of 3–4 things you regularly do in order to stay fit.

___

___

___

___

07-16 Les mauvaises habitudes : en écoutant. Olivier, a graduate student in Health and Wellness studies, is giving advice to his friends regarding their lifestyles. Read the questions below before listening to their conversation. Then select the correct answers to the following questions. More than one answer may be correct in each case; you may wish to listen to the conversation several times before you answer.

1. Qu'est-ce que fait Latifa depuis trois mois pour maigrir ?
   a. Elle fait un régime.
   b. Elle fait de l'exercice et du jogging.
   c. Elle ne fume plus.
2. Qu'est-ce qu'Olivier lui conseille ?
   a. Elle doit arrêter de grignoter entre les repas.
   b. Elle doit faire plus de sport.
   c. Elle doit manger des repas équilibrés.
3. D'après Olivier, quelles sont les mauvaises habitudes de Christine ?
   a. Elle mange trop.
   b. Elle fume trop.
   c. Elle boit trop d'alcool.
4. Pourquoi est-ce qu'il faut que Christine change ses habitudes ?
   a. Pour avoir des meilleures notes en classe.
   b. Pour ne pas être fatiguée.
   c. Pour maigrir.

Écrivons

07-17 Mon enfance.

A. Mon enfance : avant d'écrire. You will write a paragraph to describe an activity you frequently did when you were younger. Before writing your description, make notes about the following topics or details in French.

1. Activité : ____________________
2. Quand ? ____________________
3. Où ? ____________________
4. Avec qui ? ____________________
5. Autres détails : ____________________

B. Mon enfance : en écrivant. Now write your paragraphs describing the activity mentioned above. Think about the following questions as you check your work. Did you use the **imparfait** when talking about habitual actions or providing background information? Which verbs did you write in the **passé composé**? Check that you made the appropriate tense choice between **imparfait** and **passé composé** for each verb. Make sure you used the appropriate auxiliary (**avoir** or **être**) and the correct form of the past participle for the **passé composé**.

MODÈLE *Quand j'avais douze ans, je jouais au softball tout l'été. J'aimais beaucoup mon équipe... Une fois, il y a eu un match spécial. Nous jouions contre nos rivales, les Hornets. Pour une fois, nous gagnions, quand soudainement notre meilleur joueuse est tombée. Nous avons attendu quelques instants mais elle a dû quitter le match. Quand nous avons recommencé à jouer, nous étions tristes pour notre amie. Nous ne pouvions plus faire attention au match et nous avons finalement perdu !*

____

____

____

____

____

____

____

____

____

____

Leçon 2 Les grands évènements de la vie

POINTS DE DÉPART

p. 217-218

07-18 Les vœux. Imagine that you work as a translator for a greeting card company. Match the French expressions with each of the corresponding situations.

____ **1.** une femme qui fête ses 40 ans

____ **2.** un jeune qui a réussi son bac avec mention très bien

____ **3.** un couple qui part en vacances

____ **4.** le 25 décembre

____ **5.** un couple annonce leur mariage

____ **6.** le 31 décembre

a. Bon voyage !

b. Bonne année !

c. Joyeux anniversaire !

d. Joyeux Noël !

e. Félicitations pour ton diplôme !

f. Meilleurs vœux de bonheur !

07-19 Les photos. Valérie is looking at Isabelle's family photos. Listen as Isabelle describes each picture, and select the appropriate title for each of them.

1. [Ce sont les vacances. ; C'est quand je suis née.]
2. [C'est le jour des Rois. ; C'est le Ramadan.]
3. [C'est mon baptême. ; C'est mon anniversaire de mariage.]
4. [C'est mon mariage. ; C'est Noël.]
5. [C'est mon anniversaire. ; C'est le Nouvel An.]
6. [Ici, nous sommes en vacances. ; C'est un mariage.]

07-20 Qu'est-ce que c'est ? Thierry is helping an American friend learn a few French phrases. Select the occasion when each expression would most likely be used.

1. a. C'est le Nouvel An.
   b. C'est Noël.
   c. C'est un mariage.
2. a. C'est la Toussaint.
   b. C'est un mariage.
   c. C'est le jour des Rois.
3. a. C'est un anniversaire.
   b. C'est la fête du Travail.
   c. C'est un baptême.
4. a. C'est un mariage.
   b. C'est le Nouvel An.
   c. C'est une fête religieuse.
5. a. C'est une naissance.
   b. C'est un anniversaire de mariage.
   c. C'est le Nouvel an.
6. a. C'est un mariage.
   b. C'est le jour des Rois.
   c. C'est Noël.

07-21 Les fêtes en France. Associate each celebration with its description below.

____ 1. Noël
____ 2. La fête du Travail
____ 3. Un anniversaire
____ 4. La Chandeleur
____ 5. Le Ramadan
____ 6. Pâques

a. C'est le 2 février. Traditionnellement, on mange des crêpes.
b. C'est une période de jeûne et de prières pour les musulmans.
c. Le premier mai, on offre du muguet à ses parents.
d. On décore le sapin et on échange des cadeaux.
e. On offre des œufs en chocolat aux enfants.
f. On fête le jour de sa naissance. Il y a un gâteau avec des bougies et aussi des cadeaux !

FORMES ET FONCTIONS

1. L'imparfait et le passé composé : d'autres contrastes

p. 220-221

07-22 Conversations. While waiting for class, Laurie overhears other students talking. Listen to what they are saying, and select **habitude** if a statement is about a habitual action or enduring state in the past, or **évènements** if it is about events that occurred at a specific time in the past.

1. habitude évènements
2. habitude évènements
3. habitude évènements
4. habitude évènements
5. habitude évènements
6. habitude évènements

07-23 Des explications raisonnables. Imagine what the following people were doing yesterday instead of what is mentioned.

MODÈLE Jean-Patrick ne m'a pas téléphoné à huit heures parce qu'il *parlait* au téléphone avec sa nouvelle copine.

1. Sophie n'a pas travaillé au McDo hier après-midi parce qu'elle ________________ au tennis avec son copain.
2. Nicolas et Laurence n'ont pas fait leurs devoirs entre sept heures et huit heures hier soir parce qu'ils ________________ la télé.
3. Marc n'a pas joué au foot avec ses copains à quatre heures de l'après-midi, comme prévu parce qu'il ________________ une promenade au parc avec sa nouvelle copine.
4. Vous n'avez pas rendu visite à votre grand-mère hier après-midi parce que vous ________________ de la musculation au gymnase.
5. Nous ne sommes pas allés à la piscine hier matin parce que nous ________________ mal à la tête.
6. Tu n'as pas fait la cuisine parce que tu ________________ une pizza au restaurant avec des amis.

07-24 La dernière semaine du semestre. It is the last week of classes before final exams and Mireille's routine has changed a bit. Contrast her routine during the semester with this week's activities by changing the verbs in the **imparfait** to the **passé composé** and the verbs in the **passé composé** to the **imparfait**.

MODÈLE Le vendredi, elle travaillait au département de mathématiques.

Ce vendredi, elle *a travaillé* dans sa chambre pour préparer ses examens.

1. Le lundi, elle avait trois cours.

   Ce lundi, elle ______________ trois examens.

2. Le mardi, ______________ à onze heures du matin.

   Ce mardi, elle s'est levée à huit heures pour réviser.

3. Le mercredi après-midi, elle faisait de la natation à la piscine.

   Ce mercredi après-midi, elle ______________ de l'exercice avec une copine.

4. Le jeudi, elle rentrait tard.

   Ce jeudi, ______________ tôt pour travailler.

5. Le vendredi soir, elle ne ______________ pas ses cours.

   Ce vendredi soir, elle a révisé ses cours.

6. Le week-end, elle sortait avec ses amis.

   Ce week-end, elle n' ______________ pas ______________ avec ses amis.

07-25 Interruptions. Explain why Arthur was very late for class this morning. First, read the cue and write down what Arthur was doing. Then listen and write how he was interrupted.

MODÈLE You see: dormir: Il __________ quand le réveil __________.

You hear: Le réveil a sonné.

You write: Il *dormait* quand le réveil *a sonné*.

1. s'habiller : Il ______________ quand son frère ______________.
2. manger : Il ______________ quand sa grand-mère ______________.
3. aller : Il ______________ à la fac quand il ______________ un ami.
4. parler : Il ______________ avec lui quand le bus ______________.
5. se dépêcher : Il ______________ quand il ______________.

2. L'adjectif démonstratif

p. 222

07-26 Soyons précis. Listen as Vincent and his sister Mélanie are talking about old family pictures. Select the correct form of the demonstrative adjective that you hear in each of their statements.

1. cette	ces	4. cet	cette
2. ce	ces	5. ce	cet
3. cet	ces	6. ce	ces

07-27 Des photos de famille. Isabelle and Sophie are looking at a photo album. Select the appropriate form of the demonstrative adjective to complete their conversation.

SOPHIE: Regarde (1) [cet ; cette] photo. Vous êtes si élégants. C'est qui ?

ISABELLE: (2) [Cette ; Ces] femme, c'est ma sœur Anne. C'est le jour de son anniversaire. Et (3) [ce ; cet] homme en costume, c'est mon beau-frère.

SOPHIE: Et (4) [ces ; cette] deux petites filles adorables ?

ISABELLE: Ce sont mes nièces et (5) [ce ; cette] grand garçon, c'est leur frère, mon neveu Antoine.

SOPHIE: Ici, il y a toute la famille devant l'église. Qui est (6) [cet ; ce] monsieur ?

ISABELLE: C'est le maire du village. Regarde là... Une photo de la fête...

SOPHIE: (7) [Ce ; Cette] gâteau est énorme !

ISABELLE: C'est vrai ! (8) [Cet ; Cette] fête était simplement géniale !

07-28 Une surprise. Imagine you are preparing a surprise birthday celebration for your French professor. One of your classmates is inquiring about the items you have in your bag.

MODÈLE des fleurs : *Ces fleurs*, c'est pour mettre sur le bureau.

1. un gâteau : ________________, c'est pour manger tous ensemble.
2. des bougies : ________________, c'est pour mettre sur le gâteau.
3. un CD de musique française : ________________ de musique française, c'est pour mettre un peu d'ambiance !
4. un DVD d'un film français : ________________ d'un film français, c'est un cadeau pour le prof.
5. une affiche de Paris : ________________, c'est pour décorer la salle de classe.
6. des chocolats : ________________, c'est pour manger après le gâteau.

Nom : ______________________ Date : ______________

07-29 Un petit désaccord. It's Florent's birthday party and his little brother is jealous. For each of Florent's statements, complete his brother's negative response.

1. ______________ n'est pas pratique.
2. ______________ n'est pas bon.
3. ______________ ne sont pas jolies.
4. ______________ n'est pas spécial.
5. ______________ ne sont pas amusantes.
6. ______________ n'est pas bien organisée.

Écoutons

07-30 Souvenirs d'enfance : avant d'écouter. Think about your childhood, then note two pleasant memories and two not-so-pleasant memories.

____

____

____

____

07-31 Souvenirs d'enfance : en écoutant. Now, listen as Robert and Denise compare childhood memories. Select the phrase that best completes each statement below.

1. Quand il était petit, Robert...
   a. faisait du camping en été.
   b. jouait au foot.
   c. regardait le sport à la télé avec son frère et son père.
2. Contrairement à Robert, Denise...
   a. rendait souvent visite à sa famille.
   b. rendait rarement visite à ses grands-parents.
   c. préférait être seule.
3. Le dimanche, Robert...
   a. jouait du piano.
   b. sortait avec ses amis.
   c. écoutait de la musique dans sa chambre.
4. Le dimanche, Denise ne pouvait pas accompagner ses parents parce qu'elle...
   a. ne voulait pas.
   b. avait trop de devoirs.
   c. regardait la télé.

Écrivons

07-32 Un évènement important.

A. Un évènement important : avant d'écrire. Choose a picture of one of your family gatherings. You will write one paragraph to describe the event and the guests. Before writing your description, complete the following in French.

1. Write a sentence to identify the event.

   (for example: *C'était le jour du baptême de mon cousin.*)

   ____

   ____

2. Look at the picture and make a list of people who attended the event.

(for example: *mon petit cousin, ses parents, ma sœur (la marraine), mon beau-frère...*)

____

____

3. Think of that particular day and make a list of other activities not shown in the picture.

(for example: *la cérémonie à l'église, la fête chez ma grand-mère, le match de football avec mes cousins et mes oncles...*)

____

____

4. Write a conclusion that gives your impression of the event.

(for example: *C'était une journée très agréable.*)

____

____

B. Un évènement important : en écrivant. Now give your description of the event in at least one complete paragraph using the **imparfait** and the **passé composé** to talk about this past celebration. Be sure to use the **imparfait** for background information and the **passé composé** for events that move the story forward. Remember to use the appropriate auxiliary verb (**avoir** or **être**) and the correct form of the past participle for the **passé composé**. When you've finished writing, look over your work and make any necessary changes, keeping these points in mind.

MODÈLE *C'était le jour du baptême de mon petit cousin, James. Ma sœur, Stéphanie, était la marraine, et le parrain, c'était mon beau-frère, Frank. Les parents de mon cousin étaient un peu stressés ce jour-ci, surtout la maman. Mais, mon cousin était très sage et très calme...*

D'abord, nous étions à l'église pour la cérémonie. Après nous sommes allés chez ma grand-mère pour une fête avec toute la famille. Il faisait beau et nous avons fait un match de football avec mes cousins et mes oncles. Le match était très drôle...

En tout, c'était une journée très agréable.

____

____

____

____

____

____

____

____

____

Nom : ______________________________ Date : ____________________

Leçon 3 Les émotions

POINTS DE DÉPART

p. 225

07-33 **L'humeur qui change.** Choose the best statement to explain these peoples' feelings.

1.  Mon père est...

   a. content parce qu'il a trouvé un nouveau travail.

   b. anxieux parce qu'il a perdu son travail.

   c. heureux parce qu'il part en vacances.

2. Mon colocataire est...

   a. fatigué parce qu'il n'a pas dormi.

   b. furieux parce que sa copine l'a quitté.

   c. triste parce que son grand-père est mort.

3. Mon oncle est...

   a. triste parce que ses enfants ne lui rendent pas visite.

   b. gêné parce qu'il a fait une faute.

   c. stressé parce qu'il a trop de travail.

4. Mon ami est...

   a. ravi parce qu'il a réussi ses examens.

   b. surpris parce que nous avons préparé un bon dîner pour lui.

   c. gêné parce qu'il ne m'a pas acheté de cadeau d'anniversaire.

5. Je suis ...

   a. stressé parce que j'ai trois examens et un devoir pour demain.

   b. content parce que j'ai gagné un match de tennis.

   c. heureux parce que je suis amoureux.

07-34 Les ennuis. Listen as family members reassure each other. Match each statement you hear with the scene to which it corresponds.

Image a

Image b

Image c

Image d

Image e

1. _____
2. _____
3. _____
4. _____
5. _____

a. Image a
b. Image b
c. Image c
d. Image d
e. Image e

07-35 Devinettes. Look at the clues provided to complete the following crossword puzzle on the theme of emotions.

Horizontalement

2. C'est un synonyme de "gêné."
5. Un étudiant peut l'être à cause d'un examen difficile.
7. Si on est stressé, on est aussi ...
8. Si une jeune femme rencontre son fiancé avec une autre femme, elle va sans doute être ...

Verticalement

1. En général, un homme ... veut se marier avec la femme qu'il aime.
3. Quand vous offrez des fleurs à une jeune femme, elle est ...
4. Lorsqu'un couple divorce, c'est souvent ... pour les enfants.
6. Quand on se sent ..., on pleure.

07-36 Dans le bus. Listen to the comments made by passengers on a crowded city bus. For each comment you hear, select the most appropriate reaction or reactions.

1. a. Formidable !
   b. Super !
   c. Ma puce.
2. a. C'est pas vrai !
   b. Joyeux anniversaire !
   c. Pas possible !
3. a. Sensationnel !
   b. Ne t'en fais pas.
   c. Ah, mince !
4. a. Ne crie pas si fort !
   b. Ça m'est égal.
   c. Crétin !
5. a. Pardon !
   b. Je suis désolée.
   c. Mon cœur.
6. a. Oh la la !
   b. Excusez-moi !
   c. Ne t'inquiète pas !

FORMES ET FONCTIONS

1. Les verbes pronominaux idiomatiques

p. 228

07-37 C'est logique ? Karim is talking about couples who live in his building. Each time he makes a comment, select the statement that is most compatible with his description.

1. a. Ils vont bientôt divorcer.
   b. Ils s'entendent bien.
   c. Ils se rencontrent.
2. a. Ils se reposent le week-end.
   b. Ils habitent ensemble depuis deux ans.
   c. Ils viennent de tomber amoureux.
3. a. Ils se font du souci.
   b. Ils s'entendent bien.
   c. Ils se séparent.
4. a. Ils s'ennuient.
   b. Ils veulent se détendre.
   c. Ils ne se rappellent pas.
5. a. Elle se promène souvent.
   b. Elle se repose.
   c. Elle se fâche facilement.
6. a. Les Valois s'inquiètent.
   b. Les Valois se promènent.
   c. Les Valois se calment.

Nom : ______________________ Date : ______________

07-38 Autrement dit. Choose a verb from the list to express these sentences in a different way. Each verb can only be used once.

~~se dépêcher~~	s'entendre	s'inquiéter	se rappeler
s'ennuyer	se fâcher	s'intéresser	se téléphoner

MODÈLE Anne arrive toujours en retard.
Elle ne *se dépêche* jamais.

1. Nous nous parlons au téléphone tous les jours.
   Nous ______________________ tous les jours.
2. Vous aimez beaucoup le cinéma.
   Vous ______________________ au cinéma.
3. Elle n'oublie jamais les noms de ses étudiants.
   Elle ______________________ toujours les noms de ses étudiants.
4. Jeremy et Gregory ne trouvent rien à faire.
   Ils ______________________.
5. Margaux et Sarah sont des bonnes amies.
   Elles ______________________ bien.
6. Tu es souvent en colère.
   Tu ______________________ trop facilement.

07-39 C'est prévisible. Indicate the situations in which the following things happen to each of these people.

MODÈLE s'inquiéter : Ma mère *s'inquiète quand j'arrive un peu en retard.*

1. se fâcher : Mon père ______________________
2. s'énerver : Mon prof de français ______________________
3. s'amuser : Mes amis ______________________
4. s'embrasser : Ma mère et moi ______________________
5. s'ennuyer : Mes amis et moi ______________________
6. se dépêcher : Je ______________________

07-40 Réactions. Listen to what happened during Cédric's day and select the probable reaction to each situation.

1. Il [se dépêche ; se repose] avec son colocataire.
2. Il [s'ennuie ; s'inquiète] à cause du professeur.
3. Il [s'entend bien ; se fâche] avec son ami Nicolas.
4. Il [s'amuse ; se repose] devant la télé.
5. Il [se dispute avec ; se fait du souci à cause de] son colocataire.

2. Les verbes *connaître* et *savoir*

p. 230

07-41 Les connaissances. Do the following people personally know each other? Complete the appropriate sentence for each group of people as in the example.

MODÈLES Moi / mes colocataires

Je *les connais* personnellement.

Ma grand-mère / mon professeur de français

Elle *ne le connaît pas* personnellement.

1. Mon prof de français / le président de la France

   Il ________________________________ personnellement.

2. Mes parents / mon colocataire

   Ils ________________________________ personnellement.

3. Ma sœur et moi / notre cousin

   Nous ________________________________ personnellement.

4. Moi / mon prof de français

   Je ________________________________ personnellement.

5. Mes amis et moi / le président de l'université

   Nous ________________________________ personnellement.

6. Toi / le président des USA

   Tu ________________________________ personnellement.

Nom : ______________________ Date : ______________________

07-42 Conversations. Didier's grandmother does not always respond logically to his questions. For each statement that you hear, select **logique** if her response is logical, or **illogique** if it is illogical.

1. logique illogique
2. logique illogique
3. logique illogique
4. logique illogique
5. logique illogique
6. logique illogique

07-43 Mais bien sûr ! Find a logical follow-up for each sentence.

____ 1. Elle est inquiète car elle a su
____ 2. Est-ce que vous savez
____ 3. J'ai connu
____ 4. Mon prof de français connaît
____ 5. Il sait
____ 6. Est-ce que vous connaissez

a. aussi parler italien.
b. bien Paris.
c. que son mari a eu un accident.
d. Sabrina et son mari ?
e. Sabrina l'été dernier.
f. s'il est à l'hôpital ?

07-44 La curiosité. Claire is asking lots of questions of her host family in Quebec. For each answer you hear, select the most appropriate question.

1. a. Est-ce que vous connaissez bien vos voisins ?
   b. Est-ce que vous savez parler anglais ?
   c. Est-ce que vous connaissez bien la ville ?
2. a. Est-ce que vous savez que je suis ravie d'être ici ?
   b. Est-ce que vous connaissez le boulevard Champlain ?
   c. Est-ce que vous savez comment ils se sont rencontrés ?
3. a. Est-ce que vous savez que la voisine pleure souvent ?
   b. Est-ce que vous savez où se trouve la bibliothèque ?
   c. Quand est-ce que vous vous êtes connus ?
4. a. Est-ce que vous savez s'il y a beaucoup de touristes en ce moment ?
   b. Est-ce que vous connaissez un bel endroit à visiter ?
   c. Est-ce que vous savez faire de la motoneige ?
5. a. Est-ce que vous connaissez mon professeur ?
   b. Est-ce que vous savez s'il y a un prix spécial pour les étudiants ?
   c. Est-ce que vous connaissez les heures d'ouverture ?
6. a. Est-ce que vous savez où se trouve le téléphone ?
   b. Est-ce que vous connaissez mon ami Marie ?
   c. Est-ce que vous savez qui a téléphoné ?

Écoutons

07-45 Des émotions bien variées : avant d'écouter. Describe briefly in English the situations in which you experience the following emotions.

MODÈLE la colère : *quand ma sœur emprunte mes affaires sans me le demander*

1. l'inquiétude : ______________________________
2. la surprise : ______________________________
3. l'embarras : ______________________________
4. la joie : ______________________________

07-46 Des émotions bien variées : en écoutant. Now listen as Sandrine's friends confide in her, expressing their feelings about various events in their lives.

A. The first time you listen, associate each person with the expressed emotion.

____ 1. Marie	a. Il est fâché.
____ 2. Édouard	b. Elle est gênée.
____ 3. Omar	c. Il est heureux.
____ 4. Camille	d. Elle est inquiète.
____ 5. Océane	e. Elle est surprise.

B. The second time you listen, associate each person with the reason they give to explain their emotions.

____ 6. Marie	a. Alex est présent à la fête.
____ 7. Édouard	b. Saïd n'appelle pas et ne répond pas aux messages.
____ 8. Omar	c. Elle a une invitation à dîner mais elle doit travailler.
____ 9. Camille	d. Sa sœur se marie.
____ 10. Océane	e. Sophie a emprunté sa voiture sans lui demander.

Nom : ______________________ Date : ______________

Écrivons

07-47 Les études à l'étranger.

A. Les études à l'étranger : avant d'écrire. Imagine that you are getting ready to spend a year in France as a foreign student. You will write an e-mail to a friend who knows you well. Before writing your e-mail, complete the following activities.

1. Make a list of the emotions you might be feeling in this context. Remember not to use the word *excité*; it is a false cognate that does not mean "excited." Instead, use the word *impatient* : *Je suis impatient/e de partir en France.*

   (for example: *content, stressé, un peu anxieux*)

   ____

   ____

2. Make a list of your uncertainties and fears.

   (for example: *Est-ce que je vais pouvoir comprendre les Français ? Est-ce que je vais aimer la cuisine ?*)

   ____

   ____

   ____

3. Make a list of your hopes and expectations for this experience abroad.

   (for example: *parler mieux français, rencontrer des étudiants français, visiter Paris*)

   ____

   ____

B. Les études à l'étranger : en écrivant. Write your e-mail incorporating your ideas and notes from the previous activity.

MODÈLE *Cher Carl,*

Comme tu le sais, je vais partir dans quelques semaines pour étudier en France. Je suis très content, mais il reste encore beaucoup de choses à faire. Je suis un peu anxieux... Et parfois je me pose des questions. Est-ce que je vais comprendre les gens quand ils parlent français ? Est-ce que...

J'espère (hope) *que je vais mieux parler français après mon séjour et...*

Amitiés,

Evan

____

____

____

____

____

____

____

Lisons

07-48 La détresse et l'enchantement : avant de lire. You are going to read an excerpt from the autobiography of a French-Canadian writer, Gabrielle Roy. This passage describes the shopping trips she often took with her mother when she was a little girl. Before you read the passage, answer the following questions in English.

1. Think about a memorable shopping excursion you took with an older family member when you were a child. What kind of feelings are evoked by this memory?

   ____

   ____

   ____

2. Gabrielle Roy discusses her experiences growing up as a French speaker in a non-Francophone region of Canada (Manitoba). What kinds of things would you expect her to mention?

   ____

   ____

   ____

Nom : ______________________ Date : ______________________

07-49 La détresse et l'enchantement : en lisant. As you read, look for the following information, and select the appropriate answer(s) for each question below.

(Note: You will see the verb *demanda* in the literary past tense. You should recognize this as the verb *demander*.)

1. When did she and her mother leave for their shopping trips?

   only on weekends — early in the morning — later, after work

2. How did they travel?

   by bus — on foot — by bike — by car

3. What was her mother's mood when they started off? Select all answers that apply.

   angry — anxious — dreamy — embarrassed
   happy — optimistic — sad — worried

Nous partions habituellement de bonne heure, maman et moi, et à pied (*on foot*) quand c'était l'été… En partant, maman était le plus souvent rieuse (*laughing*), portée à l'optimisme et même au rêve (*dream*), comme si de laisser derrière elle la maison, notre ville, le réseau (*network*) habituel de ses contraintes et obligations, la libérait…

C'était à notre arrivée chez Eaton seulement que se décidait si nous allions oui ou non passer à la lutte (*struggle*) ouverte. Tout dépendait de l'humeur de maman…

Si maman était dans ses bonnes journées, le moral haut… elle passait à l'attaque. Elle exigeait (*demanded*) une de nos compatriotes pour nous venir en aide. Autant maman était énergique, autant, je l'avais déjà remarqué, le chef de rayon était obligeant. Il envoyait vite quérir (*request*) une dame ou une demoiselle une telle, qui se trouvait souvent être de nos connaissances, parfois même une voisine. Alors s'engageait… la plus aimable et paisible des conversations…

Mais il arrivait à maman de se sentir vaincue (*defeated*) d'avance, lasse (*tired*) de cette lutte toujours à reprendre, jamais gagnée une fois pour toutes, et de trouver plus simple, moins fatigant de « sortir », comme elle disait, son anglais.

Nous allions de comptoir en comptoir. Maman ne se débrouillait (*get by*) pas trop mal, gestes et mimiques aidant. Parfois survenait une vraie difficulté comme ce jour où elle demanda « a yard or two of chinese skin to put under the coat… », maman ayant en tête (*in her head*) d'acheter une mesure de peau de chamois pour en faire une doublure (*lining*) de manteau.

Gabrielle Roy, *La détresse et l'enchantement.* © Fonds Gabrielle Roy.

4. The author mentions two possible scenarios for how the day would unfold once they had arrived at Eaton's. Indicate what determined whether it would be a good or a bad day.

the price of needed items　　her mother's mood　　the weather

5. Select all the things that would happen on a good day.

The mother...

____ would be assertive.

____ would find very good deals.

____ would have time to do her shopping.

____ would demand help in French.

____ would sometimes be waited on by a neighbor.

The daughter...

____ would behave in the store.

____ would have pleasant conversations.

6. Select all the things that would happen on a bad day.

____ The mother would speak English from the start with lots of gestures.

____ The daughter would misbehave in the store.

____ The mother would be misunderstood by the store employees.

____ The mother would have no time to do her shopping.

____ There would be too many people in the store to shop conveniently.

Nom : ______________________ Date : ______________

07-50 La détresse et l'enchantement : après avoir lu. Now that you've read the excerpt, answer the following questions in English.

1. The author recounts one episode involving a linguistic misunderstanding. Her mother wanted to buy some chamois cloth to line a coat but asked for something different. Why would the author think this situation was difficult? Why do you think the author chose to include this particular example?

____

____

____

____

____

2. What do you think about the mother's choice to use the French language or the English language when she goes shopping? Do you think one approach was better than the other? Why or why not?

____

____

____

____

____

3. Do you think linguistic situations similar to those evoked in this passage arise in present-day Canada? If so, where might they occur and why? If not, why not?

____

____

____

____

4. Have you ever been in a situation where you were speaking a foreign language and had a big misunderstanding due to something that you said the wrong way? Or have you ever been in a situation where a foreign person trying to communicate with you said something very strange? Describe the situation(s).

____

____

____

____

____

07-51 On se stresse et on se détend. In this segment you will see and hear, from a French perspective, about sources of stress and ways to combat them.

1. Which of the following factors, according to the narrator, contribute to the quality of life in France today?

   a. making time to relax

   b. taking pleasure in eating well

   c. spending time with friends

   d. using a day off for leisure

2. According to the narrator, what features of modern life produce stress for the French?

   a. being in a hurry

   b. pollution

   c. eating quickly and poorly

   d. abusing alcohol and tobacco

3. Throughout the clip, what do you see people doing to reduce the effects of stress in their lives?

   a. swimming

   b. stretching

   c. doing tai-chi

   d. rollerblading

07-52 Les rituels. The montage presents images of ceremonies or rituals that take place in the Francophone world. What elements do you see that suggest each of the following events?

1. a national holiday ______________________________
2. a wedding ______________________________
3. a family gathering ______________________________
4. a religious service or celebration ______________________________
5. a celebration of Christmas and the new year ______________________________
6. Are these the same elements you would expect to see for similar celebrations where you live? Explain your answer.

   ____

   ____

Nom : ______________________ Date : ______________

Observons

p. 224

07-53 Rites et traditions : avant de regarder. You may already have completed the **Observons** activity in Lesson 2 of this chapter in your textbook. If not, you will find it helpful to go back and complete that activity before moving on to the questions below. In the clip that you will see, Corinne describes two important events in her life: her baptism and her first communion. What do you know about these customs of the Catholic Church? If the nature and symbolic meaning of these rituals are unfamiliar to you, you might wish to do a little basic research on the Internet before viewing the clip.

____

____

____

____

____

____

07-54 Rites et traditions : en regardant. As you watch and listen, look for the answers to the following questions.

1. Corinne parle d'abord ... de sa petite cousine.

   ____ **a.** de la naissance ____ **b.** du baptême ____ **c.** de la première communion

2. Pour Corinne, c'était différent ; elle a demandé ce rituel à l'âge de...

   ____ **a.** 4 ans. ____ **b.** 14 ans. ____ **c.** 15 ans.

3. Cela s'est passé le jour de...

   ____ **a.** Noël. ____ **b.** Pâques. ____ **c.** la Saint-Patrice.

4. Pour sa première communion, Corinne était habillée en...

   ____ **a.** rose. ____ **b.** bleu. ____ **c.** blanc.

5. Après, il y a eu un grand...

   ____ **a.** repas. ____ **b.** voyage. ____ **c.** mariage.

6. La pièce-montée, c'est...

   ____ **a.** une fête. ____ **b.** un gâteau. ____ **c.** un cadeau.

07-55 Rites et traditions : après avoir regardé. Corinne remarks that even non-practicing Catholics in France tend to celebrate baptisms and first communions. Why might this be, in your opinion? Can you compare these traditions with any traditions in your own family or community?

____

____

____

____

Nom : ______________________ Date : ______________

8 Études et professions

Leçon 1 Nous allons à la fac

POINTS DE DÉPART

p. 243

08-01 À l'Université Laval. Read through this script for a guided tour of the Université Laval and fill in the missing spaces with the correct campus place names. Do not forget to include the appropriate definite or indefinite article.

Nous voici devant le Pavillon Maurice-Pollack. C'est *le centre étudiant*. Ici, les étudiants peuvent acheter des livres et des cahiers à la librairie ou visiter (1) ______________________ s'ils sont malades. Les bureaux d' (2) ______________________ sont aussi dans ce pavillon, si vous désirez vous inscrire aux associations. Juste à côté de nous, il y a le Pavillon Alphonse-Desjardins où il y a (3) ______________________ pour prendre ses repas et (4) ______________________ pour prendre le café avec ses amis après les cours. En face de ce pavillon, vous avez le Pavillon Jean-Charles Bonenfant où il y a (5) ______________________ pour travailler et chercher des livres et aussi (6) ______________________ pour s'inscrire à la faculté et aux cours. Plus loin sur la droite, c'est le Pavillon Alphonse-Marie-Parent. Ce sont (7) ______________________ où habitent les étudiants. Et pour faire du sport, les étudiants vont à l'autre côté du campus ; (8) ______________________ sont près du Pavillon de l'Éducation physique et des sports.

08-02 Où es-tu ? Myriam is calling her friends on her new cell phone. Based on what she hears in the background, determine each person's probable location and select it.

1. la BU	le stationnement
2. le pavillon principal	l'amphithéâtre
3. le centre sportif	les bureaux administratifs
4. la salle informatique	la cafétéria
5. le bureau des inscriptions	le labo de chimie
6. le bureau du professeur	les terrains de sport

08-03 Mauvaises directions. Malika is a new student. She is trying to learn where everything is on campus, but she is turned around. Set her right by writing the opposite of what she says.

MODÈLE You hear: L'infirmerie est près du stade ?

You write: Non, l'infirmerie est _loin_ du stade.

1. Non, le laboratoire de chimie est ________________ la piscine.
2. Non, la résidence est ________________ des terrains de sport.
3. Non, la librairie est ________________ du cinéma.
4. Non, le gymnase est ________________ de la piscine.
5. Non, la salle informatique est ________________ les terrains de sport.
6. Non, la bibliothèque est ________________ de la résidence.

08-04 Sur votre campus. Indicate how the following places on your campus are situated in relation to each other using one of following expressions.

à côté de	à droite de	à gauche de
dans	derrière	devant
en face de	loin de	près de
le labo	des langues	étrangères et

MODÈLE la bibliothèque et la librairie :

La bibliothèque est loin de la librairie.

1. la bibliothèque et le bureau des inscriptions :

____

2. le centre étudiant et le labo de chimie :

____

3. le bureau des inscriptions et les résidences :

____

4. la cafétéria et la salle informatique :

____

5. le centre sportif et l'infirmerie :

____

6. le terrain de sport et le centre sportif :

____

Nom : ________________________________ Date : ____________________

SONS ET LETTRES

Les voyelles /e/ et /ɛ/

p. 246

08-05 /e/ ou /ɛ/ ? Indicate whether the final vowel you hear in each word is /e/ as in **télé** or /ɛ/ as in **bête** by selecting the appropriate symbol.

1. /e/ /ɛ/
2. /e/ /ɛ/
3. /e/ /ɛ/
4. /e/ /ɛ/
5. /e/ /ɛ/
6. /e/ /ɛ/
7. /e/ /ɛ/
8. /e/ /ɛ/

08-06 Écoutez bien ! Listen to the following sentences and select the words in which you hear the sound /ɛ/ as in "bête."

1. Il préfère faire du vélo.
2. Arrête un peu ! On étudie à la bibliothèque !
3. Elle déteste les crêpes de la cafétéria.
4. Ce trimestre, il va avoir un dictionnaire d'allemand.
5. C'est sa dernière semaine au restaurant universitaire.

FORMES ET FONCTIONS

1. Le comparatif et le superlatif des adverbes

p. 246-247

08-07 Comparaisons. Christine is comparing her residence hall friends. Listen to each of her statements and then select the sentence that has the same meaning.

1. a. Marie se lève moins tard que Babette.
   b. Marie se lève plus tard que Babette.
   c. Marie se lève aussi tard que Babette.
2. a. Nadège joue mieux au volley que sa camarade de chambre.
   b. Nadège joue moins bien au volley que sa camarade de chambre.
   c. Nadège joue aussi bien au volley que sa camarade de chambre.
3. a. Charlotte va moins souvent à la cafétéria que moi.
   b. Charlotte va plus souvent à la cafétéria que moi.
   c. Charlotte va aussi souvent à la cafétéria que moi.
4. a. Laura a moins de cours que Charlotte.
   b. Laura a autant de cours que Charlotte.
   c. Laura a plus de cours que Charlotte.
5. a. Sabine va plus souvent à la BU qu'Angèle.
   b. Sabine va aussi souvent à la BU qu'Angèle.
   c. Sabine va moins souvent à la BU qu'Angèle.

08-08 J'en ai plus ! Do you have more, as many, or fewer of the things indicated? Select the correct response for each sentence.

MODÈLE J'ai peu de livres. Mais mon prof de littérature a beaucoup de livres.

J'ai [**moins de** / plus de / autant de] livres que mon prof.

1. J'ai beaucoup de cours. Mon meilleur ami aussi.

   J'ai [moins de / plus de / autant de] cours que mon meilleur ami.

2. Je n'ai pas de problèmes. Mes amis ont beaucoup de problèmes.

   J'ai [moins de / plus de / autant de] problèmes que mes amis.

3. J'ai beaucoup de travail. Mes colocataires ne travaillent pas.

   J'ai [moins de / plus de / autant de] travail que mes colocataires.

4. Je suis assez stressé. Mes profs aussi.

   J'ai [moins de / plus de / autant de] stress que mes profs.

5. J'ai beaucoup d'amis. Ma voisine a peu d'amis.

   J'ai [moins d' / plus d' / autant d'] amis que ma voisine.

6. J'ai des CD. Mais mon meilleur ami a beaucoup de CD.

   J'ai [moins de / plus de / autant de] CD que mon meilleur ami.

08-09 La vie au campus. Zéphyr likes to compare himself to others. Complete each sentence according to the cue.

MODÈLE Mon colocataire connaît moins bien le campus que moi. (+)

Mon colocataire connaît *mieux* le campus que moi.

1. Mon voisin a plus de cours que moi. (–)

   Mon voisin a _____________ de cours que moi.

2. Mon camarade de chambre se couche aussi tard que moi. (+)

   Mon camarade de chambre se couche _____________ tard que moi.

3. Mon camarade de chambre a plus de devoirs que moi. (=)

   Mon camarade de chambre a _____________ de devoirs que moi.

4. Mon voisin parle aussi bien français que moi. (+)

   Mon voisin parle _____________ français que moi.

5. Mon camarade de chambre va moins souvent au centre sportif que moi. (=)

   Mon camarade de chambre va _____________ souvent au centre sportif que moi.

6. Mon voisin a autant d'examens que moi. (+)

   Mon voisin a _____________ d'examens que moi.

Nom : ______________________ Date : ______________

08-10 Je te rassure. Mélissa lacks self-confidence. Her friend Camille tries to reassure her by telling her that she is the best at everything. Complete what Camille says by selecting the appropriate ending.

1. le plus souvent — le moins souvent
2. le plus d'exercice — le moins d'exercice
3. le plus d'amis — le moins d'amis
4. le mieux — le moins bien
5. le plus — le moins
6. le moins de devoirs — le plus de devoirs

2. Les expressions indéfinies et négatives

p. 248-249

08-11 La cafétéria. You overhear snippets of conversation while in line at the cafeteria. Select **logique** if the second sentence is a logical response to the first, and **illogique** if it is illogical.

1. logique illogique
2. logique illogique
3. logique illogique
4. logique illogique
5. logique illogique
6. logique illogique

08-12 Un invité difficile. Marc is hosting a very difficult guest who refuses everything he is offered while touring the campus. Complete his answers with one of the negative expressions: **ne... rien**, **ne... personne**, or **ne... jamais.**

MODÈLE —Tu veux boire un coca ? —Non, je _ne_ bois _rien_.

—Tu veux faire de l'exercice ? —Non, je _ne_ fais _jamais_ d'exercice.

1. —Tu veux manger au resto U ?

   —Non, je _______ mange _____________ au resto U.

2. —Tu veux parler aux professeurs ?

   —Non, je _______ parle à _____________.

3. —Tu veux visiter l'infirmerie ?

   —Non, je _______ suis _____________ malade.

4. —Tu veux demander quelque chose aux associations étudiantes ?

   —Non, je _______ veux _____________ leur demander.

5. —Tu veux rencontrer mes amis ?

   —Non, je _______ veux rencontrer _____________.

6. —Tu veux emprunter quelque chose à la BU ? un livre, un DVD ?

   —Non, je _______ emprunte _____________ à la bibliothèque.

08-13 Le camarade de chambre. Sylvain is getting acquainted with his new roommate. Select the most logical answer for each of his questions.

1. Tu veux rencontrer nos voisins ?
   a. Personne ne veut me parler.
   b. Je ne veux rencontrer personne pour le moment, je suis fatigué.
   c. Il n'y a rien à faire ici.
2. Tu as acheté des tickets pour le restaurant universitaire ?
   a. Non, je n'ai rien acheté.
   b. Non, personne n'a acheté de livres.
   c. Non, je ne vais jamais aller à la bibliothèque.
3. Tu vas prendre la navette quelquefois ?
   a. Il n'y a personne dans la navette !
   b. Je ne vais rien prendre.
   c. Je ne vais jamais prendre la navette ; j'ai un vélo.
4. Qui est-ce que tu as comme professeur de chimie ?
   a. Personne. Je ne suis pas de cours de chimie.
   b. Rien. Je ne suis pas de cours de chimie.
   c. Jamais. Je ne suis pas de cours de chimie.
5. Quelqu'un t'a donné le code pour la salle informatique ?
   a. Je n'ai donné le code à personne.
   b. Je n'ai rien donné.
   c. Personne ne m'a donné le code.
6. Tu as des livres à rendre à la bibliothèque cet après-midi ?
   a. Rien ne se passe cet après-midi.
   b. Je n'ai rien à rendre à la bibliothèque.
   c. Personne n'a cours l'après-midi.

Nom : ______________________ Date : ______________________

08-14 Mauvaise langue. Jean-Luc always thinks the worst of his friends. Provide a more balanced view by correcting his negative statements.

MODÈLE You hear: Il n'a rien mangé.

You write: Si, il a mangé *quelque chose* !

1. Si, il étudie pour ses cours ______________.
2. Si, ______________ lui a téléphoné.
3. Si, il donne ______________ à ses colocataires.
4. Si, il consulte le plan du campus ______________.
5. Si, il a invité ______________.
6. Si, il range sa chambre ______________.

Écoutons

08-15 Nouvelles sur le campus : avant d'écouter. Think about a typical day at school. Where do you usually go? What do you do?

____

____

08-16 Nouvelles sur le campus : en écoutant. Elsa, a new student, is talking to Cédric. Listen as he describes the best places on campus for doing various things.

1. The first time you listen, fill in the first column of the chart below with the places Cédric likes to go on campus.
2. The second time you listen, write down what activity can be done in each location in the second column of the chart.
3. The last time you listen, write down the precise locations of Cédric's favorite places in the last column of the chart. Some information has been provided for you.

	À QUEL ENDROIT ?	POUR QUOI FAIRE ?	OÙ SE TROUVE... ?
Proposition 1	*la bibliothèque*	3.	6.
Proposition 2	1.	*discuter avec ses amis* 4.	7. 8.
Proposition 3	2.	5.	*à droite des terrains de sport* 9.

Écrivons

08-17 Mon campus.

A. Mon campus : avant d'écrire. Write a description of your campus to share with a French-speaking e-mail correspondent. Before writing your description, complete the following activities.

1. Make a list, in French, of places on your campus that you will include in your description. (for example: *la bibliothèque universitaire, le café dans le centre étudiant...*)

 ____

 ____

2. For as many of the places as possible, jot down what people do there. (for example: *la bibliothèque : travailler, réviser ses cours ; le café : retrouver des amis, discuter...*)

 ____

 ____

3. Think about where the various places you have chosen are located in relation to each other. (for example: *il y a un petit café dans la bibliothèque ; le centre étudiant est près de la bibliothèque...*)

 ____

 ____

4. Make a few comparisons about your routine related to each of the places you mentioned (for example: *la bibliothèque : souvent ; la cafétéria : jamais ...*)

 ____

 ____

B. Mon campus : en écrivant. While writing your description, keep in mind that if your intended reader is from France, the very idea of a campus might be somewhat unfamiliar to him or her. Make sure to include some adjectives when you describe the campus and to tell a little bit about what you do there to make your campus more interesting.

MODÈLE *Mon campus est très joli mais assez petit. Le campus se trouve dans un grand parc à l'extérieur de la ville. J'aime beaucoup la nouvelle bibliothèque. Je vais le plus souvent à la bibli pour travailler avec mes amis. Il y a un petit café dans la bibliothèque pour discuter ou travailler avec des amis. Le grand centre d'étudiants est près de la bibliothèque. Dans le centre, il y a une cafétéria et... Je ne vais jamais à la cafétéria. Est-ce qu'il y a un centre d'étudiants à la fac de... ?*

____

____

____

____

____

____

____

____

Nom : ______________________________ Date : ____________________

Leçon 2 Une formation professionnelle

POINTS DE DÉPART

p. 253-254

08-18 Les cours. The following is a list of students and their schools. Match each of them with the course that they are most likely taking.

____ 1. Luc : la faculté des sciences économiques
____ 2. Hervé : la faculté des sciences physiques
____ 3. Mathieu : la faculté des beaux-arts
____ 4. Julien : la faculté de droit
____ 5. Aurélie : la faculté des sciences humaines
____ 6. Céline : la faculté des lettres
____ 7. Vanessa : la faculté des sciences naturelles

a. un cours d'anthropologie
b. un cours de biologie
c. un cours de chimie
d. un cours de comptabilité
e. un cours de dessin
f. un cours de droit constitutionnel
g. un cours de philosophie

08-19 Parlons des cours. Listen as Mamadou talks about his schedule at the Université de Montpellier, and select the courses he has each day.

1. lundi :	biologie	histoire	littérature	mathématiques
2. mardi :	allemand	dessin	gestion	informatique
3. mercredi :	chimie	médecine	laboratoire de chimie	philosophie
4. jeudi :	informatique	peinture	sculpture	mathématiques
5. vendredi :	théâtre	mathématiques	physique	laboratoire de biologie

08-20 Des programmes d'études et des cours. Listen as Maéva tells what courses she and her friends are taking. Write down each course that is mentioned in the appropriate college or school.

MODÈLE You hear: Je suis un cours de sociologie.
You write: Sciences humaines : *sociologie*

1. Lettres : ______________________________
2. Sciences humaines : ______________________________
3. Sciences naturelles : ______________________________
4. Sciences physiques : ______________________________
5. Sciences économiques : ______________________________
6. Beaux-arts : ______________________________
7. Arts du spectacle : ______________________________

08-21 Les goûts et les spécialisations. Based on the descriptions, complete each sentence by selecting the degrees that the following students are probably working toward.

1. Claire aime les ordinateurs et les maths.

   Elle prépare un diplôme [en anthropologie ; en informatique].
2. Laurent adore les animaux.

   Il prépare un diplôme [en botanique ; en zoologie].
3. Émilie aime beaucoup la politique, surtout les élections.

   Elle prépare un diplôme [en psychologie ; en sciences politiques].
4. Gaëlle a une passion pour le théâtre et la danse.

   Elle prépare un diplôme [en arts du spectacle ; en beaux-arts].
5. Sébastien aime les langues étrangères, les sciences politiques et la communication.

   Il prépare un diplôme [en génie ; en relations internationales].
6. Élodie étudie les sciences naturelles et désire aider les gens.

   Elle prépare un diplôme [en journalisme ; en médecine].

SONS ET LETTRES

 Les voyelles /o/ et /ɔ/

p. 256-257

08-22 /o/ ou /ɔ/? Indicate whether the vowel you hear is /o/ as in **beau** or /ɔ/ as in **botte** by selecting the appropriate symbol.

1. /o/ /ɔ/
2. /o/ /ɔ/
3. /o/ /ɔ/
4. /o/ /ɔ/
5. /o/ /ɔ/
6. /o/ /ɔ/
7. /o/ /ɔ/
8. /o/ /ɔ/
9. /o/ /ɔ/
10. /o/ /ɔ/

08-23 Une berceuse. Listen to the words of this traditional French lullaby, and repeat after the speaker, paying particular attention to the sounds /o/.

1. Fais dodo, Colin, mon p'tit frère,
2. Fais dodo, t'auras du lolo.
3. Maman est en haut
4. Qui fait du gâteau,
5. Papa est en bas,
6. Qui fait du chocolat.
7. Fais dodo, Colin, mon p'tit frère,
8. Fais dodo, t'auras du lolo.

Nom : ______________________________ Date : ____________________

FORMES ET FONCTIONS

1. Les verbes de communication *écrire, lire* et *dire*

p. 257-258

08-24 Combien ? Listen as two students talk about their reading assignments. For each statement that you hear, select **1** if the subject of the sentence is one person and **1+** if it is more than one person.

1. 1 1+
2. 1 1+
3. 1 1+
4. 1 1+
5. 1 1+
6. 1 1+

08-25 On écrit. Complete the following sentences using the verb **écrire** and an item from the word bank. Each word can only be used once.

un article	une critique	un mail	un poème
une autobiographie	~~un essai~~	une pièce de théâtre	un roman

MODÈLE Vous devez décrire le système politique en France pour votre prof de sciences po.

Vous *écrivez un essai*.

1. Nous voulons décrire nos vacances en Afrique à une amie.

   Nous ____.
2. Je veux raconter ma vie quand j'étais enfant.

   J'____.
3. Vous voulez critiquer l'ONU (l'Organisation des Nations unies) pour un cours.

   Vous ____.
4. Vos profs veulent publier leur recherche en linguistique appliquée.

   Ils ____.
5. Un ami veut critiquer la société moderne d'une façon créative.

   Il ____.

08-26 Les devoirs à la fac. Two friends are discussing college assignments. Listen to each of their comments and questions, and select the correct form of the verb **dire**, **écrire**, or **lire** that you hear.

1. lis lisent
2. dit dites
3. dis dit
4. lisent lis
5. écris écrit
6. écrivent écrit

08-27 La lecture. Indicate what the following people read by completing the sentences.

MODÈLE Vous vous intéressez aux évènements politiques actuels.

Vous lisez des journaux comme *Le Monde* ou *Le Figaro*.

1. Elle adore l'œuvre de Shakespeare et de Molière.

   _______________ des pièces de théâtre.

2. Nous n'avons pas beaucoup de temps pour lire.

   _______________ des magazines.

3. Ils préparent leur examen de chimie.

   _______________ leurs notes de cours et de labo.

4. Tu aimes les histoires d'amour.

   _______________ des romans.

5. J'adore faire la cuisine.

   _______________ des livres de cuisine.

2. Le comparatif et le superlatif des adjectifs

p. 259-260

08-28 Choisir une université. Samira has to make a decision between a state and a private university. Using her notes, complete the following sentences with the appropriate comparison. Pay attention to the agreement of the adjective.

MODÈLE – / cher : L'université publique est *moins chère que* l'université privée.

1. + / grand : L'université publique est _______________ l'université privée.
2. – / divers : La population étudiante de l'université privée est _______________ la population étudiante de l'université publique.
3. = / nombreux : Les cours de l'université privée sont _______________ les cours de l'université publique.
4. + / bon : La cafétéria de l'université privée est _______________ la cafétéria de l'université publique.
5. – / vieux : L'université publique est _______________ l'université privée.
6. + / bon : Le centre sportif de l'université privée est _______________ le centre sportif de l'université publique.

Nom : ______________________________ Date : ____________________

08-29 Entre frères et sœurs. Jean-Marc is comparing his siblings. Select **son frère** to indicate that his brother has more of the quality he mentions, or **sa sœur** to indicate that his sister has more. Select **les deux** to indicate that brother and sister are alike in the quality mentioned. Listen carefully!

1. son frère sa sœur les deux
2. son frère sa sœur les deux
3. son frère sa sœur les deux
4. son frère sa sœur les deux
5. son frère sa sœur les deux
6. son frère sa sœur les deux
7. son frère sa sœur les deux
8. son frère sa sœur les deux

08-30 Qu'est-ce que vous pensez ? What do you think of your classes and your university? Complete each of the following sentences in the superlative, using one of the cues. Pay attention to the agreement of the adjective and the definite article.

amusant	beau	difficile	intéressant	mauvais
animé	bon	ennuyeux	facile	médiocre

MODÈLE Mon campus est *le plus beau.*

1. Mon prof de français est ______________________________.
2. Ma cafétéria est ______________________________.
3. Ma spécialisation est ______________________________.
4. Mes cours sont ______________________________.
5. Mon / Ma colocataire est ______________________________.
6. Mes devoirs de français sont ______________________________.

08-31 À propos des cours. Patricia and Delphine are discussing their classes for this semester. Select the sentence that explains how they feel about the first item mentioned.

1. a. C'est le plus difficile. b. C'est le moins difficile.
2. a. Ce sont les meilleures. b. Ce sont les plus mauvaises.
3. a. C'est la plus intéressante. b. C'est la moins intéressante.
4. a. C'est le plus facile. b. C'est le moins facile.
5. a. Ce sont les plus longs. b. Ce sont les moins longs.
6. a. C'est le plus ennuyeux. b. C'est le moins ennuyeux.

Écoutons

08-32 Les Grandes Écoles : avant d'écouter. Think about what kind of career you want to have? Write a list, in French, of courses you have to take to prepare yourself for this type of career.

____

____

____

____

08-33 Les Grandes Écoles : en écoutant. Now listen as Élodie, François, and Virginie discuss their plans to study at **les Grandes Écoles**. For each person, listen a first time to write down his or her major. As you listen a second time, write down the courses each of them has been taking in the order you hear them. Remember to include the appropriate definite article. Some information has already been provided for you.

	ÉLODIE	FRANÇOIS	VIRGINIE
Spécialisation	*les sciences économiques*	3.	6.
Cours	*l'économie*	4.	7.
	1.	5.	8.
	2.		9.

Nom : ______________________ Date : ______________________

Écrivons

08-34 Votre emploi du temps à la fac.

A. Votre emploi du temps à la fac : avant d'écrire. Write a short narrative in the form of a paragraph about your classes this semester. Complete the following steps before writing.

1. List the courses you have this semester.
   (for example: *un cours d'histoire...*)

   ____

   ____

2. List your major or field of specialization and your minor(s).
   (for example: *la chimie...*)

   ____

   ____

3. For each of the courses you listed in (1) above, provide one or two descriptive adjectives and make comparisons.
   (for example: *le cours de chimie : difficile, intéressant ; le cours d'histoire : amusant...*
   Le cours de chimie est plus difficile que le cours d'histoire...)

   ____

   ____

4. Prepare a concluding statement for your paragraph.
   (for example: *J'aime bien mes cours mais je travaille beaucoup ce semestre. Le semestre prochain va être plus facile.*)

   ____

   ____

B. Votre emploi du temps à la fac : en écrivant. Using the information you prepared above, write your paragraph. Once you are satisfied with the content of your paragraph, proofread your work for errors in spelling and grammar.

MODÈLE *Je prépare un diplôme en chimie. Ce semestre j'ai un programme très difficile. Le lundi, par exemple, j'ai un cours de chimie, un cours d'histoire et... Le cours de chimie est plus difficile que le cours d'histoire, mais il est aussi le plus intéressant... J'aime beaucoup mes cours, mais je travaille beaucoup ce semestre. Le semestre prochain va être plus facile.*

____

____

____

____

____

____

Leçon 3 Choix de carrière

POINTS DE DÉPART

p. 263-264

08-35 Quel est son métier ? Match each job description you hear with the appropriate title.

____ 1. Gisèle	a. agent de police
____ 2. Catherine	b. architecte
____ 3. Pauline	c. assistant social
____ 4. Loïc	d. facteur
____ 5. Lucas	e. informaticienne
____ 6. Alexia	f. médecin
____ 7. Patrick	g. musicien
____ 8. Adrien	h. serveuse

08-36 Quelle profession ? Look at the provided clues to do the following crossword puzzle on the theme of professions.

Horizontalement

3. Elle peut gagner un bon salaire et défendre des victimes.
6. Elle travaille avec les ordinateurs.
8. Elle travaille dans un café.

Verticalement

1. Il aime les maths et a beaucoup de calculatrices.
2. Il joue du piano, du saxophone ou de la guitare.
4. Il travaille à l'université.
5. La spécialité de ce médecin est les dents.
7. Acteurs, chanteurs, peintres ; ce sont tous des...

Nom : ______________________________ Date : ____________________

08-37 Quels sont vos projets ? As you listen, select possible careers for each person based on what they are studying. More than one answer may be correct.

1. facteur	journaliste scientifique	professeur	dentiste
2. acteur	chanteur	comptable	représentant
3. avocate	architecte	fonctionnaire	pharmacienne
4. artiste	informaticien	ingénieur	acteur
5. écrivain	infirmier	médecin	pharmacien
6. journaliste	agent de police	professeur	secrétaire

08-38 Descriptions. Sébastien and Claire are discussing career choices. For each of the proposed professions, select the comment that best characterizes it.

1. Un pharmacien [travaille le plus souvent en plein air ; a le plus souvent contact avec les gens].
2. Un homme d'affaires [est doué avec les nombres ; travaille avec les enfants].
3. Une infirmière [cherche à voyager ; cherche à aider les gens].
4. Une vendeuse [a le sens du contact avec les gens ; a beaucoup de prestige].
5. Un ingénieur [a un salaire très important ; n'est pas doué avec les mathématiques].
6. Un écrivain [a un travail en plein air ; est assez autonome dans son travail].

FORMES ET FONCTIONS

p. 266

1. *C'est* et *il est*

08-39 Professionnels bien connus. For each of these famous people, complete the sentences that tell their nationality and profession, using **c'est** or **il/elle est**.

MODÈLE Gustave Eiffel ? _C'est_ un Français. _Il est_ ingénieur.

1. Gabrielle Roy ? ____________ écrivain. ____________ une Canadienne.
2. Vincent Van Gogh ? ____________ néerlandais. ____________ un artiste.
3. Marie Curie ? ____________ une chimiste. ____________ polonaise.
4. Hector Berlioz ? ____________ compositeur. ____________ un Français.
5. Léopold Sédar Senghor ? ____________ un homme politique. ____________ sénégalais.

08-40 Opinions. Listen as Hélène describes her friends. Associate each of her statements with the appropriate description.

____1. Lola	a. C'est une actrice très douée.
____2. Marc	b. C'est un architecte médiocre.
____3. Babette	c. C'est un dentiste sympathique.
____4. Annette	d. C'est une excellente musicienne.
____5. Julien	e. C'est un journaliste sérieux.
____6. Romain	f. C'est une mauvaise chanteuse.

08-41 Qu'est-ce qu'ils font ? Michel is writing a report on his friends' careers for a journalism class, but did not take very complete notes. For each person, write a full sentence using **c'est** or **il est**.

MODÈLES You see: Antoine : informaticien
You write: *Il est informaticien.*
You see: Martine : mauvaise artiste
You write: *C'est une mauvaise artiste.*

1. Marie : bonne fonctionnaire ____________________.
2. Claire : assistante sociale ____________________.
3. Margot : musicienne ____________________.
4. Mohamed : avocat intelligent ____________________.
5. Marianne : factrice ____________________.
6. Laurent : ingénieur ambitieux ____________________.

08-42 Portraits. Camille is discussing her family members' professional paths. Listen to each of her descriptions, and select the answer that best reflects her statements.

1. a. Il est médecin.
   b. C'est un médecin occupé.
   c. Il est stressé.
2. a. C'est une infirmière.
   b. Elle aime le prestige.
   c. Elle est méchante.
3. a. Il est intéressant.
   b. C'est un homme d'affaires.
   c. C'est un ingénieur intelligent.
4. a. C'est une comptable douée.
   b. Elle est ennuyeuse.
   c. Elle est comptable.
5. a. C'est un bon serveur.
   b. C'est un facteur.
   c. Il est ingénieur.
6. a. C'est une dentiste douée.
   b. Elle est secrétaire.
   c. C'est une vendeuse.

Nom : ______________________ Date : ______________________

2. Le verbe *venir*

p. 267-268

08-43 Combien ? While waiting in line at the cafeteria, you overhear conversations. For each statement that you hear, select **1** if the subject of the sentence is one person and **1+** if it is more than one person.

1. 1 1+
2. 1 1+
3. 1 1+
4. 1 1+
5. 1 1+
6. 1 1+

08-44 Déductions. Indicate where the following people are coming from on campus according to the cues.

MODÈLE Sophie a déjeuné.

Elle *revient de la cafétéria.*

1. Thibaut et Claire ont nagé.

   Ils ______________________________.
2. Coralie est fatiguée. Elle a dormi.

   Elle ______________________________.
3. Nous avons fait des recherches pour un essai.

   Nous ______________________________.
4. Mes colocataires ont fait une expérience de chimie.

   Elles ______________________________.
5. Je suis malade. Je suis allée voir le médecin.

   Je ______________________________.

08-45 Une belle carrière. Samira is hesitating between careers. Complete the following sentences by selecting the appropriate verb.

1. Une journaliste [obtient ; revient] des informations.
2. Une actrice [devient ; retient] souvent difficile avec l'âge.
3. Un agent de police [maintient ; vient] l'ordre dans la ville.
4. Une infirmière [tient ; soutient] les malades.
5. Un musicien [tient ; devient] plus doué avec l'expérience.
6. Un fonctionnaire [vient ; tient] travailler au bureau tous les jours.

08-46 Qu'est-ce qu'ils disent ? Mireille is moving into her new dorm and overhears conversation from fellow students. Listen and select **action récente** if the statement indicates an action has just been completed or **origine** if the statement indicates where one is coming from.

MODÈLE You hear: Elle vient du bureau des inscriptions.
You select: action récente *origine*

1. action récente origine
2. action récente origine
3. action récente origine
4. action récente origine
5. action récente origine
6. action récente origine

Écoutons

08-47 Chez la conseillère d'orientation : avant d'écouter. What kind of questions should one take into consideration when choosing a career? For example: **Vous voulez aider les gens ? Vous voulez voyager ?** Can you think of another possible question?

____

____

08-48 Chez la conseillère d'orientation : en écoutant. Mélanie is discussing possible career paths with a counselor. Listen to their conversation and answer the questions below by selecting the correct responses.

1. Pourquoi est-ce que Mélanie prépare un diplôme de médecine ?
   a. Elle adore les maths.
   b. C'est une tradition familiale.
   c. Elle veut aider les gens.
2. Qu'est-ce que sa conversation avec la conseillère révèle ?
   a. Elle fait un travail médiocre en sciences naturelles.
   b. Elle veut avoir un métier qui a beaucoup de prestige.
   c. Elle est trop solitaire pour être médecin.
3. Quelle nouvelle possibilité se présente à la fin de la conversation ?
   a. Mélanie va étudier la biologie.
   b. Mélanie va faire de la musique.
   c. Mélanie va devenir actrice.

Nom : ______________________ Date : ______________________

Écrivons

08-49 Avis aux étudiants.

A. Avis aux étudiants : avant d'écrire. You are working at the career center at your school and have an idea for a new advice column for students who have questions about their future careers. To sell the idea, you must present a sample column to your supervisor with a question and an appropriate response. Complete the following activities before beginning to write your sample.

1. Imagine that you are a student looking for a future career and make a list, in French, of three qualities you are looking for in your career.

   (for example: *un travail intéressant, un bon salaire...*)

   ____

   ____

   ____

2. Now make a list, in French, of the skills and/or personal interests you bring to your search for a suitable career.

   (for example: *je travaille beaucoup, j'aime aider les gens...*)

   ____

   ____

   ____

3. Looking over the qualities you listed in (1) and the skills you listed in (2), suggest, in French, two or three suitable careers.

   (for example: *médecin, infirmier, pharmacien*)

   ____

   ____

   ____

4. Write down in French one or two things that you should do to prepare for the type of career suggested in (3).

   (for example: *étudier la biologie, les sciences...*)

   ____

   ____

   ____

B. Avis aux étudiants : en écrivant. First, looking at the information from parts (1) and (2), write a letter from a student seeking career advice. Then, looking at the information you provided for (3) and (4), write a brief answer.

MODÈLE QUESTION : *Je veux un travail intéressant avec un bon salaire. J'aime aider les gens et je peux travailler beaucoup. Je ne veux pas un travail où on est très autonome... Je suis assez patient et je suis généreux. J'étudie la biologie et les sciences naturelles, mais je n'aime pas travailler au laboratoire. Est-ce que vous pouvez m'aider ?*

RÉPONSE : *Je suggère une carrière médicale. Vous pouvez être médecin, infirmier ou pharmacien si vous voulez travailler avec les gens. C'est un métier très intéressant. Vous ne devez pas être technicien si vous n'aimez pas travailler au laboratoire. Il faut continuer vos études de biologie. Vous pouvez...*

____

____

____

____

____

____

____

____

____

Lisons

08-50 Journal d'un criminologue angoissé : avant de lire. This passage is from a short story in the collection *L'Ange Aveugle* (*The Blind Angel*) by Tahar Ben Jelloun, a Moroccan writer. In this excerpt, one of the main characters, Emilio, who is involved in police work, describes his profession. Before you read, answer these questions in English.

1. What kinds of information would you expect Emilio to provide about his profession?

   __________ feelings about his job
   __________ job description
   __________ place of work
   __________ leisure activities
   __________ type of lodging
   __________ type of degree he has
   __________ work schedule

2. Knowing that Emilio is a criminologist, select what type of extra information could be expected.

   __________ information about his boss
   __________ information about criminals
   __________ information about crime scenes
   __________ information about his wages

Nom : ______________________________ Date : ____________________

08-51 Journal d'un criminologue angoissé : en lisant. As you read, provide the following information in English.

JOURNAL D'UN CRIMINOLOGUE ANGOISSÉ

D'abord (*first*) la technique : remonter le film de l'événement, nommer les lieux (*places*), l'heure précise, l'arme utilisée, le calibre des balles ..., l'âge, le nom et le prénom, la profession, la réputation ... classer tout cela dans un dossier (*file*)...

Cela est mon travail. Je suis criminologue. Je suis fonctionnaire du ministère de la Justice. Je dois être disponible (*available*) pour fournir toutes ces informations le plus rapidement possible. Je fais des fiches (*forms*). Je les classe. Je les analyse au bout d'un certain temps, après une année en général. Je communique mes conclusions aux sociologues, à l'observatoire universitaire de la camorra (*mafia-like criminal organization based in Naples, Italy*), à certains journalistes, à la police éventuellement (*perhaps*).

Source : « Journal d'un criminologue angoissé » in *L'Ange Aveugle*, Tahar Ben Jelloun, © Éditions du Seuil, 1992, coll. Points, 1994, 1995.

1. Select specific things that Emilio does in his line of work according to the text.

__________ analyzing facts
__________ filing forms
__________ doing research on the Internet
__________ visiting criminals
__________ filling out information forms
__________ visiting victims' houses

2. Select other professionals with whom he works according to the text.

__________ businessmen
__________ lawyers
__________ doctors
__________ police officers
__________ journalists
__________ social workers

3. Emilio fills out a form at each crime scene he visits. In addition to the victim's last and first names, what are the general categories mentioned in the passage that should appear in this form?

__________ age
__________ phone number
__________ caliber of bullet
__________ profession
__________ education
__________ reputation
__________ marital status
__________ time
__________ place
__________ weapon

08-52 Journal d'un criminologue angoissé : après avoir lu. Now that you've read the text, complete these activities. Answer in English unless otherwise indicated.

JOURNAL D'UN CRIMINOLOGUE ANGOISSÉ

D'abord (*first*) la technique : remonter le film de l'événement, nommer les lieux (*places*), l'heure précise, l'arme utilisée, le calibre des balles …, l'âge, le nom et le prénom, la profession, la réputation … classer tout cela dans un dossier (*file*)…

Cela est mon travail. Je suis criminologue. Je suis fonctionnaire du ministère de la Justice. Je dois être disponible (*available*) pour fournir toutes ces informations le plus rapidement possible. Je fais des fiches (*forms*). Je les classe. Je les analyse au bout d'un certain temps, après une année en général. Je communique mes conclusions aux sociologues, à l'observatoire universitaire de la camorra (*mafia-like criminal organization based in Naples, Italy*), à certains journalistes, à la police éventuellement (*perhaps*).

Source : « Journal d'un criminologue angoissé » in *L'Ange Aveugle*, Tahar Ben Jelloun, © Éditions du Seuil, 1992, coll. Points, 1994, 1995.

1. How did Emilio's description of his profession and day-to-day activities compare to the information you expected him to provide? Did anything surprise you? What?

____

____

2. After reading Emilio's description of his profession, what kind of person do you think he is? Write a short portrait of him in French.

____

____

____

____

Nom : ______________________________ Date : ____________________

08-53 Je suis étudiant. In this clip, three people talk about their work at the **Université de Nice**. Listen and complete each sentence; in some cases, there may be more than one correct answer.

1. Édouard est étudiant en...
   - a. histoire-géo.
   - b. chimie.
   - c. communication.
2. Cette année, son emploi du temps est
   - a. peu chargé.
   - b. très chargé.
   - c. assez compliqué.
3. Fadoua étudie...
   - a. l'art.
   - b. la communication.
   - c. le marketing.
4. Christian est professeur de...
   - a. littérature.
   - b. civilisation française.
   - c. communication.

Observons

p. 269

08-54 Une belle carrière : avant de regarder. You may already have completed the **Observons** activity in Lesson 2 of this chapter in your textbook. If not, you will find it helpful to go back and complete that activity before moving on to the questions below. In the clip that you will see, Barbara talks about her career as an architect. Make a list of the courses she probably took in order to become an architect.

____

____

____

08-55 Une belle carrière : en regardant. As you watch and listen, look for the answers to the following questions.

1. Barbara a étudié l'architecture pendant sept ans et elle a fait... ans de spécialisation.

   a. deux b. trois c. cinq

2. Choisissez tous les détails que Barbara donne sur son travail :

   ____ a. Elle n'aime pas son travail.
   ____ b. Elle travaille sur les maisons de Seillans.
   ____ c. Elle travaille sur des projets de rénovation.
   ____ d. Elle trouve son travail intéressant.
   ____ e. Elle a quelquefois des projets de création.
   ____ f. Elle travaille avec son mari.

08-56 Une belle carrière : après avoir regardé. What do you think of Barbara's reasons for choosing her career? Are those advantages/reasons important to you or not? Write a few sentences in French explaining why or why not.

9 Voyageons !

Leçon 1 Projets de voyage

POINTS DE DÉPART

p. 273-274

09-01 Rev'Afrique. Complete the following travel descriptions by selecting the appropriate means of transportation. Note that Paris is the place of departure, and pay attention to the country of destination indicated in each adventure.

MODÈLE *La Réunion en liberté* : tour auto

On prend [*l'avion* ; le taxi] pour arriver à la Réunion et ensuite on voyage [*en voiture* ; à pied].

1. *Océan Indien* : cocktail d'îles tropicales

   On prend [le car ; l'avion] pour arriver et après quand on se déplace d'une île à l'autre, on voyage [en bateau ; en minibus].

2. *Madagascar* : circuit en 4X4

   On prend [l'avion ; la moto] pour arriver à Madagascar et ensuite on voyage [en voiture ; à pied].

3. *Le grand tour du Sénégal*

   On prend [l'avion ; le taxi] pour arriver à Dakar et après on voyage [en bateau ; en minibus].

4. *Okavango safari*

   On prend [l'avion ; le car] pour arriver et après on voyage [en voiture ; à vélo].

5. *Maroc* : les villes impériales

   On prend [l'avion ; la moto] pour arriver et après on voyage [en car ; en bateau].

6. *Zanzibar* : visite de l'île aux épices à vélo

   On prend [l'avion ; le taxi] pour arriver à Zanzibar et ensuite on fait des promenades [à pied ; en taxi] et [à vélo ; en tramway].

09-02 Comment y aller ? Marianne works in a travel agency. Listen as she talks about her clients' travels, and write down the means of transportation she has arranged for each.

MODÈLE You hear: M. Drouet fait une randonnée à vélo dans l'Aveyron.

You write: M. Drouet fait une randonnée _à vélo_ dans l'Aveyron.

1. Les Smith retournent en Angleterre ______________________________.
2. Pour aller à Versailles, prenez ______________________________.
3. Ils sont allés en Russie ______________________________.
4. Les Lefèvre font un circuit en Corse ______________________________.
5. Pour voyager dans Paris, je vous conseille de prendre ______________________________.
6. Pour partir en Belgique, vous pouvez louer ______________________________.

09-03 Vous n'avez rien oublié ? Imagine that you are visiting Paris with a friend. You are about to leave the hotel to visit the city. Look at the list of things you have in your hotel room and select whether you will leave each object in your suitcase at the hotel or take it along in your backpack.

1. deux tee-shirts de Paris	dans la valise	dans le sac à dos
2. la clé de la chambre d'hôtel	dans la valise	dans le sac à dos
3. les clés de votre appartement aux États-Unis	dans la valise	dans le sac à dos
4. les souvenirs achetés hier	dans la valise	dans le sac à dos
5. un plan de Paris	dans la valise	dans le sac à dos
6. votre portefeuille	dans la valise	dans le sac à dos
7. une carte de crédit	dans la valise	dans le sac à dos
8. votre gros dictionnaire français-anglais	dans la valise	dans le sac à dos
9. votre appareil photo numérique	dans la valise	dans le sac à dos
10. des lunettes de soleil	dans la valise	dans le sac à dos

09-04 Excursions. M. and Mme Leclerc are thinking about what they need to take with them on a day trip. Match each of M. and Mme Leclerc's statements that you hear next to the item he or she is describing.

____1. M. Leclerc	a. un appareil numérique
____2. M. Leclerc	b. une carte bancaire
____3. M. Leclerc	c. la clé
____4. Mme Leclerc	d. les passeports
____5. Mme Leclerc	e. un portefeuille
____6. Mme Leclerc	f. un porte-monnaie

Nom : ______________________________ Date : ____________________

SONS ET LETTRES

La consonne *r*

p. 276

09-05 Répétition. Repeat the following words, being sure to keep the tip of your tongue pointing down. Do not move it up or back.

1. le métro
2. un aéroport
3. un car
4. un train
5. un appareil numérique
6. un passeport

09-06 Liaisons et enchaînements. Repeat the following sentences, paying attention to the linking between words.

1. J'ai toujours mal aux oreilles quand je prends le train à grande vitesse.
2. Rabat part en avril pour les Caraïbes.
3. Pierre leur a offert un voyage au Pérou pour leur mariage.
4. Mon passeport, mon porte-monnaie, mon portefeuille : je suis prête pour l'aéroport !

FORMES ET FONCTIONS

1. Le futur

p. 277-278

09-07 Projets de vacances. Antoine and Sabine are discussing their vacation plans. For each statement that you hear, select **c'est sûr** if the plan is definite and select **c'est moins sûr** if the plan is less definite.

1. c'est sûr c'est moins sûr
2. c'est sûr c'est moins sûr
3. c'est sûr c'est moins sûr
4. c'est sûr c'est moins sûr
5. c'est sûr c'est moins sûr
6. c'est sûr c'est moins sûr

09-08 Les prédictions. Make predictions for the year 2040 using the verbs in the list below. You may use the same verb twice if necessary.

avoir	faire	manger	travailler
être	habiter	savoir	voyager

MODÈLE Mes parents ne *travailleront* plus.

1. Ils ______________ partout dans le monde.
2. Mon ami/e et moi ______________ mariés et nous ______________ deux enfants.
3. Nous ______________ à Paris.
4. Je ______________ parler français parfaitement.
5. Notre fille ______________ des études à la Sorbonne.
6. Notre fils ______________ chef d'entreprise.

09-09 Optimisme. A group of friends is leaving to go away together in one week. Listen as they divide the tasks to be completed. Select the verb form that you hear for each statement.

1. téléphonerai — téléphonerez
2. iront — irons
3. chercherai — chercherez
4. feront — ferons
5. descendrons — descendront
6. appelleras — appellera

09-10 Après les études. What will your life be like in ten years? Write a short paragraph of four or five sentences to describe your future as you see it.

MODÈLE *Dans dix ans, je serai prof de français dans un lycée. Je serai mariée et j'aurai deux ou peut-être trois enfants. J'habiterai en Floride. Avec ma famille, j'irai souvent à la plage et nous ferons du vélo...*

____

____

____

____

____

2. Le pronom *y*

p. 279-280

09-11 Devinettes. Select all the logical places where the following activities can be done.

1. Les étudiants y vont pour chercher des livres.
   - a. au centre sportif
   - b. à la librairie
   - c. à la bibliothèque
   - d. à l'infirmerie
2. Vous y allez pour parler français avec les habitants.
   - a. au Québec
   - b. en France
   - c. au Sénégal
   - d. au Chili
3. On y va pour déposer un chèque et prendre de l'argent.
   - a. au théâtre
   - b. au restaurant
   - c. à l'aéroport
   - d. à la banque
4. On y met son permis de conduire, son argent, sa carte de crédit.
   - a. sur une mobylette
   - b. dans un carnet d'adresses
   - c. dans un portefeuille
   - d. dans un sac à dos
5. On y va pour jouer au foot.
   - a. au terrain de sport
   - b. au centre étudiant
   - c. au resto U
   - d. au stade
6. On y va pour prendre l'avion.
   - a. à la plage
   - b. à l'aéroport
   - c. en centre-ville
   - d. à la fac

Nom : ______________________________ Date : ____________________

09-12 Où vont-ils ?

Based on the reasons people give, indicate where each person is probably going by matching the statement with the appropriate destination.

____1. Paulo	a. à l'aéroport
____2. Maguy	b. à Londres
____3. Karine	c. à Paris
____4. Audrey	d. au bord de la mer
____5. Abdel	e. dans les Alpes
____6. Sandra	f. en Espagne

09-13 La curiosité.

A curious friend asks you some personal questions. Answer logically based on the context, using the pronoun **y**.

MODÈLE Tu vas souvent à la campagne ?

Non, *j'y vais* très peu.

1. Est-ce que tu allais régulièrement chez le dentiste quand tu étais enfant ?

   Oui, ____ deux fois par an.

2. Est-ce que ton prof de français est allé en Afrique ?

   Oui, ____.

3. Quand est-ce que tu vas aller à la bibliothèque pour travailler ?

   ____ demain soir et après-demain.

4. Tes parents ont passé les vacances en Europe l'été dernier ?

   Oui, ____ des superbes vacances.

5. Quand est-ce que tu vas dîner chez tes parents cette semaine ?

   ____ mercredi soir et dimanche après-midi.

6. On a besoin de sel. Quand est-ce que tu vas au supermarché ?

   ____________________ demain matin. Est-ce qu'on a besoin d'autre chose ?

09-14 Itinéraires. You and a friend are planning a trip. Answer your friend's questions by selecting the appropriate form to complete each of the following sentences.

MODÈLE You hear: On va d'abord à Paris ?

You select: Oui, [*on y va* ; on va y aller] d'abord.

1. Oui, [on y reste ; on va y rester] plusieurs jours.
2. Oui, [on y passe ; on va y passer].
3. Oui, [j'y suis déjà allé ; je vais bientôt y aller].
4. Oui, [il y passe ; il va y passer].
5. Oui, [j'y suis allé ; je vais y aller] bientôt.
6. Oui, [nous y allons ; nous allons y aller] avant de partir.

Écoutons

09-15 Prêt pour le départ ! : avant d'écouter. Imagine that you are leaving for a trip abroad. Select all the items you would most likely put in your carry-on bag.

_______ un sac à dos _______ un porte-monnaie _______ une valise

_______ un passeport _______ une carte de crédit

09-16 Prêt pour le départ ! : en écoutant. Sylvie and Bertrand are going to Tunisia on their honeymoon. When they arrive at the airport, they realize that one of their bags is missing.

1. Listen once and select all the items from the list below that were in their lost bag.

   _______ un appareil numérique _______ des passeports _______ un plan de la ville

   _______ des clés de voiture _______ une carte de crédit _______ un permis de conduire

   _______ des lunettes de soleil _______ un portefeuille _______ un porte-monnaie

2. Listen a second time and select all the following statements that are true, according to what you hear.

   a. Quand ils arriveront à l'hôtel, Bernard et Sylvie se reposeront.

   b. Quand ils arriveront à l'hôtel, Bernard et Sylvie iront à la piscine pour se détendre.

   c. Demain, ils téléphoneront à leur agence de voyage.

   d. Demain, ils téléphoneront à l'aéroport.

   e. S'ils ne retrouvent pas leur sac, ils seront en colère.

   f. S'ils ne retrouvent pas leur sac, ils iront faire des achats à Tunis.

Nom : ______________________ Date : ______________

Écrivons

09-17 Un bon itinéraire.

A. Un bon itinéraire : avant d'écrire. You are preparing an itinerary for a Francophone friend who is going to spend a few weeks in your region this summer with her or his family. Write an e-mail to your friend to suggest some ideas. To begin, complete the following steps.

1. List two or three cities that your friends could visit.

   (for example: *Atlanta, Orlando*)

   ____

   ____

2. Describe two or three activities they can do in each city.

   (for example: *visiter la Tour CNN, visiter la maison de Coca-Cola*)

   ____

   ____

3. Indicate when and where you will meet them.

   (for example: *la semaine du 23 juillet à Orlando*)

   ____

   ____

4. Choose one or two activities that you will do together.

   (for example: *aller à Disney World*)

   ____

   ____

B. Un bon itinéraire : en écrivant. Now draft your e-mail. Make sure the verbs you use to mention the things you will do are conjugated in the appropriate form of the **futur**. Remember to use words such as **d'abord**, **ensuite**, **après**, **puis**, and **enfin** to organize your ideas in your paragraphs.

MODÈLE *Chère Isa,*

J'attends avec impatience ta visite. Je serai très contente de te voir. J'ai envie de connaître tes parents et ta petite sœur, Anne.

J'ai quelques idées pour votre visite. Je sais que vous voulez visiter Atlanta. À Atlanta, vous pourrez voir la Tour CNN et la maison de Coca-Cola. Ensuite...

Enfin, je vous verrai la semaine du 23 juillet à Orlando. J'arriverai à l'aéroport le 23 à 10 h 25. Nous irons à Disney World ensemble et...

À très bientôt,

Mélanie

____
____
____
____
____
____
____

Leçon 2 Destinations

POINTS DE DÉPART

p. 283-284

09-18 Dans quel pays ? Choose a travel destination from the list below for each of the following persons based on their descriptions. Each country can only be used once.

l'Allemagne	l'Argentine	la Belgique	le Cameroun
la Chine	la Colombie	~~l'Espagne~~	la France
le Japon	~~le Portugal~~	le Sénégal	la Suisse

MODÈLE Pablo parle espagnol et portugais : il adore l'Europe.

Il pourrait visiter *l'Espagne* ou *le Portugal*.

1. M. Marchand adore l'Afrique et il parle français.
   Il pourrait visiter ________________ ou ________________
2. Rachid aime bien les cultures de l'Asie de l'Est.
   Il pourrait visiter ________________ ou ________________
3. Mme Charles s'intéresse à l'Amérique latine.
   Elle pourrait visiter ________________ ou ________________
4. Iman apprend l'allemand.
   Elle pourrait visiter ________________ ou ________________
5. J'apprends le français et je veux voyager en Europe.
   Je pourrais visiter ________________ ou ________________

Nom : ______________________________ Date : ____________________

09-19 Les passeports. Karim works for a cruise line and must inquire about passengers' nationalities before they disembark. For each statement that you hear, write down the person's country of origin.

MODÈLE You hear : Je suis algérienne.

You write : L'*Algérie*

1. Le ______________
2. Le ______________
3. L'______________
4. Le ______________
5. L'______________
6. La ______________

09-20 Qui vit dans ce pays ? Find the answers to the following clues in the following grid. Be aware that the words could be backward, forward, horizontal or vertical.

1. Choi vit au Vietnam ; il est ...
2. Rachid vient du Maroc ; il est ...
3. Martens parle flamand et français ; il est...
4. Hou-Chi vit en Chine ; il est ...
5. Zachary vit au Cameroun ; il est ...
6. Adler vient du Brésil ; il est ...
7. Calisto vit au Portugal ; il est ...
8. Jan vient des Pays-Bas ; il est ...

O	N	E	I	M	A	N	T	E	I	V	T
E	A	X	H	F	C	V	A	R	D	H	S
L	C	A	M	E	R	O	U	N	A	I	S
E	P	E	Z	I	P	T	T	Z	V	C	P
N	H	I	K	E	G	L	E	B	A	G	C
I	B	Y	U	C	G	D	L	G	H	B	H
A	B	P	O	R	T	U	G	A	I	S	I
C	S	I	A	D	N	A	L	R	E	É	N
O	K	E	O	W	J	P	K	N	T	J	O
R	A	K	K	P	S	S	A	P	R	B	I
A	U	H	Q	P	H	H	W	S	W	U	S
M	S	N	E	I	L	I	S	É	R	B	U

09-21 J'aime la géographie. Zéphyr is sharing his knowledge of geography. Complete all of his statements with the appropriate preposition.

MODÈLE Il y a des Africains francophones _au_ Cameroun, _en_ Côte d'Ivoire, _au_ Maroc et _au_ Sénégal.

On parle espagnol (1) ________________ Espagne, (2) ________________ Colombie, (3) ________________ Argentine, (4) ________________ Mexique et aussi (5) ________________ États-Unis.

On parle français et arabe (6) ________________ Maroc et (7) ________________ Tunisie.

Il y a des problèmes économiques (8) ________________ Grèce, (9) ________________ Italie, (10) ________________ Portugal et (11) ________________ États-Unis.

On parle portugais (12) ________________ Portugal et (13) ________________ Brésil.

09-22 Les escales. Patrick is a pilot who has been all over the world. Listen to each of his statements and indicate the location of his layovers by selecting the appropriate answer.

1. a. Il est allé en Italie.
   b. Il est allé en Belgique.
   c. Il est allé aux Pays-Bas.
2. a. Il est allé en Allemagne.
   b. Il est allé en Suisse.
   c. Il est allé aux États-Unis.
3. a. Il est allé au Portugal.
   b. Il est allé au Mexique.
   c. Il est allé en Iran.
4. a. Il est allé au Sénégal.
   b. Il est allé au Japon.
   c. Il est allé en Espagne.
5. a. Il est allé au Brésil.
   b. Il est allé en Nouvelle-Zélande
   c. Il est allé en Allemagne.
6. a. Il est allé en Algérie.
   b. Il est allé à Tahiti.
   c. Il est allé en Colombie.

Nom : ______________________ Date : ______________

FORMES ET FONCTIONS

1. Les expressions de nécessité

p. 286-287

09-23 Les bons conseils. Give advice to students who are about to study abroad in France. Match each situation with an appropriate piece of advice.

1. Pour voyager en Europe avec un petit budget, ___________
2. Pour ne pas se perdre en ville, ___________
3. Pour ranger son portefeuille, ___________
4. Pour acheter des souvenirs, ___________
5. Pour aller se promener en ville, ___________
6. Pour voyager en voiture,___________

a. il est nécessaire d'avoir une carte bancaire.
b. il est nécessaire d'avoir un permis de conduire.
c. il faut avoir un plan de ville.
d. il vaut mieux avoir un sac à dos.
e. il vaut mieux prendre le train.
f. il vaut mieux prendre le bus, le métro ou le tramway.

09-24 Recommandations. While waiting at the travel agency, you overhear other customers' conversations. For each statement that you hear, select the most logical response.

1. a. Il vaut mieux voyager en TGV.
   b. Il est important de prendre des lunettes de soleil.
2. a. Alors il est nécessaire de louer une voiture.
   b. Alors il est important de prendre une carte de la région avec vous.
3. a. C'est vrai ; il vaut mieux y passer avant.
   b. C'est vrai ; il est nécessaire d'aller à la banque.
4. a. Il vaut mieux prendre le train.
   b. Il est important de prendre des petites valises.
5. a. Il est utile de prendre des lunettes de soleil.
   b. Il est important d'acheter des tickets de métro.
6. a. Dans ce cas, il vaut mieux payer par carte de crédit.
   b. Dans ce cas, il est nécessaire de demander le prix spécial pour les étudiants.

09-25 Suggestions. Select an appropriate piece of advice for each of the following situations.

1. Votre mère veut visiter le Cameroun : [il faut avoir un visa. ; il faut acheter des tickets de métro.]
2. Votre sœur veut partir en week-end à la plage avec ses amis : [il vaut mieux consulter la météo avant de partir. ; il est nécessaire de prendre un plan de ville.]
3. Votre meilleur ami veut étudier dans un pays francophone l'an prochain : [il est utile de préparer son sac à dos. ; il vaudrait mieux réviser son français.]

4. Votre amie décide d'apprendre l'italien : [il vaudrait mieux acheter un plan de ville. ; il faut aller en Italie.]
5. Votre voisin doit prendre l'avion pour l'Argentine : [il faut avoir un passeport. ; il ne faut pas avoir un passeport.]
6. Votre ami veut visiter Washington, DC : [il est utile d'acheter des tickets de métro. ; il faut acheter une mobylette.]

09-26 Les choix. Thibault and Mélissa, two French Canadians, are planning their vacations. For each situation that you hear, select all the appropriate pieces of advice that could be given.

1. a. Il faut préparer les valises.
   b. Il est nécessaire d'acheter des billets d'avion.
   c. Il faut oublier ses clés.
   d. Il faut prendre son passeport.
2. a. Il vaut mieux apprendre un peu d'allemand.
   b. Il est nécessaire de mettre des bottes et un imperméable.
   c. Il vaut mieux passer la frontière en voiture ou en train.
   d. Il faut faire du jogging ou du sport.
3. a. Il faut mettre des chaussures confortables.
   b. Il est utile de manger une glace avant de partir.
   c. Il est nécessaire d'avoir un peu d'argent sur soi.
   d. Il vaut mieux porter des vêtements chics.
4. a. Il ne faut pas oublier le carnet d'adresses.
   b. Il est important de prendre l'appareil photo.
   c. Il est nécessaire d'avoir un plan de ville dans le sac à dos.
   d. Il est important de parler sa langue maternelle.
5. a. Il vaut mieux préparer des sandwichs.
   b. Il n'est pas utile d'apporter un sac à dos.
   c. Il faut faire des courses.
   d. Il vaut mieux porter des chaussures à talons.
6. a. Il est nécessaire d'avoir un passeport.
   b. Il faut aller en France.
   c. Il faut aller en Italie.
   d. Il faut oublier le permis de conduire.

Nom : ______________________________ Date : ____________________

2. Le subjonctif des verbes réguliers : le subjonctif avec les expressions de nécessité

p. 288

09-27 Le grand départ. Listen to each of Madame Saitout's opinions about what her children should do before going on vacation. Select **essentiel** to indicate that a suggestion is urgent and necessary, or **recommandé** to indicate that a suggestion is simply a good idea.

1. essentiel recommandé
2. essentiel recommandé
3. essentiel recommandé
4. essentiel recommandé
5. essentiel recommandé
6. essentiel recommandé

09-28 Pour passer des bonnes vacances. Complete the following advice using the subjunctive and replacing the names by the appropriate subject pronoun when necessary.

MODÈLE Je grignote beaucoup quand je suis en vacances.

Il vaut mieux *que tu grignotes* moins ou tu grossiras.

1. Daniel dort seulement quatre heures par nuit quand il doit prendre l'avion le lendemain.
   Il vaut mieux ______________________ sept ou huit heures par nuit.
2. Vous préparez toujours des valises trop grosses.
   Il vaudrait mieux ______________________ des valises plus petites !
3. Théo et Mathis ne se reposent pas vraiment ; ils travaillent sur l'ordinateur tous les jours.
   Il est important ______________________. Ils doivent arrêter de travailler autant.
4. Marie ne finit pas son travail avant de partir en vacances.
   Il est nécessaire ______________________ son travail avant de partir.
5. Sarah perd toujours des documents importants.
   Il ne faut pas ______________________ son passeport ou elle sera très stressée.
6. Nous sortons au restaurant tous les jours, mais nous n'avons pas beaucoup d'argent.
   Il ne faut pas que ______________________ au restaurant si souvent. Alors on aura plus d'argent !

09-29 Les touristes. While touring with a group, you overhear other peoples' conversations. For each statement that you hear, select the most logical response.

1. a. Il faut que vous consultiez votre dentiste.
   b. Il est important que vous travailliez plus sérieusement.
   c. Il faut que vous écoutiez le guide.
2. a. Il faut que vous utilisiez votre carte bancaire.
   b. Il est nécessaire que vous mettiez vos lunettes.
   c. Il est utile que vous montriez votre permis de conduire.

3. a. Il faut que vous téléphoniez à vos amis.
   b. Il ne faut pas que vous oubliiez votre sac.
   c. Il faut que vous vous reposiez.
4. a. Il est utile que vous choisissiez ce billet.
   b. Il faut que vous apportiez votre appareil numérique.
   c. Il vaudrait mieux que vous me donniez ce sac.
5. a. Il est utile que vous parliez à votre voisin.
   b. Il ne faut pas que vous arrêtiez de travailler.
   c. Il faut que vous commenciez à faire de l'exercice.
6. a. Il vaudrait mieux que vous achetiez un plan de ville.
   b. Il faut que vous vous couchiez plus tôt.
   c. Il est nécessaire que vous regardiez dans votre sac.

09-30 Que faire ? Sandrine's neighbors are giving her advice as she is about to housesit while they go on vacation. Select the correct verb form to complete their advice.

1. Il vaudrait mieux que tu [dors ; dormes] à la maison.
2. Il faut que tu [finisses ; finis] toute la nourriture dans le réfrigérateur.
3. Il ne faut pas que nous [oublions ; oubliions] de te donner les clés.
4. Il vaut mieux que tes parents [t'aident ; t'aides] un peu si tu en as besoin
5. Il vaudrait mieux que tu [choisis ; choisisses] ta chambre.
6. Il faut que tu [répondes ; réponds] au téléphone en notre absence.

Écoutons

09-31 Les voyages organisés : avant d'écouter. Imagine that you could take a trip around the world. Make a list, in French, of the countries you would most like to visit.

____

____

Nom : ______________________ Date : ______________________

09-32 Les voyages organisés : en écoutant. Estelle Picard and Christophe Fouquier are attending an information session on organized trips presented by the travel company **Voyage ensemble**.

1. The first time you listen, select the destinations offered by the travel agent.

________ la Tunisie	________ l'Espagne	________ l'Argentine	________ l'Italie
________ l'Australie	________ l'Angleterre	________ le Mexique	________ la Martinique

The second time you listen, identify the destinations Estelle and Christophe have chosen.

2. Christophe :	________ l'Argentine	________ la Chine	________ la Tunisie
3. Estelle :	________ l'Australie	________ l'Italie	________ la Tunisie

The third time you listen, tell why each person chose his or her destination. There may be more than one answer.

4. Christophe :
   ____________ Il aime les pays exotiques.
   ____________ Il veut des vacances tranquilles.
   ____________ Il veut sortir de sa routine.
   ____________ Il veut amener du travail du bureau.
5. Estelle :
   ____________ Elle veut se détendre.
   ____________ Elle adore les randonnées.
   ____________ Elle adore les musées et l'histoire.
   ____________ Elle aime ce pays parce qu'il est romantique.

Écrivons

09-33 Le tour du monde.

A. Le tour du monde : avant d'écrire. Imagine that you could travel around the world in 80 days like Phileas Fogg and Passepartout, the main characters of *Le tour du monde en quatre-vingts jours* by Jules Verne. After reading an excerpt of this novel in Activity 9-34 of your textbook, you are about to talk to a group of high school students about your plans. Begin by completing the following steps.

1. Make a list of countries and cities you plan on visiting.

   (for example: *France : Paris, Lyon ; Japon : Tokyo ; Sénégal : Dakar, Saint-Louis*)

   ____

   ____

2. Make a list of the languages that is spoken in these places.

   (for example: *le français, le japonais, le wolof*)

   ____

   ____

3. Choose two or three places you would like to describe. For each place, write two or three adjectives.

   (for example: *la ville de Paris : belle, agréable, animée*)

   ____

   ____

4. Write one or two sentences to give advice about the things that are important to do when going to these places.

   (for example: *À Paris, il faut manger des crêpes dans un café ; il vaut mieux se promener à pied ou en métro...*)

   ____

   ____

B. Le tour du monde : en écrivant. Now write your speech about your travel plans. Be sure to include all the elements you provided above and use the appropriate preposition for each country you mention.

MODÈLE *Pendant mon superbe voyage, je veux visiter la France, le Japon et le Sénégal. En France, je veux aller à Paris et à Lyon. À Paris, il faut manger des crêpes dans un café et il vaut mieux se promener à pied ou en métro...*

Je veux aussi visiter le Japon. Les habitants de Tokyo parlent japonais. À Tokyo, il faut manger beaucoup de poissons...

____

____

____

____

____

____

____

____

Nom : ______________________ Date : ______________________

Leçon 3 Faisons du tourisme !

POINTS DE DÉPART

p. 292-294

09-34 Des bonnes vacances. Working at a travel agency, you have to propose lodgings to your customers. Match the lodging that corresponds to each of the following descriptions.

____ **1.** Les Durand veulent habiter dans une maison à la campagne, faire des randonnées à vélo et avoir un bon contact avec les gens de la région.

____ **2.** Jeunes mariés Rémi et Sophie dépensent beaucoup d'argent pour loger à Paris.

____ **3.** La famille Smith adore la nature et les activités en plein air. Ils n'ont pas beaucoup d'argent.

____ **4.** Trois amis veulent voyager en Europe cet été et rencontrer d'autres étudiants pendant leur voyage.

____ **5.** Les Dumont vont voyager en Égypte avec leurs trois enfants adolescents. Ils préfèrent rester en ville.

a. une auberge de jeunesse

b. un camping

c. un gîte rural

d. un hôtel de luxe

e. un hôtel en centre-ville

09-35 Un peu d'histoire. Théo, a history student, is looking for an interesting weekend destination. Listen to his friend's suggestions and match the number of each description with the corresponding site.

Image a

Image b

Image c

Image d

Image e

Image f

1. ______________ **4.** ______________

2. ______________ **5.** ______________

3. ______________ **6.** ______________

09-36 À Abidjan. Look at the map below and complete the directions you need to go to each of the following places. Use a word from the list below in each case. Remember that expressions such as **au coin de, en face de**, and **jusqu'à** change forms according to the word following them; for instance, it is **au coin de la rue** but **au coin du boulevard**. Make all necessary changes.

	à droite	au coin de
continuer	à gauche	en face de
prendre	la droite	jusqu'à
tourner	la gauche	tout droit

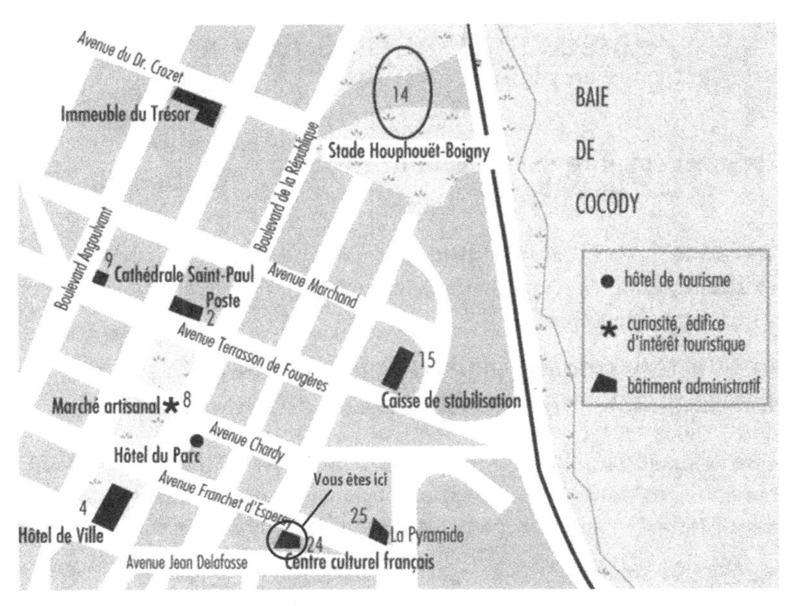

MODÈLE À l'Hôtel de Ville : Vous _prenez_ l'avenue Franchet d'Esperey _jusqu'au_ boulevard de la République ; tournez _à gauche_ ; l'Hôtel de Ville est sur _la droite_.

À La Pyramide : Vous tournez (1) ______________ dans l'avenue Franchet d'Esperey; la Pyramide est sur (2) ______________.

Au Marché artisanal : Vous (3) ______________ l'avenue Franchet d'Esperey (4) ______________ boulevard de la République ; (5) ______________ à droite ; le Marché artisanal est (6) ______________ boulevard de la République et de l'avenue Chardy.

Au Stade Houphouët-Boigny : Vous (7) ______________ l'avenue Franchet d'Esperey (8) ______________ boulevard de la République ; tournez (9) ______________ ; (10) ______________ tout droit jusqu'à l'avenue du Dr. Crozet ; le stade est sur (11) ______________ .

À la Cathédrale Saint-Paul : Vous (12) ______________ l'avenue Franchet d'Esperey (13) ______________ boulevard de la République ; (14) ______________ à droite ; continuez (15) ______________ jusqu'à l'avenue Terrasson de Fougères ; tournez (16) ______________ ; la cathédrale est (17) ______________ l'avenue Terrasson de Fougères et du boulevard Angoulvant.

À l'Hôtel du Parc: Vous (18) ______________ l'avenue Franchet d'Esperey (19) ______________ boulevard de la République ; (20) ______________ à droite ; l'Hôtel du Parc est (21) ______________ boulevard de la République et de l'avenue Chardy (22) ______________ Marché artisanal.

Nom : ______________________________ Date : ____________________

09-37 Renseignons-nous. Roger is a receptionist at the Office of Tourism in Cahors. Listen to his conversations with French tourists. For each statement that you hear, select the most logical response.

1. a. —Prenez à droite au boulevard Gambetta, et tournez à gauche dans la rue du Président Wilson, vous le verrez au bout de la rue.
   b. —Il faut leur téléphoner.
   c. —Prenez votre sac à dos !
2. a. —Il y a l'hôtel Valentré ; c'est un hôtel deux étoiles.
   b. —Le moins cher, c'est de rester à l'auberge de jeunesse.
   c. —Il vaudrait mieux que vous mangiez au café.
3. a. —Non, mais vous pouvez utiliser cet ordinateur pour aller sur Internet.
   b. —C'est cela, le camping se trouve près de la rivière.
   c. —Ah ! Vous venez du Cameroun ? !
4. a. —Alors, il faut visiter la Tour des Pendus ; c'est un site touristique.
   b. —Alors, il faut acheter un plan de ville.
   c. —Alors, il faut aller dans un gîte rural.
5. a. —Le lac de Catus est à trente minutes d'ici.
   b. —Ce n'est pas très loin. Voici une carte de la région pour vous aider.
   c. —Alors, tournez à droite au coin de la rue, et le supermarché est sur votre gauche.
6. a. —Bonne idée. Avec votre tente, vous pouvez vous arrêter dans des campings.
   b. —Il vaut mieux rester dans votre caravane le soir.
   c. —Il est utile d'apporter des sandwichs avec vous.

FORMES ET FONCTIONS

1. Le subjonctif de quelques verbes irréguliers

p. 296

09-38 Lequel ? You overhear parts of various conversations on the tour bus. For each statement, select the correct form of the verb that you hear.

1.	sois	soient	4.	obtiennes	obtienne
2.	fasses	fasse	5.	venions	veniez
3.	puisses	puissent	6.	prenions	prennent

09-39 Attention ! A group of reporters from Cameroun visits your campus and stays in your dorm. Guide them and explain the rules they should follow by completing the following statements with the correct form of a verb from the list below. Each verb can only be used once.

avoir	faire	oublier	venir
être	~~obtenir~~	pouvoir	tenir

MODÈLE Il faut qu'une personne du groupe *obtienne* le code de la porte d'entrée.

1. Il faut que vous ________________ à la cafétéria pour dîner.
2. Il faut que tout le monde ________________ manger en moins d'une heure.
3. Le soir, il faut que nous ________________ à la résidence avant minuit.
4. Il faut que vous ________________ attention de ne pas faire trop de bruit si vous rentrez tard.
5. Amosa, mon ami, il faut que tu ________________ mon numéro de téléphone en cas d'urgence.
6. Une dernière chose : il ne faut pas que vous ________________ de rendre vos rapports avant de partir.

09-40 Au camping. Nathan and Sylvie are discussing their plans for going camping this summer. Select the appropriate verb to complete their sentences.

1. Il est nécessaire que tu [obtiennes ; viennes] une place pour notre caravane.
2. Il vaudrait mieux que nous [fassions ; puissions] installer la caravane tôt le matin.
3. Il faut que tu [comprennes ; aies] que nous aurons besoin de plus d'argent.
4. Il faut que nous [ayons ; soyons] prudents sur la route, je ne veux pas d'accident !
5. Il est important que tu [apprennes ; fasses] tes propres valises...
6. Il faut que le camping [ait ; soit] une piscine.

09-41 Le voyage à Québec. Aurélie and her friends are going to Quebec City for the summer. For each statement that you hear, select the appropriate advice.

1. a. Il faut que tu aies un passeport.
   b. Il est nécessaire que tu sois en forme.
   c. Il ne faut pas que tu apprennes à faire du vélo.
2. a. Il est utile que tu aies un sac à dos.
   b. Il vaudrait mieux que vous preniez le bus.
   c. Il est utile que tu prennes un plan de ville.
3. a. Il vaut mieux que nous soyons à l'heure.
   b. Il vaudrait mieux que nous ayons le numéro de téléphone de l'hôtel.
   c. Il faut que nous soyons certains de l'adresse de l'hôtel.
4. a. Il vaudrait mieux que nous prenions le train.
   b. Il vaut mieux que nous revenions de Montréal en bus.
   c. Il faut que nous puissions visiter Montréal.
5. a. Il est important qu'on puisse tous visiter le Vieux-Québec ensemble.
   b. Il est nécessaire que nous fassions un tour en bateau.
   c. Il ne faut pas qu'on soit stressés.
6. a. Il faut que nous obtenions l'adresse du château Frontenac.
   b. Il est nécessaire que nous fassions une visite guidée du château Frontenac.
   c. Il ne faut pas que nous restions au château Frontenac.

2. Le subjonctif avec les expressions de volonté

p. 298

09-42 Projets de vacances. Paul and Mehdi are discussing their vacations plans. Listen to the following statements and select **obligation** if the statement expresses an obligation or a necessity or **volonté** if it expresses a wish or a desire.

1. obligation volonté
2. obligation volonté
3. obligation volonté
4. obligation volonté
5. obligation volonté
6. obligation volonté

09-43 Les meilleures vacances. Read Mehdi's ideas on the best way to tour a region. Correct the verb form when necessary to complete each of his statements.

1. Je souhaite que nous [visitions ; visitons] les grottes préhistoriques en premier.
2. Mon ami Paul veut qu'on [prend ; prenne] le temps de visiter les châteaux de la région en vélo.
3. Il voudrait qu'on [peut ; puisse] profiter de la nature.
4. Je préfère qu'il [est ; soit] heureux de son voyage.
5. Je désire que nous [obtenions ; obtenons] des billets pour le spectacle son et lumière.
6. Je voudrais que Paul [choisisse ; choisit] des bonnes places pour le spectacle.

09-44 Le travail. Karine works in a hotel in the south of France. Complete her supervisor's requests with the correct form of an appropriate verb from the list below.

	apporter	avoir besoin de	être
~~fermer~~	prendre	travailler	venir

MODÈLE Le grand patron veut que nous *fermions* les portes à clé après 22 h 00.

1. Les clients de la chambre 34 exigent que nous leur ________________ une bouteille de champagne ce soir.
2. Je veux que tu ________________ toutes les serviettes du 2ème étage.
3. Le grand patron désire que tu ________________ travailler en cuisine ce soir.
4. Le grand patron voudrait que tu ________________ ce week-end. Tu es d'accord ?
5. Je souhaite que tout le monde ________________ en forme ce soir.
6. Je ne veux pas que tu ________________ prendre des vacances parce que tu es trop fatiguée !

09-45 Consignes. Twelve-year-old Henri is going on vacation with his friend Benoît and his family for the first time. Before leaving, his mother clearly states her expectations. For each statement that you hear, complete her sentences by supplying the verb forms.

MODÈLE You hear: Je préfère que tu ne regardes pas trop la télé.

You write: Je *préfère* que tu ne *regardes* pas trop la télé.

1. Je ________________ que tu ________________ aux parents de Benoît.
2. Je ________________ que tu ________________ tôt.
3. Je ________________ que tu ________________ gentil avec toute la famille.
4. Je ________________ que tu ________________ beaucoup de photos.
5. J' ________________ que tu me ________________ tous les jours.
6. Je ________________ que tu ________________ les visites guidées avec la famille.

Nom : ______________________________ Date : ____________________

Écoutons

09-46 Une publicité : avant d'écouter. Imagine that you are going to France. What kind of vacation would you like to take? Where would you stay: at a campground or in a hotel? What kind of activities would you plan? Would you like to visit historical sites or would you rather relax and sunbathe?

____

____

____

09-47 Une publicité : en écoutant. You are gathering information about possible trips to France. Listen to a radio advertisement encouraging people to visit the Dordogne region in southwestern France, and select the correct response(s) to the information mentioned in the ad.

1. Quels sont les sites à visiter en Dordogne ?
   - a. la maison du peintre Gauguin
   - b. les grottes ornées de peintures préhistoriques
   - c. les églises gothiques
2. Qu'est-ce qu'on peut faire en Dordogne ?
   - a. se détendre à bord d'un bateau sur la Dordogne
   - b. goûter la bonne cuisine de la région
   - c. faire de l'alpinisme
3. Où peut-on loger en Dordogne ?
   - a. dans des châteaux
   - b. dans des gîtes ruraux
   - c. dans des hôtels de luxe
4. Comment peut-on recevoir plus d'informations ?
   - a. en téléphonant à une agence de voyage
   - b. en allant à l'office du tourisme
   - c. en allant sur Internet

Écrivons

09-48 Des vacances en Touraine.

A. Des vacances en Touraine : avant d'écrire. You are going to spend two weeks in Touraine this summer. You will write an e-mail to the hotel **Le Beau Site** near Tours to find out more about lodging possibilities. First, complete the following steps.

1. Note the date of your arrival and your departure.
(for example: *le 3 juin, le 17 juin*)

____

____

2. Indicate the type of room you would like to have.
(for example: *une chambre pour deux personnes, avec douche*)

____

____

3. Indicate the kind of services you would like to have access to.
(for example: *une piscine, un terrain de sport*)

____

____

B. Des vacances en Touraine : en écrivant. Now write your e-mail using the appropriate beginning and ending statements as shown in the example. Be sure to make all the necessary agreements and verify your spelling.

MODÈLE *Monsieur, Madame*

Je vous écris pour vous demander des renseignements sur votre hôtel. Je serai à Tours du 3 juin au 17 juin et j'aurai besoin d'une chambre pour deux personnes avec une douche. Est-ce que vous avez des chambres disponibles pendant cette période ? Quel est le prix des chambres ? Est-ce que le petit-déjeuner est compris ?

Votre hôtel a-t-il une piscine ou y a-t-il une piscine et un court de tennis tout près ?

En vous remerciant par avance de votre réponse, je vous adresse mes salutations distinguées.

Monsieur Johnson

____

____

____

____

____

____

____

____

____

Nom : ______________________ Date : ______________

Lisons

09-49 Cinq semaines en ballon : avant de lire. Your textbook features an excerpt from *Le tour du monde en quatre-vingts jours*, written by Jules Verne. In the nineteenth century, Verne penned a series of sixty-two novels entitled *Voyages extraordinaires*. *Le tour du monde en quatre-vingts jours* is part of that series, as is this excerpt from *Cinq semaines en ballon*, the first volume in the series. In this passage, a newspaper article from *The Daily Telegraph* announces an Englishman's plans to travel over Africa in a hot-air balloon.

There are many cognates in the passage you are about to read. Scan the first sentence and identify six words that are similar to their English counterparts.

«L'Afrique va livrer enfin le secret de ses vastes solitudes; un Œdipe moderne nous donnera le mot de cette énigme que les savants de soixante siècles n'ont pu déchiffrer.»

09-50 Cinq semaines en ballon : en lisant. As you read, select all the appropriate answers for each question.

CINQ SEMAINES EN BALLON

Un article du « Daily Telegraph »

« L'Afrique va livrer enfin le secret de ses vastes solitudes ; un Œdipe moderne nous donnera le mot de cette énigme que les savants de soixante siècles n'ont pu déchiffrer (*decipher*). Autrefois, rechercher les sources du Nil, *fontes Nili quœrere*, était regardé comme une tentative insensée (*insane*), une irréalisable chimère. »

« Le docteur Barth, en suivant jusqu'au Soudan la route tracée par Denham et Clapperton ; le docteur Livingstone, en multipliant ses intrépides investigations depuis le cap de Bonne-Espérance jusqu'au bassin du Zambezi ; les capitaines Burton et Speke, par la découverte des Grands Lacs intérieurs, ont ouvert trois chemins à la civilisation moderne ; leur point d'intersection, où nul voyageur n'a encore pu parvenir (*to reach*), est le cœur (*center*) même de l'Afrique. C'est là que doivent tendre tous les efforts. »

« Or (*and yet*), les travaux de ces hardis pionniers de la science vont être renoués (*resumed*) par l'audacieuse tentative du docteur Samuel Fergusson, dont (*of whom*) nos lecteurs ont souvent apprécié les belles explorations. »

« Cet intrépide découvreur (*discoverer*) se propose de traverser en ballon toute l'Afrique de l'est à l'ouest. Si nous sommes bien informés, le point de départ de ce surprenant voyage serait l'île de Zanzibar sur la côte orientale. Quant au point d'arrivée, à la Providence seule il est réservé de le connaître. »

« La proposition de cette exploration scientifique a été faite hier officiellement à la Société Royale de Géographie ; une somme de deux mille cinq cents livres (*British pounds*), est votée pour subvenir aux frais (*expenses*) de l'entreprise. »

Source : Jules Verne, Cinq semaines en ballon

1. What is the "enigma" mentioned in the first paragraph?
   a. the Asian continent and its unknown territories
   b. the finding of a hidden treasure
   c. the discovery of the source of the Nile river
   d. the techniques of piloting a hot-air balloon

2. Who discovered the Great Lakes?
   a. Œdipe
   b. Captains Burton and Speke
   c. Denham and Clapperton
   d. Doctor Barth

3. What is the point of intersection of the many explorers cited in the second paragraph?
   a. the Zambezi basin
   b. the center of Africa
   c. the island of Zanzibar
   d. the Sudan
4. Who will attempt the trip announced in this article?
   a. Doctor Samuel Fergusson
   b. Doctor Barth
   c. Doctor Livingston
   d. Denham and Clapperton
5. What is the direction of the planned itinerary?
   a. from north to south
   b. from south to north
   c. from west to east
   d. from east to west
6. Where will the journey begin?
   a. on the island of Zanzibar
   b. on the Cape of Good Hope
   c. in the center of Africa
   d. in the Sudan
7. Where is the expedition expected to end?
   a. in the region of Providence
   b. at the source of the Nile
   c. unknown
   d. in the Sudan
8. How much money will the *Société royale de géographie* contribute to the expedition?
   a. 2,250 British pounds
   b. 2,500 British pounds
   c. 1,500 British pounds
   d. 12,500 British pounds

09-51 Cinq semaines en ballon : après avoir lu. Now that you've read the passage, answer the following questions in English.

1. What particular problems might a balloonist encounter on a trip such as the one described in the text?

   ____

   ____

2. Knowing that the story is set in 1862, what other means of transportation might the expedition use to cross the African continent? What dangers and obstacles might they be likely to encounter?

   ____

   ____

   ____

   ____

Nom : ______________________________ Date : ____________________

09-52 On prend le train. In this video clip, you observe a train trip from beginning to end. Number the activities listed below in the order you see them in the clip.

_______ 1. On prend un casse-croûte.

_______ 2. On prend le métro pour aller à la gare.

_______ 3. On descend du train.

_______ 4. On attend l'arrivée du train.

_______ 5. On achète un billet.

_______ 6. Le contrôleur vérifie les billets.

_______ 7. On fait ses devoirs.

_______ 8. On sort de la gare.

_______ 9. Le train entre en gare.

_______ 10. On regarde les beaux paysages.

09-53 Paris, Ville lumière. This montage features many of the well-known sights of Paris such as the **place de la Concorde**, the **tour Eiffel,** and the **Arc de triomphe**. It also includes less famous sights of Paris, which are nevertheless part of the everyday landscape. View the clip to see whether you can spot the following, and match each term with an English explanation.

____ 1. une colonne Morris	a. open-air market
____ 2. des toits mansardés	b. newsstand
____ 3. un marché en plein air	c. green-topped column for posting ads for events
____ 4. un kiosque à journaux	d. Mansard roofs

Observons

p. 281-282

09-54 Mes impressions de Paris : avant de regarder. You may already have completed the **Observons** activity in Lesson 1 of this chapter. If not, you will find it helpful to go back and complete that activity before moving on to the questions below. In these clips, a Haitian and a French Canadian describe their visits to Paris. How might their impressions differ from those of a person born in France?

____

____

09-55 Mes impressions de Paris : en regardant. Watch the video and then select the answers to the following questions. There may be more than one correct answer.

1. Marie a visité Paris en compagnie...

   a. d'un guide. b. de ses amies haïtiennes. c. d'un ami français.

2. Elle a trouvé que la tour Eiffel était... qu'elle l'avait imaginée.

   a. aussi jolie b. moins jolie c. plus jolie

3. Marie-Julie trouve que les Français conduisent...

   a. très prudemment (*carefully*). b. comme des fous. c. trop vite.

4. Marie-Julie aime le quartier des bouquinistes parce que c'est...

   a. très animé. b. très calme. c. très beau.

5. Elle aime aussi...

   a. les magasins. b. les gens. c. les films.

09-56 Mes impressions de Paris : après avoir regardé. Marie and Marie-Julie saw some of the same sights in Paris, but their reactions were very different. Explain how each reacted to their visits to the **Arc de Triomphe** and the **tour Eiffel**. With whose point of view can you identify most readily? Why?

1. L'Arc de Triomphe ______________________________

   ____

2. La tour Eiffel ______________________________

   ____

Nom : ______________________ Date : ______________

10 Quoi de neuf ? cinéma et médias

Leçon 1 Le grand et le petit écran

POINTS DE DÉPART

p. 305-307

10-01 La télé et les goûts. Select the type of movie or TV show that each of the following people is most likely to watch.

____ 1. une femme sportive	a. un dessin animé
____ 2. un étudiant en histoire	b. un documentaire sur les océans
____ 3. des enfants	c. une émission sportive
____ 4. un homme d'affaires	d. une émission de téléachat
____ 5. un prof de biologie	e. un film historique
____ 6. une jeune fille qui va se marier	f. le journal télévisé

10-02 Qu'est-ce qu'on regarde ce soir ? Listen as the Lambert family talks about their favorite TV programs. For each statement that you hear, select the letter of the type of program they are talking about.

1. a. les dessins animés	b. les films	c. les émissions de téléachat
2. a. un film	b. un reportage	c. un jeu télévisé
3. a. une série	b. le journal télévisé	c. une émission de musique
4. a. le JT	b. un magazine	c. une émission sportive
5. a. une série	b. un documentaire	c. une émission de téléachat
6. a. une émission de téléréalité	b. les informations	c. une série

10-03 Si on regardait un film ? Thomas cannot decide which movie to watch on cable TV tonight. Listen as his friend Stéphanie describes some of the choices she would make and select the genre of the movie she is talking about.

1. un film d'espionnage	un film d'horreur	un documentaire
2. un film de science-fiction	un documentaire	un dessin animé
3. un drame	un film historique	un film d'aventures
4. un film d'horreur	un drame	un film historique
5. une comédie	un film d'espionnage	une comédie musicale
6. un western	une comédie	un film d'espionnage

10-04 Choix de vidéos. Imagine you work in a video store. Complete the following advice on movies customers could rent out by indicating the genre of each film.

MODÈLE J'aime beaucoup l'histoire, surtout l'histoire européenne.

Alors, louez donc *La Princesse de Montpensier* ; c'est un film historique.

1. J'adore le suspense et les films d'action.

   Alors, louez *Quantum of Solace* avec James Bond ; c'est ______________________.
2. J'aime les films amusants parce qu'ils finissent toujours bien.

   Je vous conseille ce film, *Taxi* ; c'est ______________________.
3. Mes petits cousins sont chez moi et je dois trouver un film pour enfants.

   Et bien, louez *Cars 2* ; c'est ______________________.
4. Je suis fanatique de musique.

   Qu'est-ce que vous pensez de *Mama Mia* ? C'est ______________________.
5. Mes amis et moi aimons beaucoup la science-fiction.

   Alors, louez *Transformers* ; c'est ______________________.
6. Mon frère aime surtout les films violents avec beaucoup d'action.

   Je vous propose *Nightmare on Elm Street* ; c'est ______________________.

SONS ET LETTRES

Les semi-voyelles /w/ et /ɥ/

p. 309

10-05 Contrastes. Listen to each pair of words and select the word that you hear a second time.

1. nous	noir	5. puis	j'ai pu
2. pois	pot	6. j'ai eu	huit
3. chou	chouette	7. suer	essuyer
4. où	oui	8. la Suisse	j'ai su

Nom : ______________________ Date : ______________________

10-06 Phrases. Repeat the following sentences, paying careful attention to the semi-vowels.

1. Louis est joyeux aujourd'hui.
2. J'ai envie de suivre un cours de linguistique.
3. On fait beaucoup de bruit dans la cuisine.
4. Ce livre n'est pas ennuyeux. J'adore l'histoire.

FORMES ET FONCTIONS

1. Les verbes *croire* et *voir* ; la conjonction *que*

p. 310-311

10-07 Qu'est-ce qu' on voit ? Indicate who or what the following people are seeing, based on their location. Add the appropriate subject pronoun and the correct form of the verb **voir**.

MODÈLE Sarah est à l'hôpital. *Elle voit* des docteurs et des infirmiers.

1. M. et Mme Colin sont à Cannes pour le festival. ______________ des acteurs et des célébrités.
2. Isabelle est chez sa tante. ______________ ses cousins et ses cousines.
3. Vous êtes au cinéma. ______________ un film.
4. Nous sommes à la résidence universitaire. ______________ nos amis et leurs chambres.
5. Tu es au zoo. ______________ des girafes et des hippopotames.
6. Je suis dans ma chambre. ______________ une belle affiche et ma réflexion dans la glace.

10-08 Qu'est-ce qu'ils disent ? Anaïs and her family are talking over dinner. Match each statement you hear with the relevant response.

____ 1. À propos de Kamel
____ 2. À propos de Luc
____ 3. À propos de Caroline
____ 4. À propos de Marc
____ 5. À propos de Natasha
____ 6. À propos de Pierre

a. C'est normal, elle a quatre ans...
b. Je crois que nous allons bientôt boire du champagne alors !
c. Ma sœur va y aller... Elle veut la voir sur scène.
d. Super ! Je vais aller le voir.
e. Tu crois qu'ils vont se séparer ?
f. Tu ne crois pas qu'il exagère un peu ? Achète-lui un autre CD.

10-09 Les vedettes. Compare these different persons' opinions about the following celebrities.

MODÈLE Johnny Depp :

Je _crois qu'_ il est super.

Mes amies _croient qu'_ il est très beau et sexy.

Mon prof de français _croit qu'_ il parle français couramment.

Juliette Binoche :

1. Je ________________ c'est une actrice très douée.
2. Ma mère ________________ elle parle bien anglais.
3. Mes amis ________________ elle a bien joué dans le film *Paris.*

Romain Duris :

4. Vous ________________ il a beaucoup de charme ?
5. Nous ________________ il est amusant, surtout dans le film *Molière.*
6. Mon prof de français ________________ c'est un des meilleurs acteurs de sa génération.

Jennifer Lopez :

7. Ma mère ________________ elle s'occupe bien de ses enfants.
8. Mes amis ________________ c'est une très belle femme mais une mauvaise actrice.
9. Vous ________________ elle danse très bien !

Beyoncé :

10. Tu ________________ c'est une très bonne chanteuse.
11. Mon frère ________________ elle arrive bien à protéger sa vie privée.
12. Mes amies ________________ elle devrait devenir actrice.

10-10 La famille. Waiting for the movie to start, Élodie is describing members of her family. Associate each person she mentions with the most logical statement according to her description.

____ 1. Arthur	a. croit que la vie est belle !
____ 2. Thierry et sa copine	b. croit qu'il va participer aux Jeux Olympiques un jour.
____ 3. Robert	c. croient en Dieu.
____ 4. Romane	d. ne croient pas au mariage.
____ 5. Séverine	e. ne voit jamais son père.
____ 6. Adèle et Fabrice	f. voit ses amis tous les jours.

Nom : ______________________ Date : ______________

2. Le subjonctif avec les expressions d'émotion

p. 312-313

10-11 À propos de la télé. Lucas and his friends are discussing TV shows. Select the type of emotion each person expresses: happiness, surprise, regret, or disappointment.

1. bonheur surprise regret déception
2. bonheur surprise regret déception
3. bonheur surprise regret déception
4. bonheur surprise regret déception
5. bonheur surprise regret déception
6. bonheur surprise regret déception

10-12 Le téléfilm de l'été. Cécile has a role in an upcoming made-for-TV summer film. Review her script and give a possible reason from the list below for each expressed emotion. Be sure to use the correct form of the verb. Each verb can only be used once.

	attendre	choisir	donner
~~être en retard~~	habiter	ne pas pouvoir	partir

MODÈLE Ma sœur est déçue que nous *soyons en retard* à son mariage.

1. Nous sommes contents que vous ______________ de l'argent à Philippe.
2. Elle a peur que son mari ______________ vivre avec une autre femme.
3. Elle est ravie que Paul ______________ être à la réunion demain.
4. Ses parents sont enchantés que leur fille ______________ un an de plus pour se marier.
5. Ils sont étonnés que vous ______________ toujours ensemble.
6. C'est dommage que vous ______________ votre carrière et non votre famille.

10-13 Quel mauvais script ! Cécile, an actress, suggests changes to her script to make it sound more natural. Complete her responses.

MODÈLE Je suis content. Il va faire beau demain.

Je suis contente *qu'il fasse beau* demain.

1. Je suis déçue. On ne peut pas aller au match de basket ce soir.

   Je suis déçue ______________________________ aller au match de basket ce soir.

2. Je suis inquiète. Nous avons un rendez-vous très important la semaine prochaine.

   Je suis inquiète ______________________________ un rendez-vous très important la semaine prochaine.

3. Martine est surprise. Il part demain pour l'Afrique.

   Elle est surprise ______________________________ demain pour l'Afrique.

4. Je suis enchantée. Il vient à Paris cet été.

Je suis enchantée ______________________________ à Paris cet été.

5. Je suis étonnée. Il obtient ce nouveau travail.

Je suis étonnée ______________________________ ce nouveau travail.

6. Je suis désolée. Vous avez beaucoup de problèmes avec votre voiture.

Moi aussi, je suis désolée ______________________________ beaucoup de problèmes avec votre voiture.

10-14 Pensées personnelles. Listen to Bastien and Isabelle's discussion while they watch television. Restate their thoughts by completing each sentence below.

____ 1. Je suis triste que...	a. ce film soit en version originale.
____ 2. Je suis ravie que...	b. ce reportage ait beaucoup de fausses informations.
____ 3. Je suis déçu que...	c. cette émission soit déjà finie.
____ 4. Je suis en colère que...	d. les bonnes émissions de télé deviennent rares.
____ 5. C'est étonnant que...	e. mon émission de téléréalité préférée commence ce soir.
____ 6. C'est dommage que...	f. tu prennes toujours la télécommande.

Écoutons

10-15 C'est nul la télé ! : avant d'écouter. Do you watch TV? If so, how often? What kinds of programs do you like to watch? Make a list, in French, of two or three types of programs that you prefer, and another list of the types of programs you never watch.

____

____

____

____

____

____

Nom : ______________________ Date : ______________

10-16 C'est nul la télé ! : en écoutant. Two friends, Frédéric and Anne, are sharing their thoughts about television. Read the questions below before listening to their conversations. Then answer the questions by selecting the correct answers. More than one answer may be correct in each case. You may wish to listen to the conversations several times before you answer.

1. Qui regarde beaucoup la télévision ?
   a. Anne
   b. Frédéric
   c. Anne et Frédéric
   d. Ni Anne, ni Frédéric.
   e. La mère d'Anne.
2. Quels sont les programmes de la liste ci-dessous mentionnés dans la conversation ?
   a. une émission de téléréalité
   b. le journal télévisé
   c. un reportage sur la violence à l'école
   d. une série américaine
   e. un jeu télévisé
3. D'après Frédéric, quel genre d'émission est interéssant ?
   a. un documentaire comme la découverte d'une momie
   b. un jeu télévisé comme *Jeopardy*
   c. un débat comme le débat des présidentielles américaines
   d. un documentaire sur la vie de Picasso
   e. un jeu télévisé
4. Quelles sont les raisons mentionnées pour ne pas avoir de télévision ?
   a. Pas besoin de télévision : il est possible de s'informer en lisant le journal.
   b. Les jeux télévisés encouragent le matérialisme.
   c. Les émissions de téléréalité montrent un manque de respect pour la société.
   d. On trouve toutes sortes de films au cinéma à Paris.
   e. Les séries sont toutes identiques.

Écrivons

10-17 Le guide-télé.

A. Le guide-télé : avant d'écrire. You have francophone guests at your home and they like to watch American TV shows even if they do not fully understand English. Prepare a short version of a TV guide in French for the coming week. To begin, complete the following activities.

1. Make a list, in French, of three types of programs that your guests could watch.

   (for example: *une série, ...*)

   ____

   ____

2. For each of the types of programs you listed, think about a title of a specific show.

   (for example: *Grey's Anatomy, ...*)

   ____

   ____

3. Provide details for each show you selected by specifying the time and the channel on which it is broadcast.

(for example: *jeudi soir à 21 h 00 sur ABC*)

___

___

___

___

4. Finally, think about the key words needed to describe each of the TV programs you selected.

(for example: *drame, hôpital, médecins, infirmières*)

___

___

___

___

B. Le guide-télé : en écrivant. Now, write an informative essay describing the selection of TV programs you prepared for your guests. Start with a general introduction about American TV programs and be sure to include all elements mentioned in the previous activity. Remember to check your spelling and be careful with agreement of adjectives and verbs.

MODÈLE *Il y a un grand choix de programmes à la télé chez nous. Par exemple, il y a des séries, des dessins animés, des magazines, des... Cette semaine, il y a quelques bonnes émissions. Voici mes suggestions.*

Si vous aimez les séries, je suggère Grey's Anatomy. *C'est un drame médical qui a lieu dans un hôpital à Seattle. C'est une bonne série qui est assez intéressante et très réaliste. J'aime beaucoup cette série parce qu'il y a aussi des histoires d'amour entre médecins et infirmières. Les acteurs sont... Vous pouvez la voir jeudi soir à 21 h 00 sur ABC.*

Si vous préférez les...

___

___

___

___

___

___

___

___

___

___

___

Nom : ______________________ Date : ______________

Leçon 2 Êtes-vous branché informatique ?

POINTS DE DÉPART

p. 316-317

10-18 Les technophiles. You work in a computer store and help customers with their technological needs. Match each situation to the technology required.

_____ 1. Pour sauvegarder un fichier,
_____ 2. Pour vérifier ses mails, voir une vidéo ou jouer partout,
_____ 3. Pour écrire sur son ordinateur,
_____ 4. Pour avoir accès à Internet presque partout,
_____ 5. Pour télécharger de la musique et l'écouter partout,
_____ 6. Pour organiser ses informations financières,

a. il faut un baladeur MP3.
b. il faut une clé USB.
c. il faut une connexion sans fil.
d. il faut un clavier.
e. il faut un logiciel.
f. il faut une tablette tactile.

10-19 Jeu virtuel. Read the following clues for this crossword puzzle, which is based on the theme of actions or objects related to the computer world.

Horizontalement

2. Internet permet de communiquer et d'... des données d'une personne à une autre très rapidement.
3. C'est l'action de modifier une photo sur ordinateur.
4. Cette machine permet d'imprimer des photos ou des textes.
7. On peut écrire sur l'ordinateur grâce à (*thanks to*) un ...
8. Quand on utilise une messagerie instantanée, notre correspondant peut nous voir en vidéo si on en a une.

Verticalement

1. C'est l'action de transférer des images ou de la musique d'Internet sur son ordinateur.
5. On le regarde quand on surfe sur Internet par exemple.
6. Internet permet à tout le monde d'expérimenter ou d'... beaucoup de nouvelles choses.

1
2
3
4 5 6
7
8

10-20 Test de connaissances. You are applying for a computer job in Canada and need to take a knowledge test. For each statement that you hear, select the appropriate term.

1. a. C'est une messagerie instantanée.
   b. C'est un baladeur MP3.
   c. C'est un mobinaute.
2. a. On a une souris sans fil.
   b. On a une imprimante.
   c. On est en ligne.
3. a. C'est un clavier.
   b. C'est un moniteur avec un écran plat.
   c. C'est un graveur CD.
4. a. C'est une webcam.
   b. C'est un graveur DVD.
   c. C'est une tablette tactile.
5. a. C'est une pièce jointe.
   b. C'est un réseau.
   c. C'est un texto.
6. a. C'est un fichier.
   b. C'est un ordinateur portable.
   c. C'est un navigateur.

10-21 Tu mélanges tout ! Adeline's grandfather is proud to show off his knowledge about the newest technology, but is often mistaken. Correct each of his statements about computers by writing a logical response.

1. Mais non, pour faire ça, tu utilises un ______________________________.
2. Mais non, pour faire ça, tu utilises un ______________________________.
3. Mais non, pour faire ça, tu te sers d'un ______________________________.
4. Mais non, pour faire ça, tu utilises une ______________________________.
5. Mais non, pour faire ça, tu envoies un ______________________________.
6. Mais non, pour faire ça, tu as besoin d'une ______________________________.

FORMES ET FONCTIONS

1. Le conditionnel

p. 320

10-22 Rêve ou réalité. David wants to become an actor and is discussing his career choices with friends. For each statement that you hear, select **rêve** (*dream*) if the speaker is talking about what he would do if he could, and select **réalité** if David is talking about something he is actually doing.

1. rêve réalité
2. rêve réalité
3. rêve réalité
4. rêve réalité
5. rêve réalité
6. rêve réalité

Nom : ______________________________ Date : ____________________

10-23 À votre place. You work for a women's magazine in Québec where you respond to readers' comments in your column. For each problem described by your readers, propose a solution starting with **À votre place** and using one of the verbs from the list.

MODÈLE Mon copain étudie dans une autre ville et je me sens très seule le week-end.

À votre place, je <u>*sortirais plus avec des copines*</u> pour me distraire.

ne pas aller avec lui	lui parler	lui prêter
manger comme vos parents	passer du temps	sortir avec des amis
~~sortir avec des copines~~		

1. Mes parents viennent me rendre visite ce week-end, mais je n'ai pas envie de les voir. Je veux passer du temps avec mes amis.

   À votre place, je ____________________ avec mes parents. Vous pouvez sortir avec vos amis tous les weeks-ends, mais vous ne voyez pas toujours vos parents.

2. Après un examen, je ne veux rien faire, mais mes amis veulent sortir pour célébrer.

   À votre place, je ____________________ une autre fois. Après l'examen, vous devez rester chez vous avec un bon livre ou peut-être un DVD.

3. Je me suis disputée avec ma meilleure copine et je n'ai pas envie de lui parler. Elle continue à me téléphoner.

   À votre place, je ____________________. C'est bien d'avoir des amis.

4. Ma petite sœur veut toujours emprunter mon baladeur MP3. Elle m'énerve.

   À votre place, je ____________________ mon baladeur MP3 quand je passe du temps avec elle.

5. Le copain de ma colocataire vient de m'inviter à aller au cinéma sans elle. Je ne sais pas quoi faire.

   À votre place, je ____________________ au cinéma. Vous allez avoir des problèmes !

6. Je vais rentrer chez mes parents ce week-end. Ils sont végétariens mais j'adore manger de la viande rouge !

   À votre place, je ____________________ comme mes parents pendant le week-end seulement. Après, vous pouvez manger un gros hamburger si vous voulez.

10-24 Qui veut gagner des millions ? Imagine that you are a contestant on the TV show *Qui veut gagner des millions,* a very popular show in France. What would your friends, family members, or you do if you earned or won a million euros? Choose a verb from the list below.

acheter	faire	~~ne plus aller~~	visiter
donner	manger	partir	

MODÈLE Moi, je *n'irais plus* au travail.

1. Moi, je ____________________ un voyage autour du monde.
2. Ma meilleure amie, elle ____________________ Paris, Rome et Athènes.
3. Mes parents, ils ____________________ une nouvelle maison avec une superbe cuisine.
4. Mes grands-parents, ils ____________________ de l'argent à leurs petits-enfants.
5. Mon amie et moi, nous ____________________ un super repas dans un bon restaurant.
6. Mes frères et sœurs, ils ____________________ en croisière avec moi !

10-25 Rendez-vous manqué. Line and Renaud were supposed to meet their friends at the movie theater, but they do not see them. Complete each of their statements by selecting the correct verb form that you hear.

1. Je savais qu'elle [arriverait ; commencerait ; partirait] en retard.
2. Christophe et Sylvie m'ont dit qu'ils [parleraient ; partiraient ; viendraient] avec Sophie.
3. Karine m'a appelé pour dire qu'elle [arriverait ; serait ; sortirait] en retard.
4. Patrick a bien dit qu'il [attendrait ; passerait ; serait] devant le cinéma, non ?
5. Renaud, tu as dit que tu [n'achèterais pas ; ne jetterais pas ; ne vendrais pas] de pop-corn cette fois !
6. C'est vrai, et j'ai aussi pensé que nous [aurions besoin de ; devrions ; pourrions] voir le début du film ! !

2. Les phrases avec si

p. 322

10-26 Des hypothèses. Indicate what the following people would do in each of the given situations, using a verb from the word bank. Each verb can only be used once.

acheter	envoyer	imprimer	pouvoir
retrouver	~~surfer sur Internet~~	télécharger	

MODÈLE Si j'avais le réseau wi-fi, je *surferais sur Internet* dans mon jardin.

1. Si Marie avait un travail, elle ____________________ une tablette tactile et un nouveau baladeur MP3.
2. Si ma petite sœur avait un smartphone, je lui ____________________ des textos.
3. Si mes parents avaient un baladeur MP3, ils ____________________ de la musique par Internet.
4. Si tu avais une imprimante, tu ____________________ tes devoirs de français.
5. Si mes parents faisaient partie d'un réseau social, ils ____________________ leurs amis du lycée.
6. Si mon frère achetait une nouvelle webcam, je ____________________ le voir sur mon écran.

Nom : ______________________________ Date : ____________________

10-27 Un rapport. Your friend Chantal must prepare a research paper about technology in France and is worrying about it. You want to reassure her. Select all the answers that are appropriate.

1. Si les magazines que tu veux ne sont pas là, tu
   a. cherches d'autres magazines.
   b. chercherais d'autres magazines.
   c. chercheras d'autres magazines.
2. Si tu ne trouves pas les livres que tu cherches, tu
   a. peux demander de l'aide.
   b. pourras demander de l'aide.
   c. pourrais demander de l'aide.
3. Si tu prenais ton smartphone, tu
   a. peux m'envoyer un texto.
   b. pourras m'envoyer un texto.
   c. pourrais m'envoyer un texto.
4. Si tu as besoin d'un renseignement, tu
   a. peux demander à quelqu'un.
   b. pourras demander à quelqu'un.
   c. pourrais demander à quelqu'un.
5. Si tu veux bien travailler, tu
   a. devras faire une petite pause.
   b. devrais faire une petite pause.
   c. dois faire une petite pause.
6. Si tu voulais prendre des notes facilement, tu
   a. devrais emprunter ma tablette tactile.
   b. devras emprunter ma tablette tactile.
   c. dois emprunter ma tablette tactile.

10-28 Si j'avais... Camille and Bastien are discussing a computer purchase. Complete each of their statements with the correct subject and verb form that you hear.

MODÈLE You hear: Je viendrai avec toi au magasin si j'ai le temps.
You write: *Je viendrai* avec toi au magasin si j'ai le temps.

1. Si nous avions plus de temps, ____________________ comparer les prix des ordinateurs.
2. Si nous avions plus d'argent, ____________________ l'ordinateur, la webcam et l'imprimante le même jour.
3. Si tu le demandais à tes parents, ____________________ te ____________________ de l'argent.
4. Si j'en parle à mes parents, ____________________ pourquoi nous avons besoin d'un nouvel ordinateur.
5. Si tu leur parlais calmement, ____________________ peut-être à les convaincre.
6. Peut-être. Si seulement nous avions plus d'argent, ____________________ plus de choix...

10-29 Les recherches. Karine and Thibault are discussing their work habits at the university library. Complete each phrase you hear by matching it with the appropriate conclusion. Pay careful attention to the verb tenses.

____ **1.** Thibault	**a.** on peut aller au café après !
____ **2.** Karine	**b.** on peut travailler tous les trois sur notre exposé et finir plus vite.
____ **3.** Karine	**c.** on pourrait travailler au café sur mon ordi au lieu d'aller à la BU.
____ **4.** Thibault	**d.** On se retrouve devant la BU vers 18 h 00 ?
____ **5.** Karine	**e.** tu peux consulter les journaux dans la salle de lecture.
____ **6.** Karine	**f.** tu viendrais travailler avec nous à la BU sans chercher d'excuses.

Écoutons

10-30 La fête de l'Internet : avant d'écouter. Dayo, a student from Burkina Faso, will talk about the Internet from a Francophone perspective, and more precisely about the **Festival de l'Internet francophone**. The slogan for this year's festival is **Partageons notre différence**.

1. Select the statement that best illustrates the meaning of this motto.

a. Les gens des pays francophones peuvent se connaître et communiquer plus facilement grâce à Internet.

b. Le Québec coopère avec le Canada pour la création de sites Internet bilingues.

c. Tous les peuples francophones ont des chances similaires face aux nouvelles technologies.

10-31 La fête de l'Internet : en écoutant. Listen as Dayo describes the initiatives taken by many Francophone countries to promote the use of the Internet.

1. The first time you listen, select the countries involved in the event **La fête de l'Internet** according to Dayo.

________ Algérie	________ Sénégal
________ Canada	________ Cameroun
________ Maroc	________ France
________ Burkina Faso	________ Mali
________ République démocratique du Congo	

2. The second time you listen, select the activities organized by the different countries.

________ des chat rooms	________ des jeux
________ des démonstrations dans les écoles	________ des créations de logiciels
________ des installations de cybercafés	________ des téléconférences
________ des formations	________ des ventes de multimédia

Nom : ______________________ Date : ______________

Écrivons

10-32 La technologie et vous.

A. La technologie et vous : avant d'écrire. On the first day of a computer science class, you are asked to think about the role that technology plays in your life. To begin, complete the following activities.

1. Brainstorm and list all the words and expressions in French that come to your mind as you think about the word **technologie**.

____

____

____

2. From this list, identify two or three important themes that you wish to discuss. Think about the order in which you would like to discuss each theme.

____

____

____

____

3. Now, prepare a good introduction statement.

____

____

____

B. La technologie et vous : en écrivant. Write your essay on the role of technology in your life, being sure to use the information you gathered above. As you develop your ideas, think about providing personal examples to make your essay more interesting, and pay attention to the transitions between your sentences using words like **donc, puis,** and **cependant** (*however*).

MODÈLE *La technologie est très importante pour moi. Je ne crois pas qu'on puisse vivre au vingt-et-unième siècle sans un ordinateur portable, une connexion sans fil ou un baladeur MP3...*

Pour moi personnellement, la technologie m'aide à avoir des meilleures relations avec mes grands-parents. Ils ont un nouvel ordinateur et ils m'envoient des mails toutes les semaines. Je peux leur parler de ma vie à la fac. Quelquefois, je leur envoie des photos que j'ai prises avec mon smartphone...

____

____

____

____

____

____

____

____

____

Leçon 3 On s'informe

POINTS DE DÉPART

p. 324

10-33 La lecture. Associate each group of titles with a type of reading material.

____ **1.** *USA Today, The Wall Street Journal*
____ **2.** un dictionnaire, un atlas
____ **3.** *Garfield, Peanuts, Astérix et Obélix*
____ **4.** *Time, Newsweek, L'Express*
____ **5.** un livre de cuisine, un livre d'art
____ **6.** *La Guerre et la Paix, L'Étranger, L'Enfant noir*

a. des bandes dessinées
b. des journaux nationaux
c. des livres de loisirs
d. des ouvrages de référence
e. des romans
f. des magazines d'informations

10-34 Au tabac. You are doing a marketing survey at a newsstand. Listen to the customers' requests and select the title of the magazine each one is likely to purchase.

1. *Gazoline*
2. *Fleurs, plantes et jardins*
3. *Jeune et jolie*
4. *Auto passion*
5. *L'Express*
6. *Folles de foot*

Santé magazine
Espace
Le Chien magazine
Absolu Féminin
Les Cahiers du cinéma
Elle

10-35 Les cadeaux. You work at a bookstore where people are asking you for advice on Christmas gifts. Suggest an appropriate book for each of the following people according to their likes and dislikes.

1. — Mon frère est intellectuel et très intelligent. Il fait des études en sciences de l'environnement.
— Je vous propose [une bande dessinée ; un livre sur le recyclage en Europe].

2. — Ma mère adore regarder les émissions de cuisine à la télé et nous préparer des bons petits plats.
— J'ai ce qu'il vous faut : [le dernier livre de l'émission *Top Chef* ; un ouvrage de référence sur la santé]

3. — Ma petite sœur ne sait pas encore lire... je ne sais pas quoi prendre.
— Qu'est-ce que vous pensez d'[un livre d'images ; un dictionnaire] ?

4. — Ma meilleure amie fait collection des magazines de mode.
— Offrez-lui [un mensuel féminin ; la biographie d'un homme politique].

5. — Ma colocataire aime les histoires d'amour et les intrigues politiques du passé.
— Achetez-lui [un quotidien ; un roman historique].

6. — Mon fils va bientôt entrer à l'université. Il veut se spécialiser en italien.
— Je vous suggère [un dictionnaire ; un mensuel].

Nom : ______________________________ Date : ____________________

10-36 À la bibliothèque. You are working at the library information desk. As several people express their needs, select the appropriate book.

1. a. les atlas
   b. une biographie
   c. un livre de cuisine
2. a. la poésie
   b. une publicité
   c. les livres d'histoire
3. a. un roman
   b. une publicité
   c. les bandes dessinées
4. a. des romans
   b. les encyclopédies
   c. un livre sur les loisirs
5. a. une BD
   b. des journaux
   c. des romans
6. a. une biographie
   b. un magazine
   c. un livre de cuisine

FORMES ET FONCTIONS

1. Les pronoms relatifs *où* et *qui*

p. 326-327

10-37 Je sais tout. Raphaël is always saying that he knows everything about anything. Complete his statements with the appropriate relative pronoun, **où** or **qui**.

1. Une biographie : C'est un livre [où ; qui] parle de la vie d'une personne célèbre.
2. Un ouvrage de référence : C'est un livre [où ; qui] est souvent utilisé par les étudiants.
3. Un quotidien : C'est un journal [où ; qui] est publié tous les jours.
4. Un kiosque : C'est un endroit [où ; qui] on vend des journaux et des magazines.
5. Un lecteur ebook : C'est une tablette tactile [où ; qui] permet de lire des livres en format électronique.
6. Une bibliothèque : C'est un endroit [où ; qui] on peut s'informer.

10-38 Le multimédia. Louis and his sister Léa explain the latest technology to their parents. Complete each statement that you hear by matching it with a logical phrase from the list below.

1. _____	a. on peut retrouver ses amis.
2. _____	b. on peut faire des recherches pour toutes sortes d'informations.
3. _____	c. permet de lire des livres en format électronique.
4. _____	d. permet de retoucher les photos ?
5. _____	e. permet d'avoir accès à Internet tout en étant mobile.
6. _____	f. tous vos fichiers importants sont sauvegardés.

10-39 Les bonnes lectures. Indicate what kind of readings the following people may prefer, based on these descriptions. Include the appropriate relative pronoun, **où** or **qui** and make the necessary changes.

MODÈLES Marie aime les romans. Il y a beaucoup d'aventures.
Marie aime les romans *où il y a beaucoup d'aventures.*
Thomas aime les bandes dessinées. Les BD sont amusantes.
Thomas aime les bandes dessinées *qui sont amusantes.* 

1. Élise préfère les romans. Les romans peuvent la distraire.
   Élise préfère les romans ____.
2. Kamel n'aime pas les livres d'histoire. Il y a beaucoup de dates.
   Kamel n'aime pas les livres d'histoire ________________________________.
3. Sabine préfère les livres de cuisine. Les livres de cuisine présentent des recettes régionales.
   Sabine préfère les livres de cuisine ________________________________.
4. Patrick aime la poésie. Il y a des descriptions de la nature.
   Patrick aime la poésie ____.
5. Yamina adore lire les magazines. Il y a des belles photos de mode.
   Yamine adore lire les magazines ________________________________.
6. Carla aime les biographies. Les biographies intéressantes parlent des hommes politiques.
   Carla aime les biographies intéressantes ____________________________.

10-40 Pour tous les goûts. Cécile works at a bookstore and is reviewing information presented during an orientation about how to assist customers with their purchases. Listen to her summaries and select the statement that best reflects her thoughts based on what you hear.

1. a. C'est un livre où les sentiments de l'auteur ne sont pas présents.
   b. C'est un livre qui est intéressant.
   c. C'est un livre qui n'est pas intéressant.
2. a. C'est un livre où on trouve des cartes.
   b. C'est un livre qui est utile pour les cours de géographie.
   c. C'est un livre qui n'a pas de cartes.
3. a. C'est un livre où il y a beaucoup de couleurs.
   b. C'est un livre qui est amusant.
   c. C'est un genre qui intéresse les adultes et les enfants.
4. a. C'est un livre où il y a beaucoup de photos.
   b. C'est un livre qui coûte cher.
   c. C'est un livre qui est utile pour les étudiants en beaux-arts.
5. a. C'est un magazine où les lecteurs peuvent trouver des jeux.
   b. C'est un magazine qui est publié une fois par mois.
   c. C'est un magazine qui parle des films et des acteurs.
6. a. C'est un genre où les sentiments de l'auteur ne sont pas présents.
   b. C'est un genre où s'expriment les dangers qui existent dans la société.
   c. C'est un genre qui exprime les sentiments de l'auteur.

Nom : ______________________________ Date : ____________________

p. 328

2. Le pronom relatif *que*

10-41 Les préférences. Sarah is a literature professor. Complete each of the following sentences by selecting the appropriate relative pronoun, **qui** or **que**.

MODÈLE Mon père adore les romans [*qui* ; que] sont très complexes, comme les histoires policières.

1. Mes enfants préfèrent les livres [qui ; que] ont beaucoup d'images et de couleurs.
2. Mes étudiants n'aiment pas toujours les livres [qui ; que] leurs professeurs leur suggèrent.
3. Ma sœur aime toujours les livres [qui ; que] je lui offre pour Noël.
4. Mes étudiants préfèrent les romans [qui ; que] sont écrits par des auteurs contemporains.
5. Ma mère aime les recettes de cuisine [qui ; que] ce livre propose.
6. Mon frère préfère les livres [qui ; qu'] il peut lire sur son lecteur ebook.

10-42 La visite de la BnF. Jean-Michel is taking notes from his tour guide while visiting **La Bibliothèque nationale de France**, a famous library in Paris. Select the sentence that best summarizes the information he hears.

1. a. C'est dans ce bâtiment qu'on peut trouver les manuscrits anciens.
   b. Le bâtiment que vous voyez à gauche est ouvert au public.
   c. Le bâtiment que vous voyez à gauche n'est pas ouvert au public.
2. a. C'est dans cet auditorium que vous pouvez assister à des débats.
   b. C'est dans cet auditorium que vous pouvez consulter des manuscrits.
   c. C'est dans cet auditorium que vous pouvez prendre un café avec des amis.
3. a. Les livres que nous voyons sont très abîmés.
   b. Les livres que vous voyez ici ont appartenu à Marie-Antoinette.
   c. Les livres que vous voyez ici doivent être rangés.
4. a. La bibliothèque a des manuscrits que le public n'a jamais vus.
   b. La bibliothèque contient beaucoup de livres que le public ne connaît pas.
   c. La bibliothèque organise des expositions virtuelles que le public peut voir sur Internet.
5. a. Voici le règlement de la bibliothèque que vous devez rendre à la sortie.
   b. Voici le règlement de la bibliothèque que vous devez copier.
   c. Voici le règlement de la bibliothèque que vous pouvez consulter sur Internet.
6. a. La salle que vous avez sur votre droite est le bureau des inscriptions.
   b. La salle que vous avez sur votre droite est un café.
   c. La salle que vous avez sur votre droite est une librairie.

10-43 Au travail ! Four friends are working on a group project for their French class. Complete the following sentences, paying particular attention to the agreement of the past participle with the preceding direct object.

MODÈLE Sophie et Jordan ont eu les meilleures idées.

Voici les idées que Sophie et Jordan ont eues.

1. Salima a préparé des bons résumés.

   Voici les résumés que Salima ________________.

2. Fabien a fait une liste des poèmes.

   Voici la liste des poèmes que Fabien ________________.

3. Salima a écrit une biographie de l'auteur.

   Voici la biographie de l'auteur que Salima ________________.

4. Sophie a lu des articles critiques.

   Voici les articles critiques que Sophie ________________.

5. Fabien a choisi une encyclopédie comme ouvrage de référence.

   Voici l'encyclopédie que Fabien ________________.

6. Jordan et Salima ont acheté des cahiers et des stylos.

   Voici les cahiers et les stylos que Jordan et Salima ________________.

10-44 Quelques pensées. Sophie is commenting on her friends' reading habits. Complete each statement that you hear by matching it with a logical phrase from the list below.

____ 1. Clara est abonnée à un journal

____ 2. Stéphane travaille dans une librairie

____ 3. Pauline adore son lecteur ebook

____ 4. Pascale aime les magazines

____ 5. J'achète un journal

____ 6. Édouard lit toutes sortes de livres

a. qui parlent des animaux.

b. qu'Éric prend toujours au bureau.

c. qu'elle ne lit jamais.

d. qu'il vend ensuite sur les marchés.

e. où il y a toute la série des *Harry Potter*.

f. où on trouve des livres à bons prix.

Écoutons

10-45 Les livres disparaissent : avant d'écouter. Do you read a lot? Make a list, in French, of what you read and how often, using adverbs such as **souvent, beaucoup, tous les jours, rarement**...

____

____

____

____

Nom : ______________________ Date : ______________________

10-46 Les livres disparaissent : en écoutant. The association **Lire avant tout** is worried that traditional books will become obsolete due to the Internet and new reading devices.

The first time you listen, indicate what each of the speakers reads.

1. La première dame

_________ la presse féminine _________ des quotidiens

_________ des livres de cuisine _________ des romans sentimentaux

2. Le monsieur

_________ une biographie _________ le programme télé

_________ un quotidien sportif _________ un livre sur la pêche

3. La deuxième dame

_________ des livres d'art _________ un quotidien régional

_________ un magazine _________ le journal *Le Figaro*

The second time you listen, indicate the reasons each person gives for reading.

4. La première dame

_________ Elle veut s'informer des problèmes de société.

_________ Elle est romantique.

_________ Elle adore cuisiner.

5. Le monsieur

_________ Il veut tout savoir sur les personnalités.

_________ Il est fan de sport.

_________ Il est fou de pêche.

6. La deuxième dame

_________ Elle est curieuse.

_________ Elle veut tout savoir sur les vedettes de cinéma.

_________ Elle est artiste.

Écrivons

10-47 La critique.

A. La critique : avant d'écrire. Give your opinion of a book you recently read. To begin, complete the following activities.

1. Write the title of the book and its writer.
(for example: Madame Bovary, *Gustave Flaubert*)

____

____

2. Specify what type of book it is.
(for example: *un roman*)

____

3. Make a list of the main characters.
(for example: *Emma Bovary, Charles Bovary, Rodolphe...*)

____

____

4. Make a list of the main events to sum up the plot in one or two paragraphs.
(for example: *Emma se marie. Elle n'est pas contente. Elle prend un amant* [lover]. *Elle n'est pas contente. Elle prend un autre amant... Elle n'est toujours pas contente...*)

____

____

____

____

5. Make a list of adjectives that describe the book.
(for example: *intéressant, pas très réaliste...*)

____

____

B. La critique : en écrivant. Write your critique, and conclude by giving your opinion on the book with the adjectives you mentioned above. Pay attention to the agreement of adjectives and the use of your verb tenses.

MODÈLE *Je viens de lire un roman qui s'appelle* Madame Bovary. *C'est un roman du dix-neuvième siècle, écrit par Gustave Flaubert. C'est l'histoire d'une femme, Emma Bovary, qui se marie avec un médecin de campagne. Son mari est un homme simple et elle veut avoir une vie plus romantique. Elle n'est pas satisfaite de sa vie, alors elle a deux liaisons amoureuses avec d'autres hommes qui ne la rendent pas heureuse. Ces liaisons finissent mal et Emma se suicide.*

J'ai bien aimé ce roman. C'était très intéressant, mais je ne l'ai pas trouvé très réaliste. Je ne comprends pas pourquoi Emma Bovary ne pouvait pas être contente d'une vie simple avec un mari qui l'aimait beaucoup.

____

____

____

____

____

____

____

____

____

Nom : ______________________________ Date : ____________________

Lisons

10-48 Wikipédia : avant de lire. When you need to look up a subject, what type of references do you mostly rely on? Would you rather use an encyclopedia such as the *Encyclopædia Britannica*, look up the subject on the Internet, or go to Wikipedia to find out the information you want to learn? Answer in English, and explain your choice.

____

____

____

10-49 Wikipédia : en lisant. Read the text discussing the use of *Wikipedia* and select the appropriate response to each of the following questions.

Wikipédia : panique dans les bibliothèques

L'histoire de Wikipédia, l'encyclopédie en ligne à laquelle tout le monde peut contribuer et accéder gratuitement, a commencé sur Internet le 15 janvier 2001. Il est très facile de collaborer à la rédaction ou la révision d'un article, ce qui explique sans doute son incroyable succès. Un boulanger passionné de vélo a seulement besoin de s'inscrire s'il veut écrire un article sur la fabrication des éclairs au chocolat ou sur le dernier vainqueur du Tour de France. En mai 2008, on a recensé plus de 400.000 internautes qui ont contribué à Wikipédia uniquement en France.

Nombreux sont les critiques de Wikipédia. Peut-on vraiment croire les informations écrites anonymement sur ce site Web? D'après une étude menée en 2005 par le magazine scientifique *Nature*, on ne doit plus douter de la fiabilité des articles de Wikipédia. Après avoir comparé des articles parus dans Wikipédia et dans l'*Encyclopædia Britannica*, l'étude a montré que les deux encyclopédies contenaient plus de cent erreurs, l'*Encyclopædia* en comptait seulement une quarantaine de moins que Wikipédia. Alors, vaut-il toujours la peine (*is it worth*) d'investir dans une longue série d'encyclopédies pour sa bibliothèque personnelle quand les informations sont disponibles gratuitement en un seul clic ?

Le succès de Wikipédia a influencé les éditeurs d'encyclopédies traditionnelles à repenser leurs tactiques. *Larousse*, par exemple, tente d'attirer les internautes en proposant une nouvelle encyclopédie en ligne qui offre la possibilité de consulter des articles de son encyclopédie ainsi que des articles collaboratifs rédigés par les internautes visibles sur une même page.

1. En quelle année a commencé l'encyclopédie collaborative et gratuite en ligne ?
   - **a.** en 2001
   - **b.** en 2005
   - **c.** en 2008
2. Qu'est-ce qui est nécessaire pour collaborer à un article sur *Wikipédia* ?
   - **a.** il faut donner de l'argent
   - **b.** il faut être spécialiste de son sujet
   - **c.** il faut s'inscrire

3. Que représentent les 400 000 internautes mentionnés dans le texte ?
   a. le nombre de personnes en France qui ont visité *Wikipédia* en 2008
   b. le nombre de personnes dans le monde qui ont collaboré à *Wikipédia* depuis 2001
   c. le nombre de personnes en France qui ont écrit ou corrigé un article sur *Wikipédia*
4. Quelle peut être la conclusion sur l'étude publiée par le magazine *Nature* ?
   a. seules les encyclopédies traditionnelles comme l'*Encyclopœdia Britannica* sont fiables (*reliable*)
   b. le nombre d'erreurs trouvées dans les deux types d'encyclopédie est assez similaire
   c. contrairement à *Wikipédia*, l'*Encyclopœdia Britannica* contient beaucoup d'erreurs
5. Quelle tactique emploient les éditeurs d'encyclopédies traditionnelles pour faire face à la compétition de *Wikipédia* ?
   a. ils veulent collaborer avec *Wikipédia*
   b. ils présentent une nouvelle encyclopédie en ligne qui inclut des pages collaboratives
   c. aucune, *Wikipédia* n'est pas une compétition selon eux

10-50 Wikipédia : après avoir lu. Can you think of another title to use for this article? Write two alternative titles in French that would better sum up the message of the article.

____

____

____

Nom : ______________________________ Date : ____________________

10-51 Je lis la presse. In this video clip, Pauline shows and describes the newspapers and magazines that she generally reads. As you listen, select the periodicals that she describes and identify each as **un quotidien**, **un hebdomadaire**, or **un mensuel**.

1. un quotidien

______ *le Figaro* ______ *Libération* ______ *l'Officiel des spectacles*
______ *Géo* ______ *Le Monde* ______ *Pariscope*
______ *Le Journal du Dimanche* ______ *le Nouvel Observateur* ______ *Le Point*

2. un hebdomadaire

______ *le Figaro* ______ *Libération* ______ *l'Officiel des spectacles*
______ *Géo* ______ *Le Monde* ______ *Pariscope*
______ *Le Journal du Dimanche* ______ *le Nouvel Observateur* ______ *Le Point*

3. un mensuel

______ *le Figaro* ______ *Libération* ______ *l'Officiel des spectacles*
______ *Géo* ______ *Le Monde* ______ *Pariscope*
______ *Le Journal du Dimanche* ______ *le Nouvel Observateur* ______ *Le Point*

4. To which periodical does she subscribe?

______ *le Figaro* ______ *Libération* ______ *l'Officiel des spectacles*
______ *Géo* ______ *Le Monde* ______ *Pariscope*
______ *Le Journal du Dimanche* ______ *le Nouvel Observateur* ______ *Le Point*

10-52 Le cinéma. In this montage you will see a variety of images from the **Festival International du Film** in Cannes.

What do you know about this important event in the world of cinema? Match the right column with what you know in the left column.

____ **1.** Le festival a lieu — **a.** une palme d'or.
____ **2.** Le festival a été fondé — **b.** en mai, tous les ans.
____ **3.** Le gagnant du meilleur film reçoit — **c.** en 1946 par Jean Zay.
____ **4.** La ville qui accueille le festival — **d.** est Cannes, située sur la Côte d'Azur.

Now, look at the video clip and indicate in what order you see each of the following.

____ **5.** La cérémonie d'ouverture — **e.** 1ère étape
____ **6.** L'arrivée des vedettes au palais du Festival — **f.** 2ème étape
____ **7.** Les applaudissements — **g.** 3ème étape
____ **8.** La remise d'une Palme — **h.** 4ème étape

Observons

p. 315

10-53 Réflexions sur le cinéma : avant de regarder. You may already have completed the **Observons** activity in Lesson 1 of this chapter. If not, you will find it helpful to go back and complete that activity before moving on to the questions below. In this clip, you will hear two people talk about their film preferences. Before viewing, consider these questions in English.

1. What do you look for in a good film?

____

____

2. Are you familiar with cinema from Quebec? What Quebec movies do you know?

____

____

10-54 Réflexions sur le cinéma : en regardant. As you watch and listen, indicate all the correct responses.

1. Christian aime les films...

____ **a.** avec des acteurs connus.

____ **b.** avec des bons dialogues.

____ **c.** avec des effets spéciaux.

____ **d.** avec un bon scénario.

____ **e.** avec un titre intéressant.

2. Il aime le cinéma ... traditionnel.

____ **a.** américain

____ **b.** canadien

____ **c.** espagnol

____ **d.** français

____ **e.** japonais

3. Marie-Julie dit qu'elle aime le cinéma québécois parce qu'elle est...

____ **a.** fanatique du cinéma.

____ **b.** un petit peu partisane.

4. Parmi les films qu'elle décrit, il y a...

____ **a.** *Jésus de Montréal.*

____ **b.** *Cruising Bar.*

____ **c.** *Nuit de Noces.*

____ **d.** *Louis 19.*

____ **e.** *Les Invasions barbares.*

5. Marie-Julie aime particulièrement...

____ **a.** les comédies.

____ **b.** les films d'espionnage.

____ **c.** les films sérieux.

10-55 Réflexions sur le cinéma : après avoir regardé. Whose tastes do you most identify with, and why? Answer in English.

____

____

____